証券アナリスト

1次対策 総まとめテキスト

証券分析

TAC証券アナリスト講座

は じ め に

　証券アナリストとは、証券投資において必要な情報を収集し、分析を行い、多様な投資意思決定のプロセスに参画するプロフェッショナルな人たちをいいます。公益社団法人　日本証券アナリスト協会では、証券アナリストとしてのスタンダードを確立するため、通信教育講座を通じて教育を行い講座終了後の試験によって、証券アナリストの専門水準の認定を行い、検定会員の資格を与えています。証券アナリスト試験は、アナリスト協会が自主的措置として行っている資格制度であり、合格しなくとも、証券分析業務や投資アドバイスといった証券アナリストの業務はできます。それにもかかわらず証券アナリスト試験は、金融の自由化・国際化、資産の証券化、その他さまざまな要因から、金融業界を中心に非常に注目を集めてきました。近年では、証券業界に携わる方にとっては必須の資格といっても過言ではないでしょう。証券アナリストの社会的役割や責任は、ますます大きくなっているのです。

　証券アナリストに求められる知識は極めて広範囲にわたります。ですから、よりポイントを絞った効率的な学習が必要です。本書では、1次試験対策の総まとめとして、ＴＡＣが過去の出題傾向を徹底分析したうえで厳選した問題を収載しています。その問題を解きながら、証券アナリスト試験の「証券分析」の出題ポイントを整理できるように構成しており、併せて解答作成に必要な力を身に付けることも主眼としています。したがって、必ず問題を自分の力で解き、理解が不十分であれば本文を読み直し、再度問題にチャレンジしてください。また、十分な知識が身に付いていると思われる方は、解答作成のポイントまでしっかりと把握し、実力をより確かなものとしてください。

　本書およびその他2科目の総まとめテキストが、皆さんの証券アナリスト試験合格のためにお役に立てることを、心より願ってやみません。

ＴＡＣ証券アナリスト講座

C O N T E N T S

はじめに／iii

証券アナリスト試験とは／vii

出題傾向と対策／ix

本書の使用方法／xi

過去の出題一覧および重要度／xii

重要論点チェックリスト／xiv

運用機関の機能と証券分析のテーマ／xvi

第1章 ポートフォリオ・マネジメント

1．傾向と対策 ……………………………………………… 2
2．ポイント整理と実戦力の養成 …………………… 5

1 投資の基礎概念／5

2 個別証券のリスク・リターン構造／10

3 投資家の選好／14

4 ポートフォリオ理論／24

5 CAPM／40

6 マーケット・モデル／54

7 リスク・ニュートラル・プライシング／64

8 マルチ・ファクター・モデル／69

9 ポートフォリオ・マネジメントと評価／78

第2章 債券分析

1．傾向と対策 …………………………………………96
2．ポイント整理と実戦力の養成 ………………98

1 債券の種類／98

2 債券利回りの計算／99

3 スポット・レートとフォワード・レート／112

4 債券利回りの理論／113

5 リスクと格付け／141

6 債券価格の変動／153

7 デュレーションとコンベクシティ／155

第3章 ファンダメンタル分析

1. 傾向と対策……………………………………170
2. ポイント整理と実戦力の養成………………173

1 産業分析／173

2 収益性の分析、株式評価のための財務分析／193

3 財務安全性分析／199

4 キャッシュ・フローを用いた分析／205

5 1株当たり指標およびサステイナブル成長率／213

第4章 株式分析

1. 傾向と対策……………………………………230
2. ポイント整理と実戦力の養成………………232

1 株式の投資尺度／232

2 配当割引モデル（DDM）／236

3 成長機会の現在価値（PVGO）／244

4 その他の株式価値算定法／251

第5章 デリバティブ分析

1. 傾向と対策……………………………………264
2. ポイント整理と実戦力の養成………………267

1 オプション取引／267

2 先物取引／315

3　金利デリバティブ／336

4　通貨スワップ／343

5　債券先物取引／345

6　デリバティブ取引の概要／348

第6章　証券市場の機能と仕組み

1．傾向と対策……………………………………………352
2．ポイント整理と実戦力の養成……………………354

1　証券の種類／354

2　証券市場の仕組み／357

3　証券発行市場／372

4　証券流通市場／384

5　証券市場のプレイヤー／401

◆索引／408

◆参考文献／414

証券アナリスト試験とは
～１次試験の概要～

本試験を受験するためには協会通信教育の申込が絶対条件！

受験資格

　証券アナリスト試験を受験する場合には、公益社団法人日本証券アナリスト協会の１次レベルの通信教育を受講することが条件となっています。なお、通信教育の受講に際しては、だれでも受講することができ、年齢や学歴などの制限は一切ありません。

　　＊通信教育講座受講申込期間…例年５月１日～

　　（詳細につきましては、日本証券アナリスト協会にお問い合わせください。）

　　＊通信講座受講期間…約８カ月間

●１次試験日程…毎年２回、例年４月下旬、　９月下旬～10月上旬

●出願締切…例年３月上旬、８月中旬

　　　　　　（日本証券アナリスト協会のマイページから申込）

●合格発表…例年５月下旬、10月下旬～11月上旬

●試験実施場所…＜国内＞札幌、仙台、東京、金沢、名古屋、大阪、広島、

　　　　　　　　　　　松山、福岡

　　　　　　　　＜国外＞ニューヨーク、ロンドン、香港

●試験科目…①証券分析とポートフォリオ・マネジメント　②財務分析

　　　　　　③経済　（科目合格制）

●留意事項…以下のような場合、それまでの１次試験の合格実績はすべて無効となる。

①ひとつの科目の受講開始後、４年間に残りすべての科目を受講しない場合

②受講後連続６回の試験で合格しなかった科目について、直ちに通信教育を再受講しなかった場合

●近年の協会通信および受験状況（１次レベル）

年　　度	検定試験*		
	受験者数（人）	合格者数（人）	合格率（％）
2017年秋	5,012	2,586	51.6
2018年春	7,698	3,951	51.3
2018年秋	3,990	2,043	51.2
2019年春	8,269	3,909	47.3
2019年秋	5,648	2,971	52.6

＊　検定試験の受験者数・合格者数は、科目別の延べ人数

（注）2020年春試験は中止。

協会通信教育講座に関するお問い合わせは…

公益社団法人　日本証券アナリスト協会

Tel. 03-3666-1511　Fax. 03-3666-5843　https://www.saa.or.jp

●出題傾向と対策

　証券アナリスト試験1次レベルは、「証券分析とポートフォリオ・マネジメント」、「財務分析」、「経済」の3科目からなり、科目ごとの受験が可能である。形式は2003年より、すべてマークシート方式による選択問題となっている。この「証券分析とポートフォリオ・マネジメント」の内容は大きく6つの分野に分類できるため、出題は大問で全6問、すべての分野から一通り出題される。また、公益社団法人日本証券アナリスト協会の通信教育カリキュラム改訂後の試験では、小問数では100問程度となっている。制限時間は180分なので、単純に考えると1問に2分はかけられず、全問をまともに処理することが難しい。とくに計算問題などでは、ある程度スピードが要求され、これに対処するには「過去問」あるいはこの「総まとめテキスト」などで、計算処理に慣れるしかない。計算問題は面倒ではあるが、それまではっきりしなかった考え方が、計算問題をこなしているうちにだんだん見えてくるということが往々にしてあるので、億劫がらずにとりあえず電卓を叩いてみることをお勧めする。

　この科目は冒頭で言及した6分野のすべてから万遍なく出題される。このため特定の分野に偏った知識で臨むのはあまり得策ではなく、また、いわゆる「ヤマ」も張りづらい。したがって、受験する立場としては、まずは基本となるファイナンス理論の根幹を確実に押さえ、あとは枝葉をつけていくといった正攻法の学習方法が、遠回りなようで実は意外と早道であろう。

　ただ、現代ポートフォリオ理論や現在価値云々といった、オーソドックスなファイナンスの問題に加え、かなり細かい論点も含まれており、出題量の多さから見て問題の見極め、ひいては取捨選択も重要な合否の要素になっていると言ってよい。大半が選択肢からの択一式なので、いざ本番では、とにかく自分が解答可能な問題から効率よく正確に処理し、何とか解けそうな問題は一応考え、歯が立ちそうもない問題はイチかバチか、といった判断も必要であろう。この意味で、証券アナリスト試験もやはりある種の受験テクニックを身につけておいた方がよさそうだ。

　なお「計量分析と統計学」は、1次レベルで母集団および正規分布を扱い、標本および検定については2次レベルで扱われる。こうした背景に鑑み、1次レベ

ix

ルでは正規分布については確実な知識にしておくことが望ましいだろう。

（表）過去の問題構成と配点

問　題	分　　野	2017年 （秋）	2018年 （春）	2018年 （秋）	2019年 （春）	2019年 （秋）
第1問	日本の証券市場	15問 （15点）	15問 （15点）	15問 （15点）	15問 （15点）	15問 （15点）
第2問	企業のファンダ メンタル分析	15問 （30点）	15問 （30点）	15問 （30点）	15問 （30点）	14問 （30点）
第3問	株式分析	15問 （30点）	15問 （30点）	15問 （30点）	15問 （30点）	15問 （30点）
第4問	債券分析	18問 （35点）	18問 （35点）	18問 （35点）	18問 （35点）	18問 （35点）
第5問	デリバティブ分析	15問 （30点）	15問 （30点）	15問 （30点）	15問 （30点）	15問 （30点）
第6問	ポートフォリオ・ マネジメント	20問 （40点）	20問 （40点）	20問 （40点）	20問 （40点）	20問 （40点）
合　　　計		98問 （180点）	98問 （180点）	98問 （180点）	98問 （180点）	97問 （180点）

●本書の使用方法

この総まとめテキストの各章の構成は次のようになっている。

> Point
>
> 例 題
>
> 解 答 および 解 説

前述の出題傾向と対策に鑑み、もっぱら計算に重点をおき、問題を通して各論点の核心部分を理解するという方針でまとめている。

Point

その章の基本的な論点、公式などをほぼ万遍なく網羅している。ここでわかっている事柄について✓点をつけるなり、わからない事柄にマーカーで印をつけるなりして、知識を整理してほしい。基本的には結論のみを列挙し、公式の導出過程などは一切省いているが、必要に応じて式のもつ意味や背後にある考え方について言及している。"単語カード"的に使うのもひとつの方法であろう。

例 題

その章の重要・頻出論点について、ほぼカバーできるように配慮して出題している。よくわからない問題や難しいと感じる問題があれば、まず Point の該当箇所にあたられたい。また解けなかったり、間違えた問題は 解 答 および 解 説 を参照しながら解き直すことを薦める。なるべく実際に計算を行うことにより、背後にある考え方を把握できるような問題を中心にしている。

解 答 および 解 説

解答に至るまでの計算プロセス、考え方などオーソドックスなパターンをなるべく詳細に解説してある。間違えたり、わからなかったところは順を追ってよく確認しておいた方がよい。問題を解くための考え方や公式、計算プロセスの意味については Point のところと重複するが、重要なものに関しては敢えて再掲している。

xi

●過去の出題一覧および重要度

年度 論点	2018年春	2018年秋	2019年春	2019年秋	重要度
ポートフォリオ・マネジメント（合計）※1	**20**	**24**	**20**	**21**	
ウエイト※2	**20%**	**23%**	**19%**	**22%**	
リターンとリスク	3	4	4	4	A
投資家の選好	1		1	1	A
最適ポートフォリオ	4	3	5	1	A
マーケット・モデル	4	1		3	A
CAPM		8	1	5	A
リスク・ニュートラル・プライシング		5			A
マルチ・ファクター・モデル			1	4	B
効率的市場仮説	1	1	1		A
ポートフォリオ・マネジメントと評価	6	1	5	1	A
計量分析と統計学	1	1	2	2	A
債券分析　　　　　（合計）	**18**	**18**	**19**	**18**	
ウエイト	**18%**	**17%**	**18%**	**18%**	
債券の種類		1	2	1	B
債券の価格と利回り	10	10	8	10	A
リスクと格付け	4	3	3	3	A
デュレーションとコンベクシティ	4	4	6	4	A
ファンダメンタル分析　　（合計）	**19**	**21**	**16**	**12**	
ウエイト	**19%**	**20%**	**15%**	**12%**	
産業分析	1	3	2	2	A
収益性の分析	6	7	5	4	A
株式評価のための財務分析		3	2		A
財務安全性分析	4	2	3	2	A
キャッシュ・フロー分析	3	2	1	3	A
1株当たり指標・サステイナブル成長率	5	4	3	1	A

※1 　"問○○"レベルの小問ごとに集計。ただし、複数の論点にまたがるものについては
ダブルカウントしている。

　　したがって、「総合計」と本試験の出題数は必ずしも一致しない。

※2 　各論点の「ウエイト」＝ 各論点の（合計）／総合計

論点 ＼ 年度	2018年春	2018年秋	2019年春	2019年秋	重要度
株式分析 （合計）	13	12	19	18	
ウエイト	13%	11%	18%	18%	
株式の種類と特性					C
株式の投資収益率	1		1		A
株式の投資尺度	5	4	7	9	A
配当割引モデル	5	3	8	8	A
キャッシュフロー割引モデル	1	1	1		A
残余利益モデル	1	4	2	1	A
デリバティブ分析 （合計）	15	16	15	15	
ウエイト	15%	15%	15%	15%	
オプション取引 （小計）	12	10	12	11	
損益	2		3		A
オプション価格決定要因	1	2	1	1	A
プット・コール・パリティ		3		3	A
投資戦略	2	1	3	1	A
オプション評価モデル	7	4	5	6	A
ヘッジパラメータ					C
先物取引 （小計）	2	5	2	2	
損益	1	1	1		A
先物理論価格	1	3	1	2	A
ヘッジ					C
裁定取引		1			B
スワップ					C
市場・制度	1	1	1	2	A
証券市場の機能と仕組み （合計）	15	15	15	15	A
ウエイト	15%	14%	15%	15%	
総合計	100	106	104	99	

●重要論点チェックリスト

論　　点	チェック欄		
第1章　ポートフォリオ・マネジメント			
リターンとリスク			
投資家の選好			
最適ポートフォリオ			
マーケット・モデル			
CAPM			
リスク・ニュートラル・プライシング			
マルチ・ファクター・モデル			
効率的市場仮説			
ポートフォリオ・マネジメントと評価			
計量分析と統計学			
第2章　債券分析			
債券の種類			
債券の価格と利回り			
リスクと格付け			
デュレーションとコンベクシティ			
第3章　ファンダメンタル分析			
産業分析			
収益性の分析			
株式評価のための財務分析			
財務安全性分析			
キャッシュ・フロー分析			
1株当たり指標・サステイナブル成長率			
第4章　株式分析			
株式の種類と特性			
株式の投資収益率			
株式の投資尺度			
配当割引モデル			
キャッシュフロー割引モデル			
残余利益モデル			

論　　　点	チェック欄		
第5章　デリバティブ分析			
オプション取引			
損益			
オプション価格決定要因			
プット・コール・パリティ			
投資戦略			
オプション評価モデル			
ヘッジ・パラメータ			
先物取引			
損益			
先物理論価格			
ヘッジ			
裁定取引			
スワップ			
市場・制度			
第6章　証券市場の機能と仕組み			

xv

●運用機関の機能と証券分析のテーマ

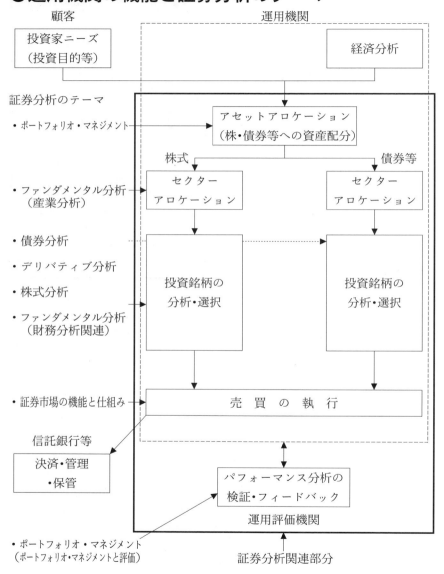

機関投資家など運用機関は、マクロ経済分析から個別企業の業績予測に下りていくトップダウンアプローチを採る場合、経済分析→アセットアロケーション（資産配分）→セクターアロケーション（業種配分）→銘柄選択というような形でポートフォリオの構成を決めていく。それにしたがって運用機関の機能と本書で取り上げる証券分析各章のテーマの関係をみていくと、概ね前記のようになる。

第1章

ポートフォリオ・マネジメント

1. 傾向と対策……………………………………… 2
2. ポイント整理と実戦力の養成……………… 5
   1　投資の基礎概念／5
   2　個別証券のリスク・リターン構造／10
   3　投資家の選好／14
   4　ポートフォリオ理論／24
   5　CAPM／40
   6　マーケット・モデル／54
   7　リスク・ニュートラル・プライシング／64
   8　マルチ・ファクター・モデル／69
   9　ポートフォリオ・マネジメントと評価／78

1. 傾向と対策

　本試験で毎回第6問に登場する「ポートフォリオ・マネジメント」は、モダン・ポートフォリオ理論（Modern Portfolio Theory）と称する一連の理論体系を骨子とする。モダン・ポートフォリオ理論は、証券アナリスト試験1次レベルのみならず2次レベルを通して、さらには全科目を通して、試験全体の性格を大きく特徴付ける「目玉」といっても過言ではないだろう。実際、この理論体系を前面に打ち出し中心テーマに据えた資格試験は、少なくともわが国においては、証券アナリスト試験の他にあまりない。

　ここでは、株式をはじめとするリスク資産の収益率は正規分布に従うという仮定の下で、リスクとリターンという2つの変数を使って話が展開される。そして、まず最大の主張の1つが「リスク分散」である。良し悪し正否は別にして、古くからある「卵は1つの籠に盛るな」という投資の格言を、「分散投資の効果（ポートフォリオ効果）」として数量的・理論的に裏付け、これを手始めに投資家のリスクに対する振る舞い（リスク選好）、資本資産評価モデル（CAPM）、マーケット・モデル、パフォーマンス（運用成績）評価などなど、きわめて広範な論点を系統立てて扱ってゆく。

　この分野のポイントは、まずリスク・リターンを数量的に把握するため、どうしても統計学の知識が必要となること。とくに5つの基本統計量、およびポートフォリオのリスクとリターンといった概念、計算処理に慣れることが必須である。そして「過去の出題例」を見れば明らかだが、毎回各論点から万遍なく網羅的に出題されるので、残念ながら試験対策としては、とにかく一通りのことをやっておくしかないだろう。

第1章　ポートフォリオ・マネジメント

総まとめテキストの項目と過去の出題例

「総まとめ」の項目	過去の出題例	重要度
リターンとリスク	2017年秋・第6問・Ⅰ問2 2018年春・第6問・Ⅰ問3 　　　　　　　　　　Ⅱ問1〜問5 2018年秋・第6問・Ⅰ問1、問2 　　　　　　　　　　Ⅱ問1〜問4 　　　　　　　　　　Ⅲ問5 2019年春・第6問・Ⅱ問1〜問5 　　　　　　　　　　Ⅲ問1〜問3、問5 2019年秋・第6問・Ⅱ問1〜問4 　　　　　　　　　　Ⅳ問2	A
投資家の選好	2017年秋・第6問・Ⅰ問1、問3 2018年春・第6問・Ⅰ問1 2019年春・第6問・Ⅰ問1 2019年秋・第6問・Ⅰ問1	A
マーケット・モデル	2018年春・第6問・Ⅳ問1〜問5 2018年秋・第6問・Ⅲ問3 2019年秋・第6問・Ⅲ問1、問3、問5	A

3

CAPM	2017年秋・第3問・Ⅰ問3 　　　　　　　　　　Ⅱ問3 2018年秋・第3問・Ⅰ問5 　　　　　　　　　　Ⅲ問2、問4 　　　　　　第6問・Ⅰ問2、問3 　　　　　　　　　　Ⅲ問1、問2、問4 2019年春・第6問・Ⅰ問3 2019年秋・第3問・Ⅱ問1 　　　　　　第6問・Ⅰ問3、問4 　　　　　　　　　　Ⅲ問2、問4	A
リスク・ニュートラル・プライシング	2017年秋・第6問・Ⅲ問1〜問5 2018年秋・第6問・Ⅳ問1〜問5	A
マルチ・ファクター・モデル	2017年秋・第6問・Ⅰ問4 　　　　　　　　　　Ⅳ問1〜問5 2019年春・第6問・Ⅰ問4 2019年秋・第6問・Ⅳ問1、問3〜問5	B
効率的市場仮説	2018年春・第6問・Ⅰ問4 2018年秋・第6問・Ⅰ問4 2019年春・第6問・Ⅰ問5	A
ポートフォリオ・マネジメントと評価	2017年秋・第6問・Ⅱ問1〜問6 2018年春・第6問・Ⅲ問1〜問6 2018年秋・第6問・Ⅰ問5 2019年春・第6問・Ⅳ問1〜問5 2019年秋・第6問・Ⅰ問5	A
計量分析と統計学	2018年春・第6問・Ⅰ問2 2018年秋・第6問・Ⅱ問5 2019年春・第6問・Ⅰ問2 　　　　　　　　　　Ⅲ問4 2019年秋・第6問・Ⅰ問2 　　　　　　　　　　Ⅱ問5	A

第1章　ポートフォリオ・マネジメント

2. ポイント整理と実戦力の養成

1　投資の基礎概念

Point ① 現在価値と将来価値

　証券分析では、金利計算として、主に**複利計算**が使われる。元金X_0円は、年利r%のとき、1年複利で計算すれば、n年後に$X_n = X_0(1+r)^n$ 円となる。ところでこのことは、現在のX_0円は、n年後の将来、X_n円の価値をもつと考えることもできる。このように考えたとき、現在の元金X_0円を**現在価値**と、それをn年間運用したときの受取X_n円を**将来価値**と、それぞれ呼ぶ。この現在価値と将来価値との間には、次のような関係が成立する。

$$X_n = (1+r)^n \, X_0$$

　または、

$$X_0 = \frac{1}{(1+r)^n} \, X_n$$

　現在価値X_0の式における$\dfrac{1}{(1+r)^n}$は、「n年後の1円の現在価値」を表しており、**割引係数**（ディスカウント・ファクター）と呼ばれる。

　以上は、年1回複利の場合の計算であるが、年間の複利回数の頻度が高くなると、次のように計算される。

	将来価値	現在価値
半年（年2回）複利	$X_n = \left(1+\dfrac{r}{2}\right)^{2n} X_0$	$X_0 = \dfrac{1}{\left(1+\dfrac{r}{2}\right)^{2n}} X_n$
	⋮	⋮
年m回複利	$X_n = \left(1+\dfrac{r}{m}\right)^{mn} X_0$	$X_0 = \dfrac{1}{\left(1+\dfrac{r}{m}\right)^{mn}} X_n$

　さらに、年複利回数のmを増やしその極限をとると、$\displaystyle\lim_{m \to \infty}\left(1+\frac{r}{m}\right)^{mn} = e^{rn}$（ただし、$e$は自然対数の底で、$e = 2.71828...$）となるから、次のような**連続複利**による計算がデリバティブ評価において用いられることが多い。

5

	将来価値	現在価値
連続複利	$X_n = e^{rn} X_0$	$X_0 = \dfrac{X_n}{e^{rn}} = e^{-rn} X_n$

Point ② 投資収益率

証券分析では、投資もしくは資金運用による収益（リターン）を測定する尺度として、主に**投資収益率**（R）を使う。投資収益率とは、投資額に対する収益の割合であり、次のように表される。

$$投資収益率（R）= \frac{収益}{投資額}$$

Point ③ 算術平均と幾何平均

過去の投資収益率のデータより、多期間にわたる収益率が与えられたとき、この投資収益率（リターン）の特徴を調べることが証券分析における関心事となる。投資収益率の特徴を捉えるための基本的な方法は、多期間にわたる投資収益率の平均を求めることである。代表的な平均の計算方法には、**算術平均と幾何平均**とがある。いま、n期間にわたって投資収益率R_1、$\cdots$、R_nが観測されたとする。このとき、算術平均$\overline{R_a}$と幾何平均$\overline{R_g}$とは、それぞれ、次のように表される。

(1) **算術平均**

$$\overline{R_a} = \frac{1}{n}(R_1 + \cdots + R_n) = \frac{1}{n}\sum_{t=1}^{n} R_t$$

(2) **幾何平均**

$$\overline{R_g} = \{(1+R_1) \times \cdots \times (1+R_n)\}^{\frac{1}{n}} - 1 = \left\{\prod_{t=1}^{n}(1+R_t)\right\}^{\frac{1}{n}} - 1$$

なお、幾何平均が算術平均を上回ることはない。

このことを、2期の収益率のデータがR_1とR_2であったとして確かめてみることにすると、

算術平均： $\overline{R_a} = \dfrac{R_1 + R_2}{2}$

幾何平均： $\overline{R_g} = \sqrt{(1+R_1)(1+R_2)} - 1$

である。

第1章　ポートフォリオ・マネジメント

ここで、

$$\left(1+\overline{R_a}\right)^2 - \left(1+\overline{R_g}\right)^2 = \left(1+\frac{R_1+R_2}{2}\right)^2 - \left(1+\sqrt{(1+R_1)(1+R_2)}-1\right)^2$$

$$= \left\{\frac{(1+R_1)+(1+R_2)}{2}\right\}^2 - \left(\sqrt{(1+R_1)(1+R_2)}\right)^2$$

$$= \frac{1}{4}\left\{(1+R_1)^2 + 2(1+R_1)(1+R_2) + (1+R_2)^2\right\}$$

$$- (1+R_1)(1+R_2)$$

$$= \frac{1}{4}\left\{(1+R_1)^2 - 2(1+R_1)(1+R_2) + (1+R_2)^2\right\}$$

$$= \frac{1}{4}\left\{(1+R_1) - (1+R_2)\right\}^2$$

$$\geqq 0$$

という関係から、

$$\left(1+\overline{R_a}\right) \geqq \left(1+\overline{R_g}\right)$$

が成立する。これより、幾何平均が算術平均よりも大きくなることは決してないことが明らかとなる。なお、この関係式で等号が成立する（幾何平均と算術平均が等しくなる）のは、$R_1 = R_2$ のときである。

また、過去のリターンデータの平均によって

　　将来の期待リターンを推定する場合…過去のリターンの算術平均リターン

　　過去の実績リターンを計測する場合…過去のリターンの幾何平均リターン

を用いるべきであるとされている。

これは、算術平均は統計的には最尤推定量（もっとも確からしい推定量）であるという性質が知られているため将来の予測にふさわしく、幾何平均は複利の効果を考慮できるため過去の実績の把握に適していると考えられるためである。

7

		《2004.5.Ⅱ.1・2》

例題 1

《2004.5.Ⅱ.1・2》

以下の問 1 および問 2 に答えよ。

下表は過去 4 年間の X 社株式の株価と配当の推移である。

表　X 社の株価と 1 株当たり配当

	期首株価	期末株価	配当
1 年目	1,200円	920円	10円
2 年目	920円	1,100円	20円
3 年目	1,100円	1,000円	30円
4 年目	1,000円	1,400円	30円

（注）配当支払時期は期末。

問 1　4 年間の算術平均投資収益率は年率何%でしたか。

A　5 %

B　6 %

C　7 %

D　8 %

E　9 %

問 2　4 年間の幾何平均投資収益率は年率何%でしたか。

A　5 %

B　6 %

C　7 %

D　8 %

E　9 %

解答　▶　問 1　E　　問 2　B

第1章　ポートフォリオ・マネジメント

解　説

問1　算術平均

$$投資収益率 = \frac{収益}{投資額} = \frac{キャピタル・ゲイン(ロス) + インカム・ゲイン}{投資額}$$

より、X社株式の1年目〜4年目までの各年の投資収益率は、

1年目　$\dfrac{(920 - 1,200) + 10}{1,200} = -0.225\,(-22.5\%)$

2年目　$\dfrac{(1,100 - 920) + 20}{920} = 0.2173\ldots \approx 0.217\,(21.7\%)$

3年目　$\dfrac{(1,000 - 1,100) + 30}{1,100} = -0.0636\ldots \approx -0.064\,(-6.4\%)$

4年目　$\dfrac{(1,400 - 1,000) + 30}{1,000} = 0.430\,(43.0\%)$

よって、算術平均投資収益率は、

$$\frac{(-22.5) + 21.7 + (-6.4) + 43.0}{4} = 8.9\ldots \approx 9\,(\%)$$

問2　幾何平均

4年間の幾何平均投資収益率は、

$$\sqrt[4]{(1 - 0.225)(1 + 0.217)(1 - 0.064)(1 + 0.43)} - 1 = 0.059\ldots \approx 0.06 = 6\,(\%)$$

幾何平均の計算にあたっては、投資収益率を%表示そのままではなくそれを小数表示した数値（例えば−22.5%であれば−0.225）を使って計算する点に注意する。なお、算術平均の計算については、上で示したように、%表示そのままで計算してもよいし、小数表示の数値で計算してもよい（あえていえば、%表示の数値で計算した方が電卓の計算の手間が若干少なくてすむ分だけおすすめといえる）。

9

2　個別証券のリスク・リターン構造

Point ①　投資収益率

$$投資収益率 = \frac{収益}{投資額}$$

において、投資額も収益もともに確定したものと考えることは、投資家が、いま行おうとしている投資について、どれだけの収益をもたらすものか事前に確実に知っていることを意味している。このことは、投資対象として、投資時点で投資収益率が確定している証券である**無リスク証券**（リスクフリー資産または**安全証券**）だけを考えていることとなる。これに対して、投資時点で投資収益率が確定していない証券である**リスク証券**をも投資対象に含めた場合、投資家は、将来得られるであろう収益を予想する必要がある。現代ポートフォリオ理論の最大のポイントは、この予想される収益を**確率変数**とみなすことにある。予想される収益を確率変数と考えたとき、それによって得られる投資収益率も確率変数となる。これ以後、ある個別証券iの投資収益率をR_iと示す。

Point ②　確率変数と確率分布（「計量分析」関連事項）

確率変数とは、いろいろな値をいろいろな確率でとるような変数であり、そこでは、そのとりうる値とその値が実現する確率とが対応付けられている。その対応関係は**確率分布**と呼ばれる。ある確率変数の特徴を捉えるということは、確率分布のもつ特徴を捉えることである。そのためのもっとも基本的な統計量として、**期待値**と**分散**（または、**標準偏差**）がある。期待値はその分布の**中心的な位置**を示し、分散（または、標準偏差）はその分布の**チラバリ具合**を示す。現代ポートフォリオ理論では、この期待値と分散（または、標準偏差）によって、確率変数とみなした投資収益率の特徴を捉えることとなる。そこでは、投資収益率の期待値を証券の**リターン**の尺度として使い、投資収益率の分散（または、標準偏差）を証券の**リスク**の尺度として使う。

第1章　ポートフォリオ・マネジメント

Point ③　リターンの尺度

リターンの尺度としては、投資収益率の期待値が使われる。この投資収益率の期待値は、**期待投資収益率（または期待収益率）** と呼ばれる。確率変数とみなした個別証券iの収益率R_iの期待値$E(R_i)$は、次のように定義される。

$$E(R_i) = p_1 R_{1,i} + \cdots + p_n R_{n,i}$$
$$= \sum_{t=1}^{n} p_t R_{t,i}$$

ただし、

n　：証券iの収益率のとりうる値の個数

$R_{t,i}$　：収益率のとりうる値のうち第t番目の投資収益率

p_t　：第t番目の投資収益率が実現する確率

Point ④　リスクの尺度

(1)　**分散 σ_i^2**

確率変数とみなした個別証券iの収益率R_iの分散σ_i^2は、次のように定義される。

$$\sigma_i^2 = p_1 \left\{ R_{1,i} - E(R_i) \right\}^2 + \cdots + p_n \left\{ R_{n,i} - E(R_i) \right\}^2$$
$$= \sum_{t=1}^{n} p_t \left\{ R_{t,i} - E(R_i) \right\}^2$$
$$= E \left\{ R_i - E(R_i) \right\}^2$$
$$= E(R_i^2) - \left\{ E(R_i) \right\}^2$$

(2)　**標準偏差 σ_i**

$$\sigma_i = \sqrt{p_1 \left\{ R_{1,i} - E(R_i) \right\}^2 + \cdots + p_n \left\{ R_{n,i} - E(R_i) \right\}^2}$$
$$= \sqrt{\sum_{t=1}^{n} p_t \left\{ R_{t,i} - E(R_i) \right\}^2}$$
$$= \sqrt{\sigma_i^2}$$

このように、標準偏差は分散の正の平方根で表される。

11

例題 2

以下の問 1 から問 3 に答えよ。

表 1.1 には、A 社株の投資収益率 R_A の確率分布が示されている。

表 1.1：A 社の投資収益率の確率分布

景気状態	好況	平常	不況
確率	0.3	0.5	0.2
予想される収益率（%）	25	5	−10

問 1 A 社の期待投資収益率 $E(R_A)$ はいくらか。
問 2 A 社の投資収益率の分散 σ_A^2 はいくらか。
問 3 A 社の投資収益率の標準偏差 σ_A はいくらか。

解答

問 1　8 %
問 2　156
問 3　12.5%

第1章　ポートフォリオ・マネジメント

解　説

問1　期待投資収益率

$$E(R_A) = 0.3 \times 25 + 0.5 \times 5 + 0.2 \times (-10)$$
$$= 8 \ (\%)$$

これより、A社の期待投資収益率は8％となる。

問2　投資収益率の分散

$$\sigma_A^2 = 0.3 \times (25-8)^2 + 0.5 \times (5-8)^2 + 0.2 \times (-10-8)^2$$
$$= 156$$

これより、A社の分散で測ったリスクは156となる。

問3　投資収益率の標準偏差

$$\sigma_A = \sqrt{\sigma_A^2}$$
$$= \sqrt{156}$$
$$\fallingdotseq 12.5(\%)$$

これより、A社の標準偏差で測ったリスクは12.5％となる。

13

3 投資家の選好

Point ① 効用関数と期待効用

資産運用により投資家が得られる満足の程度を**効用**utilityという。この効用は、将来の資産額に依存して決まると考えられるので、一般的には、投資家の効用を資産額の関数として、$U = U(W)$（ただし、U：ある投資家の効用、W：将来得られる資産額）と表し、**効用関数**utility functionと呼ぶ。

不確実性下の投資家の意思決定を分析する場合には、効用の期待値である**期待効用**expected utilityを用いる。

期待効用＝（状態ごとの確率×効用）の合計

$$E[U] = p_1U(W_1) + p_2U(W_2) + \cdots + p_nU(W_n)$$
$$= \sum_{s=1}^{n} p_sU(W_s)$$

ただし、p_s：状態 s $(s = 1, \cdots, n)$ の生起確率、

W_s：状態 s における資産額

このように期待効用が定義できる効用関数をフォンノイマン＝モルゲンシュテルン型効用関数と呼び、ファイナンス理論では、投資家はこうして定義される期待効用の最大化をはかるものと考えて分析が行われる。

14

第1章 ポートフォリオ・マネジメント

Point ② リスクに対する投資家の3タイプ

投資家のリスクに対する態度は、大別すると、次の3タイプに分類される。

(1)	リスク回避型	資産額の期待値が同じであれば、資産額のばらつき（リスク）の小さい方を選好する。
(2)	リスク中立型	資産額の期待値のみに関心があり、資産額の期待値が同じであれば、資産額のばらつき（リスク）の大小に関わらず同程度に選好する。
(3)	リスク追求型	資産額の期待値が同じであれば、資産額のばらつき（リスク）の大きい方を選好する。

これら3タイプの投資家の資産額に対する効用関数は、次のように描かれる。

図1－3－1　投資家のリスクに対する態度と効用関数

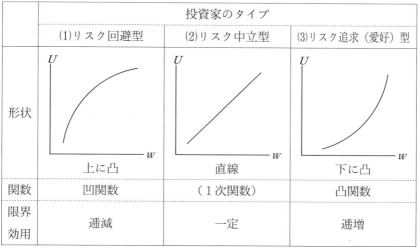

※　リスク回避度が高まるにつれて、効用関数の曲率は大きくなる（＝上への凸性が強くなる）。

Point ③ 確実性等価額

確実性等価額certainty equivalentとは，不確実性を伴う投資の期待効用と効用が等しくなる確実な投資の場合の資産額をいう。

例えば、将来の資産額が1/2ずつの確率で W_1、W_2 となる場合、期待効用 EU は、

$$EU = \frac{1}{2}U(W_1) + \frac{1}{2}U(W_2)$$

と表せるから、$U(W_1)$ と $U(W_2)$ の中点の高さになる。これと等しい効用をもたらす確実な資産額は $\hat{W}$ であり、これが確実性等価額である。

図1-3-2 確実性等価額

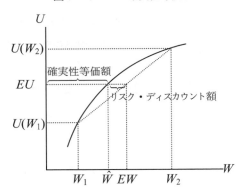

この場合、将来の資産額の期待値 EW は W_1、W_2 の中点となるから、このグラフのように効用関数が上に凸に描かれるリスク回避型投資家の場合、確実性等価額 $\hat{W}$ は将来の資産額の期待値 EW を下回ることになる。この将来の資産額の期待値 EW と確実性等価額 $\hat{W}$ の差をリスク・ディスカウント額という。

Point ④ 平均・分散アプローチと投資家の無差別曲線

マーコヴィッツによる平均・分散アプローチでは、

リターンの指標…収益率の期待値（期待収益率）

リ ス クの指標…収益率の分散（または標準偏差）

第 1 章 ポートフォリオ・マネジメント

を用いる。平均・分散アプローチが成立する世界では、期待効用は

$$E[U_i] = E[R] - \lambda_i \sigma^2$$

ただし、U_i：投資家 i の効用、$E[R]$：期待収益率、
σ：収益率の標準偏差、λ_i：投資家 i のリスク回避係数

などと表される。

また、効用が等しいリスクとリターンの組合せである**無差別曲線**indifference curveは次のように描かれ、上方に位置する無差別曲線ほど効用水準は高い（$U_1 > U_0$）。

図 1 － 3 － 3　投資家のリスクに対する態度と無差別曲線

	投資家のタイプ		
	(1)リスク回避型 （$\lambda_i > 0$）	(2)リスク中立型 （$\lambda_i = 0$）	(3)リスク追求（愛好）型 （$\lambda_i < 0$）
形状	右上がりの曲線	水平な直線	右下がりの曲線

ファイナンス理論では、通常、投資家はリスク回避型であると仮定される。

図 1 － 3 － 4　危険回避者のリスク回避係数と無差別曲線

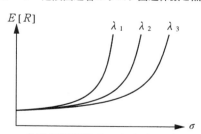

危険回避係数 λ : $\lambda_1 > \lambda_2 > \lambda_3$

| 例題3 | 期待効用最大化をはかる投資家の選好に関する次の記述の正誤を答えよ。 |

A　投資家がリスク回避型であるとき、投資家の得る効用を資産価値の関数として表した効用関数は凹関数である。

B　リスク回避度の高い投資家の確実性等価額は、リスク回避度の低い投資家の確実性等価額よりも大きい。

C　投資家がリスク回避型であるとき、確実性等価額はリスク資産の価値の期待値よりも大きい。

解答 ▶　　A　正　　B　誤　　C　誤

解　説

A　正　投資家がリスク回避型であるとき、投資家の効用関数のグラフは上に凸になる。グラフが上に凸になる関数は凹関数と呼ばれる。

B　誤　リスク回避度の高い投資家の効用関数の曲率は、リスク回避度の低い投資家の効用関数の曲率よりも大きくなる分だけ、リスク回避度の高い投資家の確実性等価額の方が小さくなる。

C　誤　投資家がリスク回避型であるとき、投資家の効用関数のグラフは上に凸になるため、確実性等価額はリスク資産の価値の期待値よりも小さくなる。

第1章 ポートフォリオ・マネジメント

例題4 以下の問1から問3に答えよ。

期待投資収益率と標準偏差の平面においてA、B、C、Dの4つのポートフォリオがグラフのように位置している。

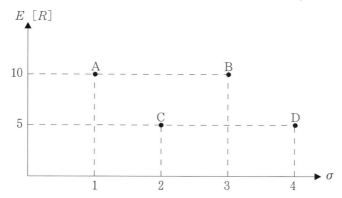

問1 リスク中立者Xにとって最も効用の低いポートフォリオはどれか。

問2 リスク回避者Yにとって最も効用の高いポートフォリオはどれか。

問3 Yの効用関数は次のように表されるものとする。

$$U = E[R] - a \times \sigma^2$$

U：Yの効用

$E[R]$：期待投資収益率

a：リスク回避係数

σ：収益率の標準偏差

YにとってポートフォリオBによる効用がCよりも大きい場合、aはいくらになるか。

解答 　問1　C、D　　問2　A　　問3　0 < a < 1

解 説

問1

　リスク中立者にとってリターン（期待投資収益率）は高ければ高いほど効用を高めることになるが、リスク（標準偏差）に関しては無関心である。すなわち、リターンが同じであればリスクが大きくても小さくても効用には影響しない。したがって、ポートフォリオAとBの効用は同じ、つまり無差別であり、また、ポートフォリオCとDも無差別である。しかし、AとBによる効用の大きさと、CとDによる効用の大きさは、リターンが異なるため、リターンの高い前者（AとB）の効用のほうが大きいことになる。よって、正解はCとDである。なお、AとB、およびCとDを通る無差別曲線は以下のとおりである。

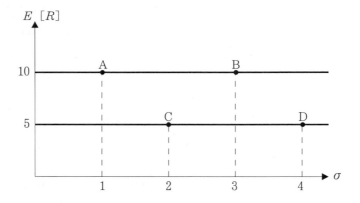

問2

　リターンに関してはリスク回避者も中立者と同様に高ければ高いほど効用を高めることになるが、リスクに関しては小さい方が効用を高める。したがって、4つのポートフォリオのうちリターンが一番高く、かつ、リスクの一番小さなAがリスク回避者Yの効用を最も高めることになる。よって、正解はAである。なお、Aを通る無差別曲線とCを通る無差別曲線は次のとおりである。

第1章 ポートフォリオ・マネジメント

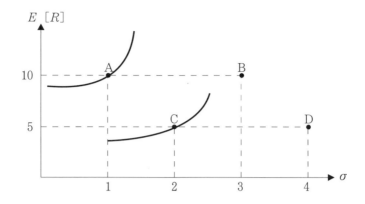

問3 効用関数に従ってポートフォリオBとCの効用を表すと次のようになる。

B：$U = E[R] - a \times \sigma^2 = 10 - a \times 3^2$

C：$U = E[R] - a \times \sigma^2 = 5 - a \times 2^2$

ポートフォリオBによる効用がCよりも大きくなるようなaは、

$10 - a \times 3^2 > 5 - a \times 2^2$

$a < 1$

となる。Yはリスク回避者なので、$0 < a < 1$となる。

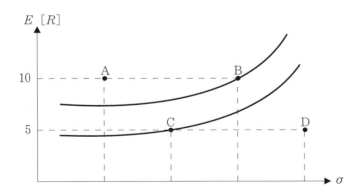

例題5 《2011（春）. 6. I. 1》
投資家の選好に関する次の記述のうち、正しいものはどれですか。

A　資産額が増えるほど、どん欲にお金を求める投資家は、リスク追求型の効用を持つといえる。

B　ある確率くじのリスク・ディスカウント額が大きいほど、その確率くじに払ってもよいとする価格は賞金額の期待値に近づく。

C　Aさんの効用関数はBさんの効用関数を3倍したものとすると、AさんはBさんよりもリスク資産を多く需要する。

D　リスク回避度は、効用曲線の傾きの変化とは関係がない。

解答　A

第 1 章　ポートフォリオ・マネジメント

> 解　説

A　正しい。リスク追求型の効用関数は凸関数であり、限界効用逓増型である。
B　正しくない。ある確率くじのリスク・ディスカウント額が小さいほど、その確率くじに払ってもよいとする価格（確実性等価額）は賞金額の期待値に近づく。

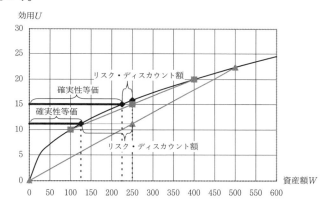

C　正しくない。
D　正しくない。無差別曲線の傾きは、リスクの増加に対する対価として投資家がどれだけリターンを要求するかを示している。この傾斜が急な無差別曲線を持つ投資家ほど、リスク回避度が高い投資家ということができる（以下ではリスク回避度：A 氏＞ B 氏＞ C 氏）。

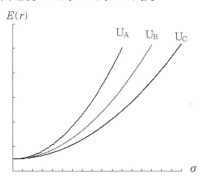

4 ポートフォリオ理論

Point ① ポートフォリオの投資収益率

証券iと証券jの2つの証券からだけ構成されるポートフォリオPを考える。いま、ポートフォリオPには、証券iと証券jが、$w_i : w_j$（ただし、$w_i + w_j = 1$）の割合で含まれているとする（ここで、w_iとw_jをそれぞれ証券iと証券jの投資比率という）。このとき、証券iの投資収益率がR_iであり、証券jの投資収益率がR_jであるとすれば、ポートフォリオPの投資収益率R_Pは次のように表される。

$$R_P = w_i R_i + w_j R_j \qquad (1\text{-}1)$$
$$\text{ただし、} \qquad w_i + w_j = 1$$

この関係式において、個別証券の投資収益率（R_iとR_j）を確率変数とみなした場合、ポートフォリオPの投資収益率R_Pも確率変数となることに注意すること。

Point ② ポートフォリオのリターン

ポートフォリオPのリターンは、ポートフォリオの投資収益率R_Pの期待値（期待投資収益率）によって測られる。証券iと証券jだけから構成されるポートフォリオの投資収益率（式（1-1）の期待値$E(R_P)$）を求めると次のようになる。

$$\begin{aligned}
E(R_P) &= E(w_i R_i + w_j R_j) \\
&= E(w_i R_i) + E(w_j R_j) \\
&= w_i E(R_i) + w_j E(R_j)
\end{aligned}$$

Point ③ ポートフォリオのリスク

ポートフォリオPのリスクは、ポートフォリオの投資収益率R_Pの分散、または、標準偏差によって測られる。

第1章　ポートフォリオ・マネジメント

(1) **共分散**

$$Cov(R_i, R_j) = p_1\big(R_{1,i} - E(R_i)\big)\big(R_{1,j} - E(R_j)\big) + \cdots$$

$$+ p_n\big(R_{n,i} - E(R_i)\big)\big(R_{n,j} - E(R_j)\big)$$

$$= \sum_{t=1}^{n} p_t\big(R_{t,i} - E(R_i)\big)\big(R_{t,j} - E(R_j)\big)$$

$$= E\big[\big(R_i - E(R_i)\big)\big(R_j - E(R_j)\big)\big]$$

ただし、

n　　：証券i, jの投資収益率のとりうる値の個数

$R_{t,i}$　：証券iの収益率のとりうる値のうち第t番目の投資収益率

p_t　　：証券i, jの収益率のとりうる値のうち第t番目の投資収益率が実現する確率

(2) **相関係数**

確率変数とみなした証券iと証券jの投資収益率間の相関係数ρ_{ij}は、次のように定義される。

$$\rho_{ij} = \frac{Cov(R_i, R_j)}{\sigma_i \, \sigma_j}$$

これより

$$Cov(R_i, R_j) = \rho_{ij} \, \sigma_i \, \sigma_j$$

(3) **ポートフォリオの分散と標準偏差**

証券iと証券jだけから構成されるポートフォリオの投資収益率（式（1-1））の分散σ_P^2を求めると次のようになる。

$$\sigma_P^2 = E\big\{R_P - E(R_P)\big\}^2$$

$$= E\big\{(w_i R_i + w_j R_j) - \big(w_i E(R_i) + w_j E(R_j)\big)\big\}^2$$

$$= E\big\{w_i\big(R_i - E(R_i)\big) + w_j\big(R_j - E(R_j)\big)\big\}^2$$

$$= E\big\{w_i^2\big(R_i - E(R_i)\big)^2 + w_j^2\big(R_j - E(R_j)\big)^2 + 2w_i w_j\big(R_i - E(R_i)\big)\big(R_j - E(R_j)\big)\big\}$$

$$= w_i^2 E\big\{R_i - E(R_i)\big\}^2 + w_j^2 E\big\{R_j - E(R_j)\big\}^2 + 2w_i w_j E\big\{\big(R_i - E(R_i)\big)\big(R_j - E(R_j)\big)\big\}$$

$$= w_i^2 \sigma_i^2 + w_j^2 \sigma_j^2 + 2w_i w_j \, Cov(R_i, R_j)$$

$$= w_i^2 \sigma_i^2 + w_j^2 \sigma_j^2 + 2w_i w_j \rho_{ij} \, \sigma_i \, \sigma_j$$

Point ④ 投資機会集合

図1-4-1 相関係数と投資機会集合

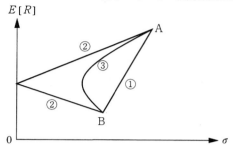

① 正の完全相関（$\rho_{AB} = +1$）
   証券A、Bを表す点を結んだ直線
② 負の完全相関（$\rho_{AB} = -1$）
   証券A、Bを表す点を通る折れ線
③ $-1 < \rho_{AB} < +1$
   証券A、Bを表す点を通る双曲線

Point ⑤ ポートフォリオ効果

証券iと証券jだけから構成されるポートフォリオの投資収益率の分散σ_P^2は次のようであった。

$$\sigma_P^2 = w_i^2 \sigma_i^2 + w_j^2 \sigma_j^2 + 2 w_i w_j Cov(R_i, R_j)$$
$$= w_i^2 \sigma_i^2 + w_j^2 \sigma_j^2 + 2 w_i w_j \rho_{ij} \sigma_i \sigma_j$$

これより、ポートフォリオの投資収益率の標準偏差σ_Pは次のように表される。

$$\sigma_P = \sqrt{w_i^2 \sigma_i^2 + w_j^2 \sigma_j^2 + 2 w_i w_j \rho_{ij} \sigma_i \sigma_j}$$

この式において、相関係数が

$$-1 \leq \rho_{ij} \leq 1$$

の間の値をとることに注意すれば、両証券に正の比率で投資する場合にはポートフォリオの投資収益率の標準偏差には次のような関係が成立する。

第1章　ポートフォリオ・マネジメント

$$\sigma_P = \sqrt{w_i^2 \sigma_i^2 + w_j^2 \sigma_j^2 + 2 w_i w_j \rho_{ij} \sigma_i \sigma_j}$$
$$\leqq \sqrt{(w_i \sigma_i + w_j \sigma_j)^2}$$
$$= w_i \sigma_i + w_j \sigma_j$$

　この関係式より、ポートフォリオの標準偏差で測ったリスクは、証券iと証券jのそれぞれの投資収益率の標準偏差をその投資比率で加重した値（$w_i \sigma_i + w_j \sigma_j$）よりも小さいか（$-1 \leqq \rho_{ij} < 1$のとき）、または同じとなる（$\rho_{ij} = 1$のとき）ことがわかる。このことは、複数の証券に分散して投資することによって、**ポートフォリオのリスクが構成証券のリスクの加重平均以下に下がる**ことを意味している。この効果は、**ポートフォリオ効果**、または、**分散投資の効果**と呼ばれている。

例題6

以下の問1から問3に答えよ。

　証券Xと証券Yの投資収益率の期待値（年率）、標準偏差（年率）、および共分散は（表）の通りである。

（表）証券Xと証券Yのリスク・リターン構造

	証券X	証券Y
期　待　値	6％	10％
標準偏差	12％	27％
共　分　散	81	

問1　証券Xと証券Yの収益率の相関係数は、次のうちどれか。

A　-0.35

B　　0.00

C　$+0.25$

D　$+0.65$

問2　総投資金額1億円のうち、6,000万円を証券X、4,000万円を証券Yに投資した場合、このポートフォリオの期待収益率と収益率の標準偏差の組み合わせとして、正しいものは次のうちどれか。

A　　7.6％　　　　14.4％

27

B　7.6%　　18.0%

C　8.2%　　15.6%

D　8.2%　　19.5%

問3　問2のポートフォリオの投資収益率が正規分布に従うものとして、次の記述のうち正しいものはどれか。

A　このポートフォリオの投資収益率が＋22％以上の値をとる確率は約3％である。

B　このポートフォリオの投資収益率は約68％の確率で－6.8％から＋22％の間の値をとる。

C　このポートフォリオの投資収益率が－6.8％以下の値をとる確率は約5％である。

D　このポートフォリオの投資収益率は正規分布に従うと仮定しているので、事前にどのような値をとりうるかを推定することはできない。

解答　▶　　問1　C　　問2　A　　問3　B

解　説

問1　相関係数

証券Xの投資収益率R_Xと証券Yの投資収益率R_Yの相関係数$\rho_{X,Y}$は次のように計算される。

$$\rho_{X,Y} = \frac{Cov(R_X, R_Y)}{\sigma_X \sigma_Y}$$

ただし、$Cov(R_X, R_Y)$：証券Xと証券Yの投資収益率の共分散、

σ_X：証券Xの投資収益率の標準偏差、

σ_Y：証券Yの投資収益率の標準偏差。

第1章　ポートフォリオ・マネジメント

したがって、証券Xと証券Yの収益率の相関係数は、

$$\rho_{X,Y} = \frac{81}{12 \times 27} = +0.25$$

となる。

問2　ポートフォリオの期待投資収益率と標準偏差

2証券で構成されるポートフォリオの期待投資収益率$E(R_P)$、および収益率の標準偏差σ_Pは次のように計算される。

$$E(R_P) = w_X E(R_X) + w_Y E(R_Y)$$

$$\sigma_P = \sqrt{\sigma_P^2}$$

$$= \sqrt{w_X^2 \sigma_X^2 + w_Y^2 \sigma_Y^2 + 2w_X w_Y Cov(R_X, R_Y)}$$

ただし、w_X：証券Xへの投資比率、w_Y：証券Yへの投資比率。

ここで、$w_X=0.6$、$w_Y=0.4$なので、このポートフォリオの期待収益率は、

$$E(R_P) = 0.6 \times 6\% + 0.4 \times 10\% = 7.6\%$$

$$\sigma_p = \sqrt{0.6^2 \times 12^2 + 0.4^2 \times 27^2 + 2 \times 0.6 \times 0.4 \times 81}$$

$$= 14.4\%$$

となる。

問3　正規分布の性質（「計量分析」関連問題）

ポートフォリオの投資収益率が平均（期待値）：μ、標準偏差：σの正規分布に従うとき、このポートフォリオの投資収益率が$\mu-\sigma$から$\mu+\sigma$の間に収まる確率は約68.3％であることが知られている。さらに、$\mu-2\sigma$から$\mu+2\sigma$の間に収まる確率は約95.4％、$\mu-3\sigma$から$\mu+3\sigma$の間に収まる確率は約99.7％であることが知られている。したがって、問2のポートフォリオの投資収益率が−6.8％（＝7.6％−14.4％）から＋22％（＝7.6％＋14.4％）の間に収まる確率は約68％である。

なお、A　このポートフォリオの投資収益率が＋22％以上の値をとる確率、およびC　このポートフォリオの投資収益率が−6.8％以下の値をとる確率はいずれも約16％（＝（100％−68％）÷2）である（グラフ参照）。

29

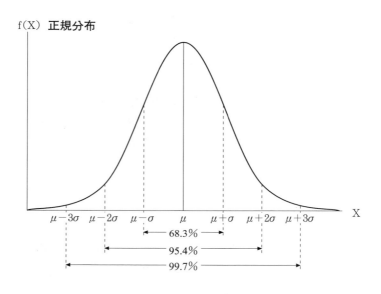

以下の問1、問2に答えよ。(「計量分析」関連問題)

例題7

SP500株価指数の1年物金利に対する超過収益率は平均(μ) 6％、標準偏差(σ) 20％の正規分布で近似できるといわれる。これは1926年以降のSP500、および1年物金利の年次データに基づく仮説である。必要に応じて標準正規分布表を使い、以下の設問に解答せよ。

問1 95％信頼区間(真の超過収益率の平均(μ)が95％の確率でとりうる範囲)を求めよ。

問2 現在の1年物金利は4％である。SP500の収益率がマイナスになる確率を求めよ。

第1章　ポートフォリオ・マネジメント

標準正規分布表（抜粋）

Z	.00	.01	.02	.03	.04	.05	.06	.07	.08	.09
0.0	.5000	.5040	.5080	.5120	.5160	.5199	.5239	.5279	.5319	.5359
0.1	.5398	.5438	.5478	.5517	.5557	.5596	.5636	.5675	.5714	.5753
0.2	.5793	.5832	.5871	.5910	.5948	.5987	.6026	.6064	.6103	.6141
0.3	.6179	.6217	.6255	.6293	.6331	.6368	.6406	.6443	.6480	.6517
0.4	.6554	.6591	.6628	.6664	.6700	.6736	.6772	.6808	.6844	.6879
0.5	.6915	.6950	.6985	.7019	.7054	.7088	.7123	.7157	.7190	.7224
0.6	.7257	.7291	.7324	.7357	.7389	.7422	.7454	.7486	.7517	.7549
0.7	.7580	.7611	.7642	.7673	.7703	.7734	.7764	.7794	.7823	.7852
0.8	.7881	.7910	.7939	.7967	.7995	.8023	.8051	.8078	.8106	.8133
0.9	.8159	.8186	.8212	.8238	.8264	.8289	.8315	.8340	.8365	.8389
1.0	.8413	.8438	.8461	.8485	.8508	.8531	.8554	.8577	.8599	.8621
1.1	.8643	.8665	.8686	.8708	.8729	.8749	.8770	.8790	.8810	.8830
1.2	.8849	.8869	.8888	.8907	.8925	.8944	.8962	.8980	.8997	.9015
1.3	.9032	.9049	.9066	.9082	.9099	.9115	.9131	.9147	.9162	.9177
1.4	.9192	.9207	.9222	.9236	.9251	.9265	.9279	.9292	.9306	.9319
1.5	.9332	.9345	.9357	.9370	.9382	.9394	.9406	.9418	.9429	.9441
1.6	.9452	.9463	.9474	.9484	.9495	.9505	.9515	.9525	.9535	.9545
1.7	.9554	.9564	.9573	.9582	.9591	.9599	.9608	.9616	.9625	.9633
1.8	.9641	.9649	.9656	.9664	.9671	.9678	.9686	.9693	.9699	.9706
1.9	.9713	.9719	.9726	.9732	.9738	.9744	.9750	.9756	.9761	.9767
2.0	.9772	.9778	.9783	.9788	.9793	.9798	.9803	.9808	.9812	.9817
2.1	.9821	.9826	.9830	.9834	.9838	.9842	.9846	.9850	.9854	.9857
2.2	.9861	.9864	.9868	.9871	.9875	.9878	.9881	.9884	.9887	.9890
2.3	.9893	.9896	.9898	.9901	.9904	.9906	.9909	.9911	.9913	.9916

解答 ▶ 問1 $-33.2\% \leqq \mu \leqq 45.2\%$
問2 30.85%

解 説

正規分布の問題である。ポイントは次の3点。
- 正規分布は左右対称である
- 正規分布の標準化
- 標準正規分布表を読みとる

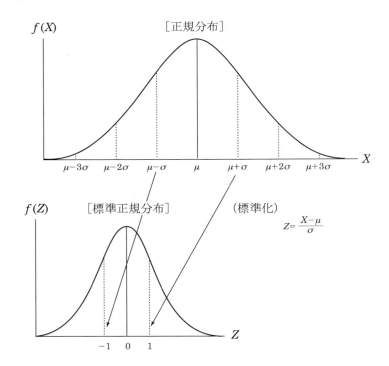

第1章　ポートフォリオ・マネジメント

問1　正規分布で95％信頼区間は±1.96σであるから、6％±1.96×20％＝＋45.2％or－33.2％。したがって95％信頼区間は〔－33.2％、＋45.2％〕。

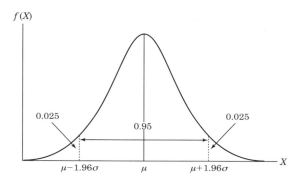

標準正規分布表から±1.96を読みとる（なお、1.00－0.025＝0.975に注意）。

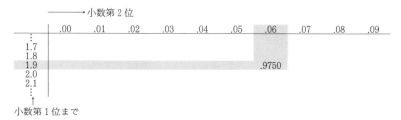

問2　SP500の収益率をR（％）とする。短期金利（i）が4％、超過収益率（$R-i \equiv x$）の平均が6％だから、SP500の収益率（R）の期待値は10％である。つまり、SP500の収益率がマイナス（$R<0$）になるのは、超過収益率が－4％を下回る（$x<-4$）ときである。ここで、超過収益率の平均（μ）が6％、標準偏差（σ）が20％であることに注意して、SP500の収益率がマイナス（$R<0$）になるz値を求めれば、$z = \dfrac{x-\mu}{\sigma} < \dfrac{-4-6}{20} = -0.5$ である。よって、SP500の収益率がマイナスになる確率$\text{Prob}\{R<0\}$は、$z<-0.5$となる確率$\text{Prob}\{z<-0.5\}$に等しい。

次に、$\text{Prob}\{z<-0.5\}$を求めるには、標準正規分布表を用いる。ただし、問題で与えられた標準正規分布表には$z=-0.5$はないので、正規分布が左右対称であることを利用して、$z>0.5$となる確率$\text{Prob}\{z>0.5\}$（下図の右側「？」部分の面積）を求める。

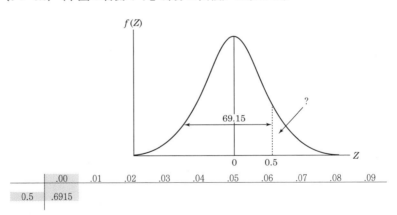

標準正規分布表より、$z \leq 0.5$となる確率$\text{Prob}\{z \leq 0.5\}$が0.6915だから、求める確率は、

$\text{Prob}\{z>0.5\} = 1 - \text{Prob}\{z \leq 0.5\} = 1 - 0.6915 = 0.3085 = 30.85\%$

第1章 ポートフォリオ・マネジメント

Point 6 効率的フロンティア（リスク資産のみの場合）

図 1 − 4 − 2 効率的フロンティアと最適ポートフォリオ（リスク資産のみ）

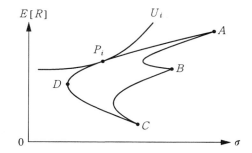

投資機会集合：面 $ABCD$

最小分散境界：曲線 ADC

最小分散ポートフォリオ：点 D

効率的フロンティア：曲線 AD

効率的ポートフォリオ：曲線 AD 上の点

U_i：危険回避者 i の無差別曲線

P_i：危険回避者 i の最適ポートフォリオ

Point ⑦ 効率的フロンティア（無リスク資産が存在する場合）

図1－4－3 効率的フロンティアと最適ポートフォリオ（無リスク資産あり）

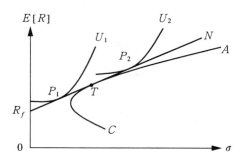

(1) 無リスク資産の導入
- リスク資産と無リスク資産が存在する場合、効率的フロンティアは無リスク資産を示す点R_f（無リスク利子率）からリスク資産の投資機会集合を示す双曲線$A-T-C$に引いた接線R_f-T-Nになる。
- 点Tはリスク資産のみから構成される唯一の効率的ポートフォリオであり、**接点ポートフォリオ**という。無リスク資産が存在すると、一義的に決まり、(3)の**トービンの分離定理**が成立する。

(2) 最適ポートフォリオ

　P_1：投資家1の最適ポートフォリオ（貸付ポートフォリオ）

　　$w_f : w_i = P_1-T : P_1-R_f$の投資比率で無リスク資産とリスク資産に投資

　P_2：投資家2の最適ポートフォリオ（借入ポートフォリオ）

　　無リスク利子率で借入れ、すべてリスク資産（接点ポートフォリオ）に投資

(3) トービンの分離定理

　無リスク資産とリスク資産が存在する場合、投資家が最適ポートフォリオを選択する意思決定と、リスク資産のみから構成されるポートフォリオ（T）の決定とは分離可能である。

第1章 ポートフォリオ・マネジメント

《2007(秋).5.Ⅳ.6》

株式ポートフォリオと安全資産の特性は以下のとおりである。

	期待リターン	標準偏差
株式ポートフォリオ	7.0%	16%
安全資産	1.0%	0%

投資家の効用関数 u が

$u = \mu_p - 0.02\sigma_p^2$

μ_p：ポートフォリオの期待収益率

σ_p：ポートフォリオの収益率の標準偏差

と表されるものとする。

この投資家にとっての最適なポートフォリオを株式ポートフォリオと安全資産の2資産から作成するならば、株式ポートフォリオの保有割合はいくらですか。計算において期待収益率と標準偏差は、例えば7.0%は0.07ではなく7と表して行うこと。

解答 ▶ 59%

まず、株式ポートフォリオの保有比率を w として、株式ポートフォリオと安全資産からなるポートフォリオの期待収益率 μ_p と収益率の標準偏差 σ_p を表す。

期待収益率：$\mu_p = 7w + 1 \times (1-w) = 6w + 1$

標準偏差：$\sigma_p = 16w$

次に、これを問題で与えられた効用関数に代入して w に関して整理すると、

$u = \mu_p - 0.02\sigma_p^2$

$= (6w+1) - 0.02 \times (16w)^2$

$= -5.12w^2 + 6w + 1$

これから分かるように、効用関数uはwの2次関数（上に凸の放物線）として表せるので、この投資家にとって最適ポートフォリオ（効用が最大）となるのは、接線の傾き（すなわち、微分係数）が0となる点である。

そこで、効用関数をwで微分して0となるwを求めればよい。

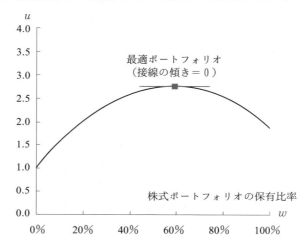

$$\frac{du}{dw} = -10.24w + 6 = 0$$

$$w = \frac{6}{10.24} = 0.5859375$$

$$\approx 59\%$$

第1章 ポートフォリオ・マネジメント

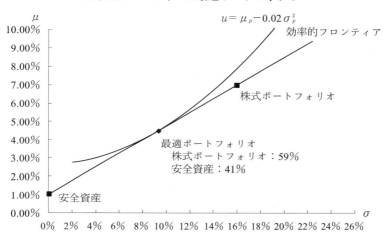

5 CAPM

Point 1 資本市場線（CML）

$$E[R_P] = R_f + \frac{E[R_M] - R_f}{\sigma_M} \sigma_P$$

図1-5-1　資本市場線（CML）

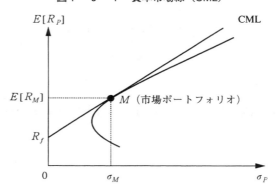

　なお、この資本市場線（CML）は安全資産が存在する場合の効率的フロンティアを市場全体に拡張した概念であり、市場ポートフォリオは接点ポートフォリオを市場全体に拡張した概念にほかならない。

Point 2 ゼロベータCAPM

　安全資産のあるなしにかかわらず、市場の均衡状態において市場ポートフォリオは効率的ポートフォリオになり、この理論は**ゼロベータＣＡＰＭ**と呼ばれる。市場ポートフォリオMから双曲線に引いた接線がCMLであり、y切片をR_Zとする。また、貸出利子率をR_L、借入利子率をR_B、T_1、T_2をそれぞれR_L、R_Bから双曲線に引いた接線の接点とする。このとき、R_L～T_1～M～T_2～Nが効率的フロンティアで、この場合の市場の均衡状態は次図のようになる。

　ここで、リスク回避度の高い投資家は安全資産（利子率R_Lで貸出し）と接点ポートフォリオT_1を組み合わせて運用するので、R_L～T_1上のポートフォリオを選択する。中程度のリスク回避度の投資家は、貸出しも借入れもせず、双曲線

第1章 ポートフォリオ・マネジメント

$T_1 \sim T_2$上のポートフォリオを選択する。そして、リスク回避度の低い投資家は自己資金とR_Bの利子率で借り入れた資金を合わせて接点ポートフォリオT_2に投資するため、$T_2 \sim N$上のポートフォリオを選択する。したがって、危険資産ポートフォリオに関しては、すべての投資家が双曲線$T_1 \sim T_2$から選ぶことになる。2個の効率的ポートフォリオに正の投資比率で投資するポートフォリオは必ず効率的ポートフォリオであり、これを**2基金分離定理**という。双曲線$T_1 \sim T_2$はT_1、T_2の組合せなので、効率的ポートフォリオであることが保証される。

図1－5－2 ゼロベータＣＡＰＭ

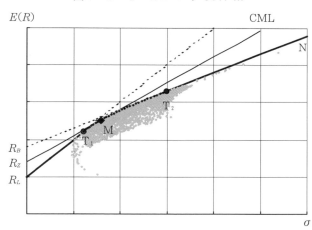

Point ③ 証券市場線（SML）

市場ポートフォリオに組み込まれている個別証券（ポートフォリオ）i の均衡期待収益率を考える。

$$E[R_i] = R_f + \left(\frac{E[R_M]-R_f}{\sigma_M}\right) \times \left(\frac{Cov(R_i, R_M)}{\sigma_M}\right)$$

$$\left(\begin{array}{c}時間の\\市場価格\end{array}\right) \left(\begin{array}{c}リスクの\\市場価格\end{array}\right) \qquad \left(\begin{array}{c}リスクの\\限界的寄与\end{array}\right)$$

ここで、$\beta_i = \dfrac{Cov(R_i, R_M)}{\sigma_M^2}$ とおくと、

CAPM： $E[R_i] = R_f + (E[R_M] - R_f)\beta_i$

が成立する。

図1－5－3 証券市場線（SML）

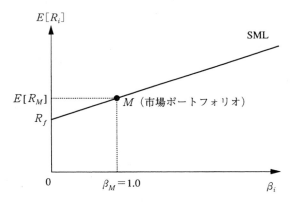

なお、CAPMに関連して次の諸点も重要である。

● ベータの計算

$$\beta_i = \frac{Cov(R_i, R_M)}{\sigma_M^2} = \frac{\rho_{iM}\sigma_i}{\sigma_M}$$

● 市場ポートフォリオのベータは1.0

$\beta_M = 1.0$

● ポートフォリオのベータ＝個別証券のベータの加重平均

$\beta_P = \sum w_i \beta_i$

Point ④ アルファ値

個別証券Aの期待収益率（E(R_A)）と均衡期待収益率（E(R_A^*)）を比較する。

図1－5－4　アルファ値

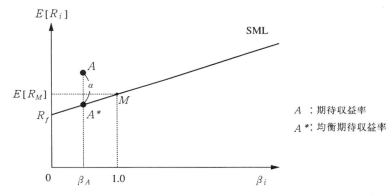

アルファ：$\alpha =$ 期待収益率$(E[R_i])$ － 均衡期待収益率$(E[R^*])$

$\alpha > 0$ ：過小評価 ⇒「買い」

$\alpha < 0$ ：過大評価 ⇒「売り」

Point ⑤ CAPMと回帰分析（「計量分析」関連事項）

CAPMのベータ β_i は、証券 i の市場ポートフォリオのリスクプレミアムに対する感応度を示しており、次のような関係がある。

$\beta_i > 1$ のとき　証券 i は、市場ポートフォリオよりも相対的にリスクが大きい。

$\beta_i < 1$ のとき　証券 i は、市場ポートフォリオよりも相対的にリスクが小さい。

CAPMの実証分析においては、CAPMに含まれる個別証券 i と市場ポートフォリオの期待投資収益率のデータを入手することが困難なため、個別銘柄の株式投資収益率と市場ポートフォリオの代理変数とみなしたTOPIXなどの株価指数の投資収益率が用いられる。

さらに、実際の証券市場ではCAPMが前提としている条件が成立していないため、そのことから生ずる歪みを γ としてCAPMのなかに取り込み、次のような線形回帰モデルを考える。

$$R_{i,t} - R_f = \gamma + \beta(R_{M,t} - R_f) + \epsilon_t$$

ここで、

$R_{i,t}$ ：個別銘柄 i の株式投資収益率

$R_{M,t}$ ：株価指数の投資収益率

ϵ_t ：誤差項

このモデルは、次のように変形することができる。

$$R_{i,t} = \alpha + \beta R_{M,t} + \epsilon_t$$

ここで、

$$\alpha = \gamma + R_f(1 - \beta)$$

これは、マーケット・モデルをもとにした線形回帰モデルとなっている。ただし、CAPMに対しては、その前提条件が現実の証券市場で成立しないとか、真の市場ポートフォリオを示すデータがないなど、実際の市場に適用するにはさまざまな問題が指摘されており、投資実務では、通常、直接的に用いられてはいない。

第1章　ポートフォリオ・マネジメント

例題9

マーケットに関するデータが以下のように推定されている。TOPIXに関してCAPMが成立していると仮定して各問に解答せよ。

	期待収益率	標準偏差	TOPIXとの相関
株式A	0.16	0.40	0.75
株式B	0.10	0.20	0.90
TOPIX	？？	0.25	1.00

問1 株式Aおよび株式Bの対TOPIXベータを計算せよ。

問2 CAPMによれば株式A、Bはともに均衡価格である。TOPIXの期待収益率および無リスク利子率を計算せよ。

問3 現在、120億円の運用資産がある。株式A、Bに投資しTOPIXと同じ期待収益率をもたらすポートフォリオPを組みたい。それぞれにいくら投資すればよいか。

問4 株式A、Bの相関係数は＋0.6と推定されている。このとき問3のポートフォリオPのリスク（標準偏差）を計算せよ。

問5 資本市場線（CML）を描写し株式A、Bおよび市場ポートフォリオ（TOPIX）と問3のポートフォリオPをプロットせよ。

問6 証券市場線（SML）を描写し株式A、Bおよび市場ポートフォリオ（TOPIX）と問3のポートフォリオPをプロットせよ。

問7 株式Aを空売りし、運用資金の120億円と併せて株式Bを購入することにより、ベータが0.0となるようなポートフォリオQを組みたい。株式Aをどれだけ空売りすればよいか。

問8 問7でつくったポートフォリオQの期待収益率および標準偏差を計算せよ。

解答

問1　株式A　1.20　　問2　期待収益率　13.5%
　　　株式B　0.72　　　　　無リスク利子率　1.0%
問3　株式A　70億円　問4　0.29
　　　株式B　50億円

問5

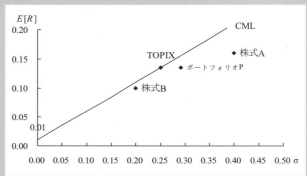

問6

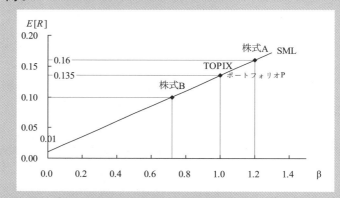

問7　180億円空売りする
問8　期待収益率　1.00%
　　　標準偏差　　0.5

第1章　ポートフォリオ・マネジメント

> **解　説**

問1　$\beta_i = \dfrac{Cov(R_i, R_M)}{\sigma_M^2} = \dfrac{\rho_{iM}\,\sigma_M\,\sigma_i}{\sigma_M^2} = \dfrac{\rho_{iM}\,\sigma_i}{\sigma_M}$

株式A：$\beta_A = \dfrac{0.75 \times 0.40}{0.25} = 1.20$

株式B：$\beta_B = \dfrac{0.90 \times 0.20}{0.25} = 0.72$

問2　**CAPM**：$E[R_i] = \beta_i(E[R_M] - R_f) + R_f$

株式Aと株式Bについては、期待収益率 $E[R_i]$ とベータ β が判明しているので、市場ポートフォリオ（ここではTOPIX）の期待収益率 $E[R_M]$ と無リスク利子率 R_f について2本の連立方程式をつくり、解けばよい。

株式A：$0.16 = 1.20 \times (E[R_{TPX}] - R_f) + R_f$

$\qquad\quad = 1.20 E[R_{TPX}] - 0.20 R_f$

株式B：$0.10 = 0.72 \times (E[R_{TPX}] - R_f) + R_f$

$\qquad\quad = 0.72 E[R_{TPX}] + 0.28 R_f$

株式Aの式を1.4倍し、2本の式を足す。

$0.224 = 1.68 E[R_{TPX}] - 0.28 R_f$

$+)\quad 0.100 = 0.72 E[R_{TPX}] + 0.28 R_f$

$0.324 = 2.40 E[R_{TPX}]$

$E[R_{TPX}] = 0.135 = 13.5\%$

$R_f = 0.01 = 1.0\%$

問3　$E[R_P] = w_A E[R_A] + w_B E[R_B]$

$0.135 = 0.16\, w_A + 0.10(1 - w_A)$

$ = 0.06\, w_A + 0.10$

$w_A = \dfrac{0.035}{0.06} = \dfrac{70}{120} \qquad w_B = 1 - \dfrac{70}{120} = \dfrac{50}{120}$

なお、ポートフォリオ*P*のベータは…

$\beta_P = 1.20 \times \dfrac{70}{120} + 0.72 \times \dfrac{50}{120}$

$ = 1.0$

問4　$\sigma_P^2 = w_A^2 \sigma_A^2 + w_B^2 \sigma_B^2 + 2 w_A w_B \rho_{AB} \sigma_A \sigma_B$

$ = \left(\dfrac{7}{12}\right)^2 \times 0.40^2 + \left(\dfrac{5}{12}\right)^2 \times 0.20^2$

$ + 2 \times \dfrac{7}{12} \times \dfrac{5}{12} \times 0.6 \times 0.40 \times 0.20$

$ = \dfrac{49 \times 0.16 + 25 \times 0.04 + 2 \times 7 \times 5 \times 0.6 \times 0.40 \times 0.20}{144}$

$ = \dfrac{12.2}{144}$

$\sigma_P = \sqrt{\dfrac{12.2}{144}}$

$ \fallingdotseq 0.29$

問5　資本市場線（CML）はタテ軸に期待収益率、ヨコ軸に標準偏差をとった2パラメータ平面上で、切片 R_f と市場ポートフォリオを結んだ直線である。

　　　資本市場線（CML）： $E[R_P] = \dfrac{E[R_M] - R_f}{\sigma_M} \sigma_P + R_f$

　　資本市場線上にある資産は市場ポートフォリオと無リスク資産の組み合わせ、すなわち効率的ポートフォリオである。投資可能なリスク資産で効率的でないものは、すべて資本市場線の下方に位置する。

第1章　ポートフォリオ・マネジメント

問6　証券市場線（SML）はタテ軸に期待収益率、ヨコ軸にベータをとった平面上で、切片 R_f と市場ポートフォリオを結んだ直線であり、この式こそがCAPMである。これは市場ポートフォリオに組み込まれてはいるが、それ自体は効率的でないリスク資産の評価式である。

証券市場線（SML）： $E[R_i] = \beta_i(E[R_M] - R_f) + R_f$

証券市場線上にある資産は、CAPMで評価した場合のフェアバリュー（均衡価格）であることを示す。証券市場線の上方に位置する資産は割安、下方に位置する資産は割高と判断される。

問7　株式A、Bの保有比率を w_A, $w_B (w_A + w_B = 1)$ とし、株式A、Bの保有額を W_A, $W_B (W_A + W_B = 120)$ とする。

ポートフォリオQのベータ： $\beta_Q = w_A \beta_A + w_B \beta_B$

$$= \frac{W_A}{120} \times 1.20 + \frac{120 - W_A}{120} \times 0.72$$

$$0.0 = 1.20 W_A + 86.4 - 0.72 W_A$$

$$W_A = -180 \qquad W_B = 300$$

問8　$E[R_Q] = w_A E[R_A] + w_B E[R_B]$

$$= \frac{-180}{120} \times 0.16 + \frac{300}{120} \times 0.10$$

$$= -0.24 + 0.25 = +0.01$$

$$\sigma_Q^2 = w_A^2 \sigma_A^2 + w_B^2 \sigma_B^2 + 2 w_A w_B \rho_{AB} \sigma_A \sigma_B$$

$$= \left(\frac{-180}{120}\right)^2 \times 0.40^2 + \left(\frac{300}{120}\right)^2 \times 0.20^2$$

$$+ 2 \times \frac{-180}{120} \times \frac{300}{120} \times 0.6 \times 0.40 \times 0.20$$

$$= 0.36 + 0.25 + (-0.36) = 0.25$$

$$\sigma_Q = \sqrt{0.25} = 0.5$$

ベータリスクはゼロであるが、標準偏差は決してゼロではない点に注意。ベータがゼロなので市場リスクは当然ゼロ。このポートフォリオQのリスクはすべて非市場リスクであり、しかもかなり大きい。にもかかわらず、期待リターンは無リスク資産と同じ1.00％にすぎない。危険愛好者であればポートフォリオQを選好し、もしかしたら得られるかもしれない大きなリターンに賭ける。しかし、MPTが想定する危険回避者は期待リターンが同じであれば、ポートフォリオQは決して選ばず、リスクのない無リスク資産を必ず選好する。

例題10 《2011（秋）.6.Ⅰ.5》
安全資産が存在する場合のCAPMに関する次の記述のうち、正しいものはどれですか。

A　投資家が保有する危険資産ポートフォリオの構成は、リスク許容度によってそれぞれ異なる。

B　マーケット・リスクの価格とは、マーケット・ポートフォリオのシャープ比のことである。

C　安全資産を組み合わせることで、投資家の最適ポートフォリオはマーケット・ポートフォリオよりもシャープ比が大きくなる。

D　期待リターンはベータに比例するが、リスクプレミアムはベータに比例しない。

解答　▶　B

第1章　ポートフォリオ・マネジメント

解　説

A　正しくない。安全資産が存在し保有される限り、危険資産の最適組み合わせ（危険資産ポートフォリオの構成）は、リスク・リターンに関する投資家の選好と独立である（トービンの分離定理）。なお、安全資産が存在する場合のCAPMにおいて、投資家が保有する危険資産ポートフォリオは「マーケット・ポートフォリオ」であり、危険資産のみで構成される唯一の効率的ポートフォリオである。これは、市場の均衡状態において市場に存在するすべての危険資産を含み、その時価総額加重平均で構成される。

B　正しい。マーケット・リスクの価格は資本市場線（CML；Capital Market Line）の傾きであり、これはマーケット・ポートフォリオのシャープ比（シャープ・レシオ）である。

$$E[R_P] = \underbrace{\frac{E[R_M] - R_f}{\sigma_M}}_{\text{マーケット・リスクの価格}} \cdot \sigma_P + R_f$$

C　正しくない。危険資産ポートフォリオと安全資産の組み合わせは、資本市場線（CML）上のポートフォリオなので、シャープ比（シャープ・レシオ）は一定である。

D　正しくない。CAPMは以下の通り。

$$\overbrace{E[R_i]}^{\text{資産}i\text{の期待リターン}} = \beta_i(E[R_M] - R_f) + R_f$$

$$\underbrace{E[R_i] - R_f}_{\text{資産}i\text{のリスクプレミアム}} = \beta_i(E[R_M] - R_f)$$

ただし、$E[R_i]$：資産iの期待収益率、$E[R_M]$：マーケット・ポートフォリオの期待収益率、β_i：資産iのベータ、R_f：安全資産収益率（リスクフリー・レート）。

したがって、資産iの期待リターンはベータに比例せず、リスクプレミアムがベータに比例する。

例題11 《2016（春）．6．I．3》
ＣＡＰＭが想定する市場の均衡状態を前提とする次の記述のうち、正しくないものはどれですか。

A　資本市場線の傾きは、市場ポートフォリオのシャープ・レシオに等しい。
B　資本市場線の下側に位置する資産が存在する。
C　証券市場線の傾きは、市場ポートフォリオのリスクプレミアムに等しい。
D　証券市場線の下側に位置する資産が存在する。

解答　D

解説

「市場の均衡状態」というのがポイント。期待収益率が証券市場線（ＳＭＬ）上になければＣＡＰＭの均衡状態ではない。

A　正しい。ＣＡＰＭで資本市場線（ＣＭＬ）は市場にリスク資産と無リスク資産が存在する場合の「効率的ポートフォリオ」を描いたものであり、効率的ポートフォリオは市場ポートフォリオと無リスク資産の組合せである。資本市場線上の効率的ポートフォリオPの期待収益率は、

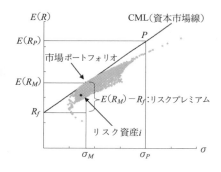

$$E[R_P] = \underbrace{\frac{E[R_M] - R_f}{\sigma_M}}_{\text{傾き}} \times \sigma_P + R_f$$

であり、資本市場線の傾きは市場ポートフォリオのシャープ・レシオに等しい。

第1章 ポートフォリオ・マネジメント

B 正しい。CAPMでは効率的ポートフォリオは資本市場線上にあり、それ以外の大半の資産は資本市場線の下側に存在する。

C 正しい。証券市場線は資産iのベータ(リスク)に対応した均衡収益率を描いたものである。資産iの均衡期待収益率は、

$$E[R_i] = \underbrace{(E[R_M] - R_f)}_{傾き} \times \beta_i + R_f$$

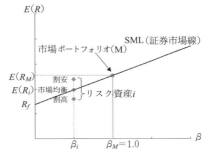

であり、証券市場線の傾きは市場ポートフォリオのリスクプレミアムである。

D 正しくない。期待収益率が証券市場線上になければ均衡状態ではなく、証券市場線よりも上側に位置すれば割安、証券市場線よりも下側に位置すれば割高である。「市場の均衡状態を前提とする」わけだから、証券市場線よりも下側に位置する資産は存在しない。

6 マーケット・モデル

Point ① マーケット・モデル

$$R_i = \alpha_i + \beta_i R_M + e_i$$

ここで、

R_i ：個別証券iの投資収益率

α_i ：個別証券iの固有の値（定数）

β_i ：市場から受ける個別証券iへの影響の大きさ（定数）

R_M ：市場全体を表すポートフォリオ（M）の投資収益率

e_i ：R_M の変動によって説明できない個別証券iに固有の動き

（仮定）

$e_i \sim N(0,\ \sigma_{ei}^2)$　　　　　　：残差項は期待値 0 、分散σ_{ei}^2（一定）の正規分布に従う。

$Cov(e_i,\ R_M) = 0$　　　　　　：個別証券の残差項は市場全体の収益率と無相関である。

$Cov(e_i,\ e_j) = 0$　（$i \neq j$）：異なる個別証券の残差項は互いに無相関である。

Point ② 個別証券iのリスクとリターン

(1) **期待投資収益率**

$$E(R_i) = \alpha_i + \beta_i E(R_M)$$

(2) **個別証券iの分散**

$$\sigma_i^2 = \beta_i^2 \sigma_M^2 + \sigma_{ei}^2$$

σ_i^2 ：総リスク

$\beta_i^2 \sigma_M^2$ ：市場リスク（システマティック・リスク、市場に連動するリスク）

σ_{ei}^2 ：非市場リスク（アンシステマティック・リスク、証券iに固有のリスク）

$$\beta_i = \frac{Cov(R_M,\ R_i)}{\sigma_M^2} = \frac{\rho_{iM}\, \sigma_i}{\sigma_M}$$

第1章　ポートフォリオ・マネジメント

Point ③ ポートフォリオPのリスクとリターン

(1) 期待投資収益率

$$
\begin{aligned}
E(R_P) &= \sum_{i=1}^{n} w_i\, E(R_i) \\
&= \sum_{i=1}^{n} w_i\, \{\alpha_i + \beta_i\, E(R_M)\} \\
&= \sum_{i=1}^{n} w_i\, \alpha_i + E(R_M) \sum_{i=1}^{n} w_i\, \beta_i
\end{aligned}
$$

(2) ポートフォリオPの分散

$$
\begin{aligned}
\sigma_P^2 &= \sum_{i=1}^{n} w_i^2 \left(\beta_i^2 \sigma_M^2 + \sigma_{ei}^2\right) + \sum_{i=1}^{n}\sum_{j=1, j \neq i}^{n} w_i\, w_j\, \beta_i\, \beta_j\, \sigma_M^2 \\
&= \sum_{i=1}^{n} w_i^2 \beta_i^2 \sigma_M^2 + \sum_{i=1}^{n}\sum_{j=1, j \neq i}^{n} w_i\, w_j\, \beta_i\, \beta_j\, \sigma_M^2 + \sum_{i=1}^{n} w_i^2 \sigma_{ei}^2 \\
&= \left(\sum_{i=1}^{n} w_i^2 \beta_i^2 + \sum_{i=1}^{n}\sum_{j=1, j \neq i}^{n} w_i\, w_j\, \beta_i\, \beta_j \right)\sigma_M^2 + \sum_{i=1}^{n} w_i^2 \sigma_{ei}^2 \\
&= \left(\sum_{i=1}^{n}\sum_{j=1}^{n} w_i\, w_j\, \beta_i\, \beta_j \right)\sigma_M^2 + \sum_{i=1}^{n} w_i^2 \sigma_{ei}^2 \\
&= \left(\sum_{i=1}^{n} w_i\, \beta_i \right)^2 \sigma_M^2 + \sum_{i=1}^{n} w_i^2 \sigma_{ei}^2
\end{aligned}
$$

(3) 分散投資の効果

n個の証券に均等割合で投資することを考えると、各個別証券の投資比率w_iは$1\diagup n$となる。このとき、ポートフォリオの分散は、次のようになる。

$$
\begin{aligned}
\sigma_P^2 &= \underbrace{\left(\sum_{i=1}^{n} w_i\, \beta_i \right)}_{=\beta_P}{}^{2} \sigma_M^2 + \sum_{i=1}^{n} w_i^2 \sigma_{ei}^2 \\
&= \beta_P^2 \sigma_M^2 + \frac{1}{n}\underbrace{\frac{1}{n}\sum_{i=1}^{n} \sigma_{ei}^2}_{=\bar{\sigma}_e^2} \\
&= \beta_P^2 \sigma_M^2 + \frac{1}{n}\bar{\sigma}_e^2
\end{aligned}
$$

ここで、$\beta_P^2 \sigma_M^2$は市場リスクであり、$\bar{\sigma}_e^2 \diagup n$は非市場リスクである。いま、銘柄数$n$を限りなく増やしていくと、$\bar{\sigma}_e^2 \diagup n$はゼロに近づいていく。このことは、個別証券の総リスクのなかで、非市場リスクは分散投資によって消去

可能なリスクであるのに対し、市場リスクは分散投資によっても消去不可能なリスクとなることを意味している。

ポートフォリオの総リスクは、銘柄数を増やすことにより、σ_M^2 まで限りなく逓減させることができる。これが**分散投資の効果**である。

図1－6－1　分散投資の効果

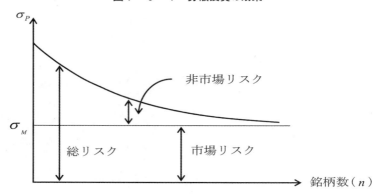

Point ④ 回帰分析とマーケット・モデル（「計量分析」関連事項）

(1) 線型回帰モデル

観測値を用いて、ある変数を他の変数の関数として捉えることを**回帰分析**といい、それらの関係を表したモデルを**線形回帰モデル**という。マーケット・モデルは、ある証券iの投資収益率R_iが、市場全体の投資収益率R_Mと**誤差項**e_iとによって生成される過程を示しており、線形回帰モデルとして捉えることができる。このとき、市場全体の投資収益率R_Mを**説明変数**（または、**独立変数**）と呼び、証券iの投資収益率R_iを**被説明変数**（または、**従属変数**）と呼ぶ。回帰分析では、最小2乗法を使って、α_iとβ_iの値を推定する。

第1章 ポートフォリオ・マネジメント

(2) **決定係数R^2**

$$R^2 = 1 - \frac{\sigma_{ei}^2}{\sigma_i^2}$$

$$= \left\{ \frac{Cov(R_i, R_M)}{\sigma_i \sigma_M} \right\}^2 = \rho_{iM}^2$$

　決定係数R^2は、線形回帰モデルとみなしたマーケット・モデルの**あてはまり具合**を示す尺度として使われる。決定係数R^2は、

$$0 \leq R^2 \leq 1$$

の間の値をとり、1に近いほどマーケット・モデルのあてはまりがよく、0に近いほどあてはまりが悪いことを示す。さらに決定係数は、**個別証券の総リスクのうち市場リスクの占める割合**を示している。

(3) **t検定**

　被説明変数を確率変数とみなしたとき、そこで考えている線形回帰モデルにおいて、説明変数がつねに効果をもつ保証はない。そのため計量分析では、説明変数がそのモデルで意味のある変数であるかどうかを確かめることが重要となる。そこで、「モデルに含まれている説明変数が、被説明変数に対してまったく影響を与えない」ということを帰無仮説とした統計的検定を行う必要がある。この統計的検定を**t検定**という。

　t検定では、「ある説明変数に対する回帰係数の推定値が真の値である」ということ、例えば真の値が0の場合、

$$H_0 : \beta = 0$$

を帰無仮説として、説明変数の係数βがゼロかどうかを直接検討する。このように回帰係数の値が0と異なるかどうかを判断するためには、回帰係数をその推定誤差で割った相対的な大きさを求め、その相対的な大きさを統計的に検定すればよい。この相対的な大きさを表す検定統計量として、**t値**が用いられる。

　推定された回帰係数$\hat{\beta}$のt値は次のようになる（注：ここで、推定された回帰係数$\hat{\beta}$は、平均0、標準偏差σ_β（未知）の正規分布に従う母集団から得られたと仮定する）。

57

$$t_{\hat{\beta}} = \frac{\text{推定値} - \lceil\text{真の値}\rfloor}{\text{標準誤差}} = \frac{\hat{\beta} - 0}{s_{\hat{\beta}}}$$

ここで、

$\hat{\beta}$ ：推定された回帰係数

$s_{\hat{\beta}}$ ：$\hat{\beta}$ の標準誤差

　このt値は、自由度が「（データ数h）マイナス（説明変数の個数）マイナス1」（ここでは、$h-1-1$となる）のt分布に従う。対立仮説が

$$H_1 : \beta \neq 0$$

という両側検定の場合、$|t_{\hat{\beta}}| > k$のときに帰無仮説を棄却するというルールを適用する。帰無仮説が棄却されたとき、その説明変数は対象としているモデルのなかで意味をもつことが統計的基準で判断されたこととなる。ここで、臨界値kが問題となるが、有意水準が5％の両側検定のとき、kは2近辺の値をとるので（例えば、自由度が無限大のとき1.960となる）、実務界では$k=2$と考えることが多い（P.93 t分布表参照）。

例題12	**以下の問1から問4に答えよ。（「計量分析」関連問題）。** 　I社株について、マーケット・モデルに基づいて分析を行うこととした。マーケット・モデルは次のように表される。

$$R_I = \alpha + \beta R_M + e$$

ここで、

R_I ：I社株の月次株式投資収益率

α、β ：パラメーター

R_M ：市場全体を表すポートフォリオの投資収益率

e ：攪乱項

　ただし、市場全体を表すポートフォリオの投資収益率をTOPIXの投資収益率で代表させることにする。（表）は、このマーケット・モデルの推定結果を示している。

第1章　ポートフォリオ・マネジメント

（表）マーケット・モデルの推定結果（x1年1月〜x5年12月）

	α	β
推定値	0.62	1.37
t値	1.14	14.87
サンプル数	60	
決定係数	0.79	
残差の標準偏差	4.18	

問1　（表）の推定結果に従えば、TOPIXが2％変動したとき、I社の株式投資収益率は次のうちどれだけ変動するか。

A　1.37%

B　2.12%

C　2.74%

D　3.36%

問2　I社株の総リスクのうち、市場リスクが占める割合は次のうちどれか。

A　4.18%

B　　33%

C　　62%

D　　79%

問3　表のマーケット・モデルの推定結果に示されている統計値の解釈について、次の記述のうち正しいものはどれか。必要に応じて章末P.93のt分布表を利用せよ。

A　有意水準5％のもとで、α、βともに統計的に有意である。

B　有意水準5％のもとで、α、βともに統計的に有意でない。

C　有意水準5％のもとで、αは統計的に有意であるが、βは統計的に有意でない。

D　有意水準5％のもとで、αは統計的に有意でないが、βは統計的に有意である。

問4　ここで推定されたマーケット・モデルについて、次の記述のうち正しいも

のはどれか。

A　TOPIXの回帰係数（β）は、I社株のリスクのうちI社に固有の要因に基づくリスクの尺度となる。

B　この分析結果より、I社株はTOPIX（市場全体の動き）よりも相対的にリスクが大きいことがわかる。

C　定数項の回帰係数（α）の推定結果より、I社株はほぼ証券市場線上にあることがわかる。

D　定数項の回帰係数（α）は、市場全体に共通したリターンの尺度となる。

解答　　問1　C　　問2　D　　問3　D　　問4　B

解　説

問1　TOPIXの回帰係数（β）の解釈

　　　TOPIXの回帰係数（β）は、個別銘柄の株式投資収益率の動きとTOPIXの変動の関係を示す尺度となっている。例えば、TOPIXが1％変動したとき、個別銘柄の株式投資収益率はβ％変動することとなる。（表）の推定結果に従えば、I社株のβの値は1.37となっており、いまTOPIXが2％変動したとすると、I社の株式投資収益率は2.74％変動することとなる。

問2　決定係数

　　　決定係数は、回帰モデルのあてはまりのよさを表す尺度（統計量）であり、0から1までの範囲の値をとる。ここで推定したマーケット・モデルに対して、決定係数が1に近いことは、個別銘柄の株式投資収益率の動きのうち、TOPIXの動きで説明される割合が大きいことを意味している。さらに、マーケット・モデルにおける決定係数は、個別銘柄の株式の総リスクのうち、市場リスクの占める割合も示している。（表）の推定結果に従えば、決定係数は0.79となっており、I社株の総リスクの

第1章　ポートフォリオ・マネジメント

うち、市場リスクが占める割合は79％であることがわかる。

問3　t検定

　t検定は、独立変数の係数がゼロとなることを帰無仮説とした統計的検定である。データはサンプル数60、回帰係数1つなので自由度は60−1−1＝58。t分布表には自由度58の欄はないが、60とほぼ同じ水準と考えられる。有意水準5％のもとであるから、自由度60とa＝0.025（2a＝0.05）が交わるところがt値の臨界値である。（表）の回帰分析の結果から、定数項（α）とTOPIXの回帰係数（β）のt値がそれぞれ2.00以上となっているかどうかをみてみると、βだけが帰無仮説を棄却していることがわかる。このことより、有意水準5％のもとで、αは統計的に有意ではないが、βは統計的に有意であることがわかる。

自由度　2a	a	.250 (.500)	.200 (.400)	.150 (.300)	.100 (.200)	.050 (.100)	.025 (.050)	.010 (.020)	.005 (.010)	.0005 (.0010)
⋮										
40		.681	.851	1.050	1.303	1.684	2.021	2.423	2.704	3.551
50		.679	.849	1.047	1.299	1.676	2.009	2.403	2.678	3.496
60		.679	.848	1.045	1.296	1.671	2.000	2.390	2.660	3.460
70		.678	.847	1.044	1.294	1.667	1.994	2.381	2.648	3.435
⋮										

問4　マーケット・モデルの性質

　A，B　リスク尺度としてのβ

　　個別銘柄の株式のリスクは、その銘柄固有の要因に基づいた非市場リスクと、市場全体に共通する要因に基づいた市場リスクに分解される。βは、このうち、市場リスクの尺度となる。いま、ある個別銘柄株のβの値が1.3であるとすると、市場全体の投資収益率の変動率が1％のとき、その個別銘柄株の投資収益率は1.3％変動することとなり、市場全体の値動きよりも3割ほど大きく変動することとなる。このため、次のような関係がいえる。

　　$\beta > 1$のとき　その銘柄株は、市場ポートフォリオ（市場全体）よりも相対的にリスクが大きい。

$\beta<1$のとき　その銘柄株は、市場ポートフォリオ（市場全体）よりも相対的にリスクが小さい。

C，D　定数項 α

　　マーケット・モデルにおける α は、個別銘柄の株式に固有の値（定数）であり、アンシステマティック・リターン（個別銘柄株に固有のリターン）の一部となる。ここで推定されたマーケット・モデルの β が、若干の仮定をおいたCAPMの β の推定量となっているのに対して、α は、CAPMにおける α とは異なったものとなっている。このため、推定された α の値がゼロに非常に近くても、または、t 検定において帰無仮説が受容されたとしても、その個別銘柄株が証券市場線上にあることを意味しない。

例題13　《2011（秋）．6．Ⅰ．8》
市場リスクと非市場リスクに関する次の記述のうち、正しくないものはどれですか。

A　非市場リスクは、銘柄分散によって削減することができる。
B　個別証券のトータルリスクは、市場リスクと非市場リスクに分解することができる。
C　金利変動リスクは、市場リスクと考えることができる。
D　均衡において、非市場リスクが大きいほど、リスクプレミアムは大きくなる。

解答　D

第1章　ポートフォリオ・マネジメント

> 解　説

A　正しい。ポートフォリオの組み入れ資産の数を増やすこと（銘柄分散）によって、非市場リスクは削減ないし消去することができる。

B　正しい。マーケット・モデルによるリスクの分解は以下の通り。

$$\underbrace{\sigma_i^2}_{\text{トータルリスク}} = \underbrace{\beta_i^2 \sigma_M^2}_{\text{市場リスク}} + \underbrace{\sigma_{\varepsilon i}^2}_{\text{非市場リスク}}$$

ただし、σ_i：個別証券iのリターンの標準偏差、β_i：個別証券iのベータ、σ_M：マーケット・ポートフォリオのリターンの標準偏差、$\sigma_{\varepsilon i}$：個別証券iの残差の標準偏差。

C　正しい。

D　正しくない。均衡においてはCAPMが成立し、市場リスク（β）が大きいほどリスクプレミアムは大きくなる。

$$\underbrace{E[R_i] - R_f}_{\text{資産}i\text{のリスクプレミアム}} = \beta_i(E[R_M] - R_f)$$

ただし、$E[R_i]$：資産iの期待収益率、$E[R_M]$：マーケット・ポートフォリオの期待収益率、β_i：資産iのベータ、R_f：安全資産収益率（リスクフリー・レート）。

63

7 リスク・ニュートラル・プライシング

Point ① 状態価格による評価

ある状態が実現したときに1円が支払われ、その他の状態が実現したときには何ら支払われない証券を、その状態の状態条件付証券と呼び、その価格をその状態の**状態価格**state priceと呼ぶ。

無裁定条件が成立する（リスクを引き受けなければ収益を得ることができない状態、ノー・フリー・ランチ）の世界では、状態価格を用いて資産価格を評価することができる。2つの状態しか発生しないケースでは、次のように表せる。

> 資産価格＝（各状態ごとの状態価格×ペイオフ）の合計
>
> $$p_i \quad = \quad SP_1 \times d_{i1} \quad + \quad SP_2 \times d_{i2}$$
>
> ただし、p_i：第i資産の価格、SP_s：状態s（$s=1,2$）の状態価格、
>
> d_{is}：状態s（$s=1,2$）における第i資産のペイオフ

Point ② 無リスク利子率と状態価格の関係

1期間後に確実に1円支払われるような無リスク資産は、すべての状態の状態条件付証券の束としてみることができる。よって、

> 無リスク資産の価格＝すべての状態の状態価格の合計＝$\dfrac{1}{1+無リスク利子率}$
>
> $$p_f \quad = \quad \sum_s SP_s \quad = \quad \dfrac{1}{1+r_f}$$

第1章　ポートフォリオ・マネジメント

Point ③　通常の割引現在価値法とリスク・ニュートラル・プライシング法

資産価格は「将来キャッシュフローの期待値①の割引現在価値②」として計算できる。

この場合、2つの手法がある。

(1) 通常の割引現在価値法（**リスク調整割引公式**）…実際の確率を用いて計算した期待値を、リスク・プレミアム込みの投資家の要求収益率で割引計算する

(2) **リスク中立割引公式**…資産のキャッシュフローを複製でき、かつ、無裁定条件が成立する場合に用いることができる評価方法で、リスク中立確率を用いて計算した期待値を、無リスク利子率で割引計算する

	(1)　リスク調整割引公式	(2)　リスク中立割引公式
①期待値の計算方法 　～確率に何を用いるか？	実際の確率	リスク中立確率
②割引計算の方法 　～割引率に何を使うか？	リスク・プレミアム込みの 投資家の要求収益率	無リスク利子率

リスク中立割引公式による場合、

$$資産価格 = \frac{（各状態のリスク中立確率×キャッシュフロー）の合計}{1＋無リスク利子率}$$

と表せるから、$\dfrac{各状態のリスク中立確率}{1＋無リスク利子率}$ が各状態の状態価格を表していることになる。よって、

$$各状態の状態価格 = \frac{各状態のリスク中立確率}{1＋無リスク利子率}$$

$$SP_s = \frac{q_s}{1＋r_f}$$

ただし、q_s：状態 s のリスク中立確率

65

Point ④ 状態価格／リスク・ニュートラル確率の存在定理

状態価格による評価（リスク・ニュートラル・プライシング）は、無裁定条件（ノー・フリー・ランチの原理）と表裏一体の関係にある。

ここでは、次の2つの定理を覚えておきたい。

・状態価格の存在定理

市場が無裁定条件をみたすための必要十分条件は、市場で取引されているすべての資産について

　　　資産価格＝（各状態ごとの状態価格×ペイオフ）の合計

が成立する正の状態価格の組合せ（状態価格ベクトル）が存在することである。

・現代ファイナンスの基本定理（リスク・ニュートラル確率の存在定理）

市場が無裁定条件をみたすための必要十分条件は、あらゆる資産について

$$資産価格＝（各状態ごとの\frac{リスク中立確率}{1＋無リスク利子率}×ペイオフ）の合計$$

が成立する正のリスク中立確率の組合せ（**リスク中立価格ベクトル**）が存在することである。

例題14

今日から1年後の経済の状態について、2通りの状態が考えられている。表は、2種の状態及び2種の証券に関して、今日の価格及び1年後の状態毎の価格を示している。各状態の確率とは、投資家が予想している1年後にその状態が生じる確率（状態生起確率）である。

（単位：円）

証券	今日の価格	1年後の状態と証券価格	
		状態1	状態2
		確率：75%	確率：25%
国債X	100	104	104
証券Y	80	104	40

問1 証券Yのリスク・プレミアムはいくらですか。

問2 状態1及び状態2の状態価格はいくらですか（小数第4位まで）。

66

第1章　ポートフォリオ・マネジメント

問3　状態1の場合のみ24円が支払われ、状態2の場合には1円も支払われない
　　証券の価格はいくらですか（小数第2位まで）。

問4　状態2のリスク中立確率は、いくらですか（％表示で、小数第1位まで）。

問5　リスク・ニュートラル・プライシング手法に関する次の記述の正誤を答え
　　よ。

　A　状態価格の合計は、（1＋無リスク利子率）に等しい。

　B　リスク・ニュートラル・プライシング手法とは、将来価格を投資家の予想
　　する状態生起確率で期待値をとり、無リスク利子率で割引いて評価価格とす
　　ることである。

　C　市場に無裁定条件が成立する（ノー・フリーランチである）ための必要十
　　分条件は、正の状態価格ベクトルが見つかることである。

解答 ▶

> 問1　6％　　問2　状態1の状態価格：0.6490円，状態2の状
> 態価格：0.3125円　　問3　15.58円　　問4　32.5％
> 問5　A　誤　　B　誤　　C　正

解　説

問1　国債Xのリターン＝$\frac{104}{100}-1=0.04=4\%$

　　　証券Yの期待リターン＝$\frac{0.75\times104+0.25\times40}{80}-1=0.1=10\%$

　　より、

　　　証券Yのリスク・プレミアム＝$10\%-4\%=6\%$

問2　状態 s（$s=1,2$）における状態価格を SP_s とすると、

	資産価格	=	状態1の状態価格	×	ペイオフ	+	状態2の状態価格	×	ペイオフ
国債X	100	=	SP_1	×	104	+	SP_2	×	104
証券Y	80	=	SP_1	×	104	+	SP_2	×	40

67

これを、SP_1、SP_2 について解けば、

$$SP_1 = 0.64903\ldots \approx 0.6490 \text{（円）}, \quad SP_2 = 0.3125 \text{（円）}$$

問3

$$
\begin{aligned}
\text{資産価格} &= \begin{array}{c}\text{状態1の}\\\text{状態価格}\end{array} \times \text{ペイオフ} + \begin{array}{c}\text{状態2の}\\\text{状態価格}\end{array} \times \text{ペイオフ} \\
&= \quad 0.6490 \quad \times \quad 24 \quad + \quad 0.3125 \quad \times \quad 0 \\
&= \quad 15.576 \\
&\fallingdotseq \quad 15.58
\end{aligned}
$$

問4　状態2の状態価格 $= \dfrac{\text{状態2のリスク中立確率}}{1＋\text{無リスク利子率}}$ より、

状態2のリスク中立確率＝状態2の状態価格×（1＋無リスク利子率）

ここで、無リスク利子率は国債Xのリターンを用いることができるから、問2の解答とあわせて、

状態2のリスク中立確率＝$0.3125 \times (1+0.04) = 0.325 = 32.5\%$

問5

A　誤。状態価格の合計は、（1＋無リスク利子率）の逆数になる。

B　誤。リスク・ニュートラル・プライシング手法は、リスク中立確率で期待値をとり、無リスク利子率で割引いて評価価格を計算する。

C　正。もし、状態価格ベクトルが負（購入時にキャッシュがもらえる状態）であれば、期末のキャッシュフローもゼロ以上であるため、無リスクで収益を得る裁定取引が可能となる。したがって、市場に無裁定条件が成立するための必要十分条件は、正の状態価格ベクトルが見つかることである。

第1章　ポートフォリオ・マネジメント

8　マルチ・ファクター・モデル

　CAPM（資本資産評価モデル）やマーケット・モデルは、1つのファクターである証券（ポートフォリオ）の収益率を説明しようとするものであったが、複数のファクターで説明しようとするのがマルチ・ファクター・モデルである。

　マルチ・ファクター・モデルについては、S. Rossによる**裁定価格理論（APT）**を中心に整理しておきたい。

Point ① マルチ・ファクター・モデルの基本

　いま、ある証券i（$i = 1, 2, \cdots, n$）の収益率をR_iとし、この証券の収益率が各証券にも共通のk個のファクターであるF_j（$j = 1, 2, \cdots, k$）の1次関数として、

$$R_i = a_i + b_{i1}F_1 + b_{i2}F_2 + \cdots + b_{ik}F_k + e_i$$

　　　　ただし、a_i：証券iに固有の定数、

　　　　　　　　b_{ij}：証券iの第j共通ファクターに対する感応度（エクスポージャー）、

　　　　　　　　e_i：証券iに固有の撹乱項（期待値0）

で表されるものとする。

　これらの証券からなるポートフォリオの収益率R_Pは、

$$
\begin{aligned}
R_P &= w_1R_1 + w_2R_2 + \cdots + w_nR_n = \sum_{i=1}^{n} w_i R_i \\
&= \sum_{i=1}^{n} w_i(a_i + b_{i1}F_1 + b_{i2}F_2 + \cdots + b_{ik}F_k + e_i) \\
&= \sum_{i=1}^{n} w_i(a_i + e_i) + \sum_{j=1}^{k} (w_1b_{1j} + w_2b_{2j} + \cdots + w_nb_{nj})F_j
\end{aligned}
$$

で表せるから、このポートフォリオのj番目のファクターに対する感応度b_{Pj}は次のように表せる。

ポートフォリオのファクター感応度

$$b_{Pj} = w_1b_{1j} + w_2b_{2j} + \cdots + w_nb_{nj} = \sum_{i=1}^{n} w_i b_{ij}$$

　　　= （各証券への投資比率×ファクター感応度）の合計

　マルチ・ファクター・モデルを仮定して回帰分析を行う場合、説明変数を何にするかが問題となる。

69

Point ② APT（裁定価格理論）

(1) APT

　マルチ・ファクター・モデルにおける均衡モデルとして、S. RossによるAPT（裁定価格理論）がある。

　APT（Arbitrage Pricing Theory、裁定価格理論）は、無裁定理論を用いたリスクの価格決定の考え方である。

　前ページのマルチ・ファクター・モデルにおいて、第jファクターのファクター・ポートフォリオ（そのファクターの感応度がちょうど1で、その他のファクターの感応度がすべて0であるようなポートフォリオ）のリスク・プレミアムをλ_jで表すと、無裁定理論が成立すれば、各証券の期待収益率は次のように表せる。

APT（裁定価格理論）

$$E[R_i] = R_F + b_{i1}\lambda_1 + b_{i2}\lambda_2 + \cdots + b_{ik}\lambda_k$$
$$= R_F + \sum_{j=1}^{k} b_{ij}\lambda_j$$

　ポートフォリオの期待収益率

　　＝無リスク利子率＋（ファクター感応度×リスク・プレミアム）の合計

(2) APTのファクター

　マルチ・ファクター・モデルないしはAPTに従う場合、資産の収益率はファクターのリターンに影響を受ける。しかし、ファクターは具体的に何かとなった場合、理論モデルとしてのAPTからは、何を変数とするかは明らかにはならない。実際に変数として何を選択するかは、分析者によって重要な課題となる。以下には、代表的なものとして、APTの提唱者であるロスらによるマクロファクター・モデルと、効率的市場仮説で有名なファーマらによる3ファクター・モデルとをあげる。

第1章　ポートフォリオ・マネジメント

(a)　チェン＝ロール＝ロスによるマクロファクター・モデル

マクロファクターのプレミアム

	GDP	インフレ	タームプレミアム	信用プレミアム
リスクプレミアム（λ）	13.589%	−0.629%	−5.211%	7.205%
（t値）	(3.561)	(−1.979)	(−1.690)	(2.590)

出所：Nai-fu Chen, Richard Roll, and Stephen A. Ross, 1986, Economic Forces and the Stock Market, *Journal of Business* 59, 383-403

　ロスらによるマクロファクター・モデルでは、次のようなファクターが取り上げられている。

1．GDPファクター：GDP変化率の予期せぬ変化

　　景気悪化で所得が減少するときに良好なパフォーマンスを上げる（GDPに対する感応度の低い）ポートフォリオほど投資家にとって価値がある。逆にGDPに対する感応度が高いポートフォリオには高いリスクプレミアムを要求するはずである。このため、GDPファクターに対するリスクプレミアムは13.589%と正の値になっている。

2．インフレ・ファクター：予期せぬインフレ

　　　　　　　　　　　（実際のインフレ率と期待インフレ率の差）

　　インフレ・ファクターはその感応度が上がれば、インフレになるほどポートフォリオのパフォーマンスが向上し、デフレになればパフォーマンスは悪化する。インフレ・ファクターに対するリスクプレミアムは−0.629%と負の値になっており、株式市場にはインフレを歓迎する投資家より嫌がる投資家のほうが多いことを示唆している。

3．タームプレミアム・ファクター：長短金利差の予期せぬ変化

　　長期金利の低下に見られる、将来の投資環境の悪化が予想されるときに良好なパフォーマンスを獲得できるポートフォリオほど投資家にとって魅力的である。このため、タームプレミアム・ファクターに対するリスクプレミアムは−5.211%と負の値になっている。

４．信用プレミアム・ファクター：信用スプレッドの予期せぬ変化

　　このファクターはジャンク債価格の上昇を示すものである。ジャンク債価格が下落するような信用不安で投資家心理が悪化するときに良好なパフォーマンスを獲得できるポートフォリオほど投資家にとって好ましい。このため、信用プレミアム・ファクターに対するリスクプレミアムは7.205％と正の値になっている。

(b)　ファーマ＝フレンチによる３ファクター・モデル

ファーマ＝フレンチのファクター・プレミアム

	マーケット	SMB	HML
リスクプレミアム（λ）	5.92％	3.94％	4.47％

出所：小林孝雄・芹田敏夫著　日本証券アナリスト協会編　「新・証券投資論〔Ⅰ〕理論編」　日本経済新聞出版社　2009年

　　ファーマらによる３ファクター・モデルでは、次のようなファクターが取り上げられている。

１．マーケット・ファクター：株式マーケット・ポートフォリオのリターンと無リスク利子率の差

２．サイズ・ファクター（SMB）：小型株と大型株のリターンの差

３．バリュー・ファクター（HML）：バリュー株（割安株：簿価・時価比率の高い株式）とグロース株（成長株：簿価・時価比率の低い株式）のリターンの差

　　しかし、なぜ小型株やバリュー株にプレミアムがつくのかについては、いまだに議論が継続中である。

第1章 ポートフォリオ・マネジメント

例題15

《1997. 2・2次試験》

APT（裁定価格理論）に立脚したマルチ・ファクター・モデルに基づいて株式ポートフォリオの運用を行っている。ファクターとして、鉱工業生産指数、マーケットリスク、原油価格、株式時価総額の4つの変数が選ばれている。

次表は、各ファクターに対するリスク・プレミアムと代表的な4社の株式のエクスポージャーを示したものである。

ファクターに対するリスク・プレミアムとエクスポージャーの大きさ

ファクター	エクスポージャー				リスク・プレミアム(%)
	A社	B社	C社	D社	
鉱工業生産指数	0.71	0.93	−0.29	1.19	0.65
マーケットリスク	0.92	0.68	1.12	0.75	7.86
原 油 価 格	−0.45	−0.87	0.59	−0.23	0.43
株式時価総額	1.41	−0.12	0.48	0.38	−0.27

問1 無リスク利子率を1.5%とすると、A社の株式の期待収益率はいくらになるか（解答は%単位とし、小数第2位を四捨五入せよ）。

問2 自己資金をA社とC社に投資してマーケットリスクのエクスポージャーを1とするには、どのような割合で資金配分すればよいか。

解答　問1　8.6%　　問2　A社：60%　　C社：40%

解 説

問1 期待収益率

APTの式に数値をそのままあてはめればよい。

$$E(R_A) = R_F + b_{A,鉱}\lambda_鉱 + b_{A,マ}\lambda_マ + b_{A,原}\lambda_原 + b_{A,株}\lambda_株$$

$$= 1.5\% + 0.71 \times 0.65\% + 0.92 \times 7.86\%$$

$$+ (-0.45) \times 0.43\% + 1.41 \times (-0.27\%)$$

$$= 8.6185\%$$

ただし、R_F：無リスク利子率、$b_{A,j}$：A社株式のファクターjのエクスポージャー、λ_j：ファクターjのリスクプレミアム、j＝{鉱工業生産指数、マーケットリスク、原油価格、株式時価総額}。

問2 エクスポージャーの調整

エクスポージャーの調整　$0.92A + 1.12C = 1$

投資比率は合計100%　　　$A + C = 1$

$$0.92 \times A + 1.12 \times (1 - A) = 1$$

A、Cへの投資比率　　　　$A = 0.6$、$C = 0.4$

例題16

《2016（春）.6.I.4》

ファーマ＝フレンチの3ファクター・モデルのファクター・プレミアムが図表1の通り、あるポートフォリオのファクター・エクスポージャーが図表2の通りである。APTを前提とすると、このポートフォリオのリスクプレミアム（＝期待リターン－リスクフリー・レート）はいくらか。

図表1　ファクター・プレミアム

	マーケット	サイズ	バリュー
プレミアム	2.00%	1.00%	1.50%

第1章 ポートフォリオ・マネジメント

図表2　あるポートフォリオのファクター・エクスポージャー

	マーケット	サイズ	バリュー
エクスポージャー	1.05	0.10	−0.09

A　−0.5%
B　0.3%
C　1.0%
D　1.8%
E　2.1%

解答　E

解　説

ＡＰＴ（裁定価格理論）を前提とするファーマ＝フレンチ3ファクター・モデルは以下の通り。

$$E[R_P] - R_f = \underbrace{\beta_{p,MKT}\, f_{MKT}}_{\text{マーケット}} + \underbrace{\beta_{p,SMB}\, f_{SMB}}_{\text{サイズ}} + \underbrace{\beta_{p,HML}\, f_{HML}}_{\text{バリュー}}$$

ただし、f_i：ファクター・プレミアム（図表1）、$\beta_{p,i}$：あるポートフォリオpのファクター・エクスポージャー（図表2）。

添え字iは、MKT：マーケット・ファクター（市場）、SMB：サイズ・ファクター（時価総額）、HML：バリュー・ファクター（PBR）であり、上記式に数値を代入する。

$$\underbrace{E[R_P] - R_f}_{\text{リスクプレミアム}} = 1.05 \times 2.00\% + 0.10 \times 1.00\% - 0.09 \times 1.50\% = 2.065\% \approx 2.1\%$$

なお、f_i：ファクターのファクター・プレミアム（図表1）の具体的内容は以下の通り。

マーケット　　　$f_{MKT} \equiv R_{MKT} - R_f$
サイズ　　　　　$f_{SMB} \equiv R_{Small} - R_{Big}$　　（Small Minus Big）
バリュー　　　　$f_{HML} \equiv R_{High} - R_{Low}$　　（High Minus Low）

ただし、R_{MKT}：市場インデックスのリターン、R_f：リスクフリー・レート、R_{Small}：小型株インデックスのリターン、R_{Big}：大型株インデックスのリターン、R_{High}：高BPR（バリュー株）インデックスのリターン、R_{Low}：低BPR（グロース株）インデックスのリターン。大型株・小型株＝時価総額の大小、BPR（純資産株価倍率）＝PBRの逆数。

例題17 《2009（春）．6．I．4》

マルチ・ファクター・モデルに関する次の記述のうち、正しいものはどれか。

A　マルチ・ファクター・モデルでは一般に非市場リスクの資産間の相関が0と仮定される。

B　「ある企業の主力工場が火災により壊滅した」などの個別企業に関するニュースがファクターの候補となる。

C　APTでは証券の各ファクターへのエクスポージャーがその期待リターンを決める。

D　APTを利用してもCAPMの場合と同様に、マーケット・ポートフォリオに関連するリスクのみがポートフォリオ管理の対象になる。

解答　　C

第1章 ポートフォリオ・マネジメント

> 解 説

A 正しくない。K 個のコモン・ファクターを仮定するマルチファクター・モデルは、

$$R_i = a_i + b_{i,1}F_1 + b_{i,2}F_2 + \ldots + b_{i,K}F_K + \varepsilon_i, \quad i = 1,2,\ldots,n$$

と表現され、ε_i は資産 i の固有リターンを表し、その資産間の相関は 0 と仮定される。コモン・ファクターが市場リターンしかないシングルファクターのマーケット・モデル（市場モデル）の場合、固有リスクは非市場リスクである。しかし、一般のマルチ・ファクター・モデルの場合、固有リスクは非市場リスクとは異なるから、非市場リスクの資産間の相関が 0 とされているわけではない。

B 正しくない。GDPの速報値や日銀の金融政策変更のニュースは多数の証券に一斉に影響を与える情報であり、ある企業の主力工場が火災で壊滅したというニュースはごく一部の証券にしか影響を与えない情報である。前者をファイナンスではコモン・ファクター、あるいは単にファクターと呼ぶ。

C 正しい。GDPのファクター・プレミアムが $\lambda_{GDP} = 13.589\%$ であれば、ポートフォリオの対GDPエクスポージャーを 1 ポイント上げれば、ポートフォリオのリスク・プレミアムは（したがって期待リターンも）13.589 ％上昇する。

D 正しくない。マルチファクター・モデルとAPTを利用して株式運用を行う場合は、コモン・ファクターに対する投資家の選好と個々のファクターの価格プレミアムを考慮に入れて、ポートフォリオのファクター・エクスポージャーをコントロールすることが投資方針になる。これに対して、CAPMでは、マーケット・ポートフォリオに投資した上で、マーケット・ファクターに対するエクスポージャーを安全資産との投資比率で調整することが基本である。CAPMとAPTでは、ポートフォリオ・デザインの方針が全く違う。

77

9 ポートフォリオ・マネジメントと評価

Point ① ポートフォリオ・マネジメント・プロセス

ポートフォリオとは、複数の資産を組み合わせたものであり、協会通信テキストによれば、実務上のポートフォリオは3層構造で管理されることが多いという。

- アセット・ミックス：複数の資産クラスで構成されたポートフォリオ
- マネジャー・ミックス：ある資産クラス内で、複数のマネジャーで構成されたポートフォリオ
- 個別証券ポートフォリオ：ある資産クラス内で、あるマネジャーの投資戦略に従って構築された個別銘柄ポートフォリオ

図1-9-1　ポートフォリオ・マネジメント・プロセス

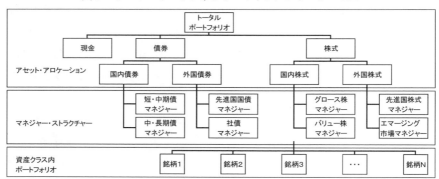

出所：㈳日本証券アナリスト協会通信テキスト

1．投資目的や目標リターン、制約条件などを投資政策として明文化し、どの資産クラスにどれだけの資金を配分するかという戦略的アセット・アロケーションを決定する。

2．この戦略的アセット・アロケーションを実行するために、各マネジャーに対する運用資金の配分を決め、以下のようなマネジャー・ストラクチャーの策定と管理を行う。

　① 資産クラスのベンチマークに沿ってパッシブ運用を行うか、ベンチマークを上回る収益率を狙うアクティブ運用を行うか。

第1章　ポートフォリオ・マネジメント

② アクティブ運用の場合、さまざまな投資スタイルや運用手法の複数のマネジャーをどのように組み合わせれば、各資産クラスでポートフォリオを最適化できるか。

3．運用を委託されたマネジャーが、指定された資産クラス内で組み入れ銘柄を選定しポートフォリオを策定、売買を執行する。

Point ② 戦略的アセット・アロケーション

(1) 将来の期待リターンの推計

さまざまな資産クラスの過去のリターンに関する調査では、以下のようなことが明らかになっている。

① 平均リターンは計測時期によって、大きく異なる結果が得られている。

② リスク（リターンの標準偏差）は計測時期にかかわらず比較的安定しているとされる。ただし、一時的な暴落があると上昇する。

③ リターンの相関係数も比較的安定しているとされる。ただし、経済構造の変化などによって変わることがある。

戦略的アセット・アロケーションの策定に必要な、各資産クラスの将来のリターン、標準偏差、相関係数のうち、標準偏差と相関係数についてはヒストリカル・データを用いてさほど大きな問題は生じないとされるが、リターンの予測は非常に難しい。リターンの予測について、協会通信テキストでは、次の方法が紹介されている。

79

(2) リターンの予測方法

①ヒストリカル法	過去の長期的なリターンの平均を、そのまま将来のリターンの推計値として用いる方法。
②ビルディング・ブロック法	無リスク利子率に、株式や債券などの資産クラス毎のリスクプレミアムを加算して将来のリターンの推計値として用いる方法。なお、リスクプレミアムの計算には過去のリターン格差が用いられる。
③ファンダメンタル法 （サプライサイド・アプローチ）	過去のリターンを、経済ファンダメンタルズによるリターンと市場心理など短期的・一時的な影響によるリターンに分解し、後者を除いてビルディング・ブロック法を改善しようとするもの。
④シナリオ・アプローチ	経済シナリオをたて、シナリオごとに期待リターンを推計し、さらにその発生確率を掛け合わせて期待リターンを推計する方法。

第1章　ポートフォリオ・マネジメント

Point ③　戦略的アセット・アロケーションのプロセス

実務的には、次のような点を考慮しながらアセット・アロケーションを行う。

ＰＬＡＮ（投資政策の策定）

投資家の投資期間、投資目標、制約条件、リスク許容度などを総合的に勘案し、最適な資産配分（アセット・アロケーション）を決定する。

ＤＯ（アセット・アロケーションの実行）

投資政策で決定した資産配分を実際に行う。

ＳＥＥ（アセット・アロケーション効果の評価）

資産運用における投資パフォーマンスの決定要因として、アセット・アロケーションが最も重要である。イボットソンらによる投資パフォーマンスの実証研究において、次のような結論が得られた。

① リターンの時系列変動

実際のファンドの時系列リターンを、政策アセット・ミックスから計算されるポリシー・リターンで回帰分析した結果、その決定係数は約90％であった。

② ファンド間のリターン格差

ファンド間で政策アセット・ミックスの比率が異なるとき、その違いを反映してファンド間にリターンの格差が発生する。分析期間を通じたファンドの複利年率リターンを、各ファンドのポリシー・リターンを説明変数としてクロスセクション回帰した結果、その決定係数は投資信託では40％、年金ファンドでは35％であった。

③ リターンの水準

各ファンドの政策アセット・ミックスの複利年率リターンを、実際のファンドの複利年率リターンで割ると、その平均は約100％であった。したがって、すべてのファンドのリターンの平均は、政策アセット・ミックスから計算されるリターンとほぼ等しいといえる。

ＡＣＴ（アセット・アロケーションの修正）

資本市場の期待値や投資家のリスク許容度という前提条件が、政策策定時から変化した場合には、必要に応じてアセット・アロケーションを修正する。ただし、このような見直しは、あまり頻繁にすべきではない。

81

Point ④ 効率的市場仮説

E.Famaによる効率性に関する市場の 3 分類

情報の種類 3フォームの効率性	過去の株価系列 （チャート分析）	利用可能なすべての公開情報 （ファンダメンタル分析）	利用可能なすべての情報 （インサイダー取引）
ウィーク・フォーム	×	○	○
セミストロング・フォーム	×	×	○
ストロング・フォーム	×	×	×

○：利用価値あり（市場は織り込んでいない）

×：利用価値なし（市場は織り込んでいる）

Point ⑤ アノマリー

効率的市場仮説に反する変則性。一定の規則性が観察されるが、理由が未だ不明なものをいう。

ex. 1月効果…アメリカで、他の月に比べて1月は特に収益率が高くなる傾向があること。

低PBR効果…低PBRの株式は高PBRの株式に比べて高い収益率を上げていること。

規模効果…企業規模（時価総額）の大きい企業（大型株）よりも小さい企業（小型株）の投資収益率の方が高い傾向にあること。

Point ⑥ 運用形態

・パッシブ運用：「市場は効率的」＝市場平均を上回るパフォーマンスは得られない

⇨インデックス・ファンドなど

・アクティブ運用：「市場は効率的でない」＝アノマリーなどを利用することにより市場平均を上回るパフォーマンスが得られる

第1章　ポートフォリオ・マネジメント

Point ⑦　パフォーマンス評価

(1)　収益率の尺度

---

①　金額加重収益率 (r_d)

$$V_0 + \sum_{i=1}^{n-1} \frac{C_i}{(1+r_d)^{t_i}} - \frac{V_n}{(1+r_d)^{t_n}} = 0$$

V_0：測定期間の期初におけるポートフォリオ価値

C_i：測定期間中、i 番目に発生したキャッシュ・フロー

(追加は＋、引出は－)

V_n：測定期間の期末におけるポートフォリオ価値

t_i：期初から i 番目のキャッシュ・フロー発生までの期間

②　時間加重収益率 (r_t)

$$r_1 = \left(\frac{V_1}{V_0} \times \frac{V_2}{V_1+C_1} \times \frac{V_3}{V_2+C_2} \times \cdots \times \frac{V_n}{V_{n-1}+C_{n-1}} \right)^{\frac{1}{t_n}} - 1$$

V_0：測定期間の期初におけるポートフォリオ価値

V_i：i 番目のキャッシュ・フロー発生直前のポートフォリオ価値

($i = 1,\ 2,\ \cdots,\ n-1$)

C_i：測定期間中、i 番目に発生したキャッシュ・フロー

(追加は＋、引出は－)

V_n：測定期間の期末におけるポートフォリオ価値

t_n：測定期間

　金額加重収益率はポートフォリオそのもののパフォーマンスの評価には適しているが、運用担当者の運用能力を評価するのには適していない。これに対して、時間加重収益率はキャッシュ・フローや単位期間の収益率の順序の影響を中立化させ、運用者の運用成績を測定するのに適している。

(2) リスク調整後収益率測度

① シャープの測度

$$\theta_S = \frac{R_P - R_f}{\sigma_P}$$

② トレイナーの測度

$$\theta_T = \frac{R_P - R_f}{\beta_P}$$

③ ジェンセンのアルファ

$$\alpha = R_P - [R_f + (R_M - R_f)\beta_P]$$

$$= R_P - CAPM$$

R_P ：ポートフォリオの収益率

R_f ：無リスク利子率

σ_P ：ポートフォリオの収益率の標準偏差

β_P ：ポートフォリオのベータ

R_M ：市場ポートフォリオの収益率

④ 情報比（インフォメーション・レシオ、IR）

$$IR = \frac{\alpha}{\omega}$$

α ：ポートフォリオのアクティブ・リターン（超過リターン）

ω ：ポートフォリオのアクティブ・リスク

なお計算問題では、次の関係を使う場合がある。

α ＝ポートフォリオの超過収益率

$= r_P$（ポートフォリオ・リターン）$- r_B$（ベンチマーク・リターン）

$\omega = TE$（トラッキング・エラー）$= \sqrt{\sigma_P^2 + \sigma_B^2 - 2\rho_{PB}\sigma_P\sigma_B}$

σ_P ：ポートフォリオ・リターンの標準偏差

σ_B ：ベンチマーク・リターンの標準偏差

ρ_{PB} ：ポートフォリオ・リターンとベンチマーク・リターンの相関係数

　運用資産が複数の投資家（ないしは運用機関）によって運用されている場合、リスク指標としては標準偏差を使用するよりもベータの方がよい。したがって、このような場合は、トレイナーの測度あるいはジェンセンの α が適

第1章 ポートフォリオ・マネジメント

している。

また、リスクの異なる資産を比較するような場合は、ジェンセンのαといった証券市場線からの距離による比較ではなく、リスク1単位当たりのリスクプレミアムにより比較すべきである。したがって、このような場合は、シャープの測度やトレイナーの測度が適している。

そして、情報比はアクティブ運用のパフォーマンス評価に使用されるが、アクティブ運用をする上で取ったリスクに対し、どれだけ超過収益を得ているかという効率性を表す。

(3) 要因分析

ポートフォリオの運用結果を各資産ごとに3つの要因に分析し、それぞれの要因ごとに合計する。

図1－9－2　要因分解

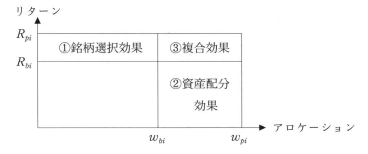

w_{pi}：資産iの実際の組入比率

w_{bi}：資産iの政策アセット・ミックス上の組入比率

R_{pi}：資産iの実際の投資収益率

R_{bi}：資産iのベンチマークの投資収益率

① 銘柄選択要因

銘柄選択要因とは、投資家が、銘柄選択を行うことによって生み出されたパフォーマンスの差である。資産iの対ベンチマークの超過収益率は$(R_{pi} - R_{bi})$なので、ポートフォリオ全体の銘柄選択要因は次の式で計算される。

$$銘柄選択効果 = \sum_{i=1}^{n} \left\{ w_{bi} \times \left(R_{pi} - R_{bi} \right) \right\}$$

② 資産配分要因

資産配分要因とは、投資家が、各資産の組入比率を政策アセット・ミックス上の組入比率から変更することによって生み出された、パフォーマンスの差である。組入比率の乖離は $(w_{pi} - w_{bi})$ なので、ポートフォリオ全体の資産配分要因は次の式で計算される。

$$資産配分効果 = \sum_{i=1}^{n} \left\{ \left(w_{pi} - w_{bi} \right) \times R_{bi} \right\}$$

③ その他複合要因

それ以外の部分はその他複合要因と呼ばれる。

$$その他複合効果 = \sum_{i=1}^{n} \left\{ \left(w_{pi} - w_{bi} \right) \times \left(R_{pi} - R_{bi} \right) \right\}$$

パフォーマンス評価に関する以下の設問に解答せよ。

例題18

問1 A氏、B氏ともにTOPIX完全連動型のインデックス・ファンドを2年間運用した。当初の設定金額はいずれも100万円であったが、1年後にA氏のファンドからは50万円の資金引き出しがあり、B氏のファンドには100万円の追加出資があった。

2年間のTOPIXの動きは以下のとおりである。

	当初	1年後	2年後
TOPIX	1500	1350	1620

(1) A氏、B氏のファンドの金額加重収益率を計算せよ。

(2) A氏、B氏のファンドの時間加重収益率を計算せよ。

問2 以下のデータから、ファンドAについてシャープの測度、トレイナーの測度、ジェンセンの α を計算せよ。

	収益率	標準偏差	β
ファンドA	13.0%	15.0%	1.20
インデックス	12.0%	10.0%	1.00
無リスク資産	5.0%	0.0%	0.00

第1章　ポートフォリオ・マネジメント

解答 ▶

問1　(1)　A氏　−1.35%　　B氏　+9.06%

　　　(2)　A氏　+3.92%　　B氏　+3.92%

問2　シャープの測度　　　0.533

　　　トレイナーの測度　　6.67

　　　ジェンセンの α 　　−0.4%

解　説

問1　TOPIXのパフォーマンスは1年目が−10%、2年目が+20%であるから、2人のファンドの状態は以下のようになる。

```
            当初    −10%    1年後    +20%    2年後
TOPIX    ├───────────┼───────────┤
A氏      100万円 ─────→ 90万円
                      （−50万円）
                       40万円 ─────→ 48万円

B氏      100万円 ─────→ 90万円
                      （+100万円）
                      190万円 ─────→ 228万円
```

(1)　金額加重収益率 r_d

A氏：$100 + \dfrac{-50}{1+r_d} = \dfrac{48}{(1+r_d)^2}$　　　$100 + \dfrac{-50}{R} = \dfrac{48}{R^2}$

$100R^2 - 50R - 48 = 0$

$R = \dfrac{-(-50) + \sqrt{(-50)^2 - 4 \times 100 \times (-48)}}{2 \times 100}$

$= 0.98654 \cdots \approx 0.9865$

$r_d = R - 1 = 0.9865 - 1 \approx -1.35\%$

B氏：$100 + \dfrac{+100}{1+r_d} = \dfrac{228}{(1+r_d)^2}$　　　$100 + \dfrac{+100}{R} = \dfrac{228}{R^2}$

87

$$100R^2 + 100R - 228 = 0$$

$$R = \frac{-100 + \sqrt{100^2 - 4 \times 100 \times (-228)}}{2 \times 100}$$

$$= 1.09059 \cdots \approx 1.0906$$

$$r_d = R - 1 = 1.0906 - 1 \approx 9.06\%$$

(2) 時間加重収益率 r_t

A氏：$r_t = \left(\dfrac{90}{100} \times \dfrac{48}{40} \right)^{\frac{1}{2}} - 1 = \sqrt{(1 - 0.10) \times (1 + 0.20)} - 1$

$$= 0.039230 \cdots \approx 3.92\%$$

B氏：$r_t = \left(\dfrac{90}{100} \times \dfrac{228}{190} \right)^{\frac{1}{2}} - 1 = \sqrt{(1 - 0.10) \times (1 + 0.20)} - 1$

$$= 0.039230 \cdots \approx 3.92\%$$

すなわち、時間加重収益率は幾何平均計算を行うものである。

問2　シャープの測度：$\theta_S = \dfrac{R_A - R_f}{\sigma_A} = \dfrac{13.0 - 5.0}{15.0} = 0.5333 \cdots \approx 0.533$

トレイナーの測度：$\theta_T = \dfrac{R_A - R_f}{\beta_A} = \dfrac{13.0 - 5.0}{1.20} = 6.666 \cdots \approx 6.67$

ジェンセンの α：$\alpha = R_A - [\beta_A (R_M - R_f) + R_f]$

$$= 13.0 - [1.20 \times (12.0 - 5.0) + 5.0]$$

$$= -0.4\%$$

第1章 ポートフォリオ・マネジメント

例題19

アクティブ運用されている、ある株式投資信託とベンチマークのデータは以下の表のとおりである。これを参考にして以下の各問に答えなさい。

	投資収益率 （年率％）	投資収益率の 標準偏差（年率％）	相関係数
株式投資信託	10	12	0.8
ベンチマーク	8	10	

問1 株式投資信託のベンチマークに対するトラッキング・エラー（超過リターンの標準偏差）はいくらになりますか。

問2 株式投資信託のインフォメーション・レシオはいくらになりますか。

解答　問1　7.2%　問2　0.28

解説

問1 トラッキング・エラー（TE）は以下のように求められる。

$$TE = \sqrt{\sigma_P^2 + \sigma_B^2 - 2\rho_{P,B}\sigma_P\sigma_B}$$
$$= \sqrt{0.12^2 + 0.1^2 - 2 \times 0.8 \times 0.12 \times 0.1} = 0.0721\ldots \approx 7.2\%$$

ただし、σ_P：ポートフォリオ収益率の標準偏差、σ_B：ベンチマーク収益率の標準偏差、$\rho_{P,B}$：ポートフォリオとベンチマーク収益率の相関係数。

問2 インフォメーション・レシオ（IR）は以下のように求められる。

$$IR = \frac{アクティブ・リターン}{トラッキング・エラー} = \frac{r_P - r_B}{TE} = \frac{\alpha}{\omega} = \frac{10\% - 8\%}{7.2\%} = 0.277\ldots \approx 0.28$$

例題20 以下の問1から問3に答えよ。

ポートフォリオX、Y、およびベンチマークは株式、債券に投資しており、ポートフォリオXは株式に40％、債券に60％を、ポートフォリオYは株式に60％、債券に40％を、そしてベンチマークは株式、債券ともに50％ずつ投資している。

以下の表は、ポートフォリオとベンチマークの資産別リターン（期待投資収益率）とリスク（標準偏差）を表している。

	株　　式	債　　券	
ポートフォリオX	リターン10.0％ リスク　25.0％（＋0.70）	リターン3.0％ リスク　8.0％（＋0.90）	－0.50
ポートフォリオY	リターン15.0％ リスク　30.0％（＋0.80）	リターン5.0％ リスク　10.0％（＋0.90）	－0.10
ベンチマーク	リターン12.0％ リスク　15.0％	リターン4.0％ リスク　5.0％	－0.30

（カッコ内はベンチマークとの相関係数　右の数値は株式と債券の相関係数）

問1　ポートフォリオXのリターンおよびリスクはいくらか。

問2　ポートフォリオYのリターンおよびリスクはいくらか。

問3　ポートフォリオXのリターンをベンチマークのそれと比較して、その差異を要因別（銘柄選択要因、資産配分要因、複合要因）に分解せよ。

解答
> 問1　リターン5.8％　リスク8.7％
> 問2　リターン11.0％　リスク18.0％
> 問3　銘柄選択要因－1.5％、資産配分要因－0.8％、
> 　　　複合要因＋0.1％

第1章 ポートフォリオ・マネジメント

解 説

問1 ポートフォリオXは株式に40%、債券に60%投資しているからリターンについては加重計算を行えばよい。

$$E[R_x] = 0.40 \times 10.0\% + 0.60 \times 3.0\% = 5.8\%$$

一方、リスクに関してはポートフォリオを構成する資産間の関係が影響するため単純に加重計算すればよいというものではない。計算は以下のように行う。

$$\sigma_x^2 = 0.40^2 \times 25.0^2 + 0.60^2 \times 8.0^2 + 2 \times 0.40 \times 0.60 \times (-0.50) \times 25.0 \times 8.0$$

$$= 75.04$$

$$\sigma_x \approx 8.7\%$$

問2 ポートフォリオYもポートフォリオXと同様、リターンについては加重計算を行えばよい。

$$E[R_y] = 0.60 \times 15.0\% + 0.40 \times 5.0\% = 11.0\%$$

リスクに関してもポートフォリオXと同様である。

$$\sigma_y^2 = 0.60^2 \times 30.0^2 + 0.40^2 \times 10.0^2 + 2 \times 0.60 \times 0.40$$
$$\times (-0.10) \times 30.0 \times 10.0$$

$$= 325.6$$

$$\sigma_y \approx 18.0\%$$

問3 要因分析は、収益率についてポートフォリオとベンチマークを比較してその差を3つの要因（銘柄選択要因、資産配分要因、複合要因）に分解して分析を行うというものである。その際、各資産ごとに次のような図を描いてみるのが実践的である。

次図の外側にポートフォリオXの数値を、内側にベンチマークの数値を記して外側から内側の数値を引いて面積を求める（この際、数値の正負は関係ない）。この面積が各要因を表す。

91

【株式】

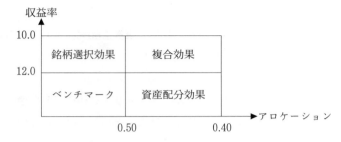

銘柄選択要因：0.50×(10.0−12.0)＝−1.0%
資産選択要因：(0.40−0.50)×12.0＝−1.2%
複合要因：(0.40−0.50)×(10.0−12.0)＝＋0.2%

【債券】

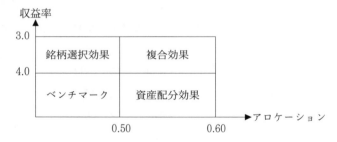

銘柄選択要因：0.50×(3.0−4.0)＝−0.5%
資産選択要因：(0.60−0.50)×4.0＝＋0.4%
複合要因：(0.60−0.50)×(3.0−4.0)＝−0.1%

株式と債券の各要因の合計がポートフォリオXとベンチマークの差異の要因分解の結果となる。

銘柄選択要因：(−1.0%)＋(−0.5%)＝−1.5%
資産選択要因：(−1.2%)＋(＋0.4%)＝−0.8%
複合要因：(＋0.2%)＋(−0.1%)＝＋0.1%

第1章 ポートフォリオ・マネジメント

t分布表（抜粋）

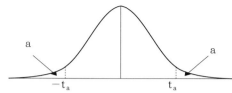

自由度	a 2a	.250 (.500)	.200 (.400)	.150 (.300)	.100 (.200)	.050 (.100)	.025 (.050)	.010 (.020)	.005 (.010)	.0005 (.0010)
1		1.000	1.376	1.963	3.078	6.314	12.706	31.821	63.657	636.619
2		.816	1.061	1.386	1.886	2.920	4.303	6.965	9.925	31.599
3		.765	.978	1.250	1.638	2.353	3.182	4.541	5.841	12.924
4		.741	.941	1.190	1.533	2.132	2.776	3.747	4.604	8.610
5		.727	.920	1.156	1.476	2.015	2.571	3.365	4.032	6.869
6		.718	.906	1.134	1.440	1.943	2.447	3.143	3.707	5.959
7		.711	.896	1.119	1.415	1.895	2.365	2.998	3.499	5.408
8		.706	.889	1.108	1.397	1.860	2.306	2.896	3.355	5.041
9		.703	.883	1.100	1.383	1.833	2.262	2.821	3.250	4.781
10		.700	.879	1.093	1.372	1.812	2.228	2.764	3.169	4.587
11		.697	.876	1.088	1.363	1.796	2.201	2.718	3.106	4.437
12		.695	.873	1.083	1.356	1.782	2.179	2.681	3.055	4.381
13		.694	.870	1.079	1.350	1.771	2.160	2.650	3.012	4.221
14		.692	.868	1.076	1.345	1.761	2.145	2.624	2.977	4.140
15		.691	.866	1.074	1.341	1.753	2.131	2.602	2.947	4.073
20		.687	.860	1.064	1.325	1.725	2.086	2.528	2.845	3.850
30		.683	.854	1.055	1.310	1.697	2.042	2.457	2.750	3.646
40		.681	.851	1.050	1.303	1.684	2.021	2.423	2.704	3.551
50		.679	.849	1.047	1.299	1.676	2.009	2.403	2.678	3.496
60		.679	.848	1.045	1.296	1.671	2.000	2.390	2.660	3.460
70		.678	.847	1.044	1.294	1.667	1.994	2.381	2.648	3.435
80		.678	.846	1.043	1.292	1.664	1.990	2.374	2.639	3.416
⋮										
∞		.674	.842	1.036	1.282	1.645	1.960	2.326	2.576	3.290

MEMO

第2章

債券分析

1. 傾向と対策……………………………………96
2. ポイント整理と実戦力の養成………………98
   1　債券の種類／98
   2　債券利回りの計算／99
   3　スポット・レートとフォワード・レート／112
   4　債券利回りの理論／113
   5　リスクと格付け／141
   6　債券価格の変動／153
   7　デュレーションとコンベクシティ／155

1. 傾向と対策

「債券分析」のテーマは、「債券価格と利回り（金利水準）の関係」および「現在価値」に尽きると言ってよいだろう。何はともあれ、最も重要な「複利最終利回り（ytm：yield to maturity）」を中心に据えて、1次レベルにおいては単利最終利回り、実効利回り、直接利回りといった、さまざまな利回り概念と計算に慣れる必要がある。

「最終利回り」は文字通り、ある債券を購入して満期保有した場合のいわば1年あたりの投資収益率であり、複利であれば利息に対する利息（クーポンの再投資）を計算に含め、単利であれば含めない。債券市場では複利最終利回りが提示され、現実の債券投資・債券運用においても最も重要な利回りである。とくにデフォルト・リスクのない割引債（ゼロ・クーポン債）の複利最終利回りは「スポット・レート」と呼ばれ、特別な意味をもつ。

続いてスポット・レートとフォワード・レートの関係、およびパー・レートといった概念も必須事項。このあたりをしっかり理解しておかないと、金利期間構造の理論や保有期間利回りをはじめとする多くの計算問題に全く対応できないという惨事に見舞われる。債券の計算問題は面倒なものが多いが、かなり画一的なので慣れてしまえばこっちのもの。むしろ得点源になりやすい。また関数電卓が、それなりに威力を発揮する分野でもある。

あとは債券投資のリスク。大きなものとして金利変動リスクと信用リスク（デフォルト・リスク）は必須、できればコーラブル債の途中償還リスクあたりまで押さえておきたい。金利変動リスクは債券利回り（金利）が変化することによる債券価格の変動リスクであり、まずデュレーションとコンベクシティの式を覚え、これらを用いた債券価格変化率の近似計算ができるようにしておく必要がある。信用リスクは利払いや元本の返済が契約通りに行われない債務不履行リスクであり、このリスクを表象しているのが「格付け」である。したがって、格付けに関する制度・理論を押さえた上で、信用リスクのある社債の価格評価ができるようにしておきたい。なお、証券アナリスト試験では国債はデフォルトリスク・フリーという位置付けなので、割引国債の複利最終利回りはスポット・レートである。一方、社債については、通常、デフォルト・リスクがある。

96

第 2 章　債券分析

総まとめテキストの項目と過去の出題例

「総まとめ」の項目	過去の出題例	重要度
債券の種類	2018年秋・第 4 問・Ⅰ問 1 2019年春・第 4 問・Ⅰ問 1、問 2 2019年秋・第 4 問・Ⅰ問 1	B
債券利回りの計算	2017年秋・第 4 問・Ⅰ問 1、問 2、問 4 　　　　　　　　　Ⅱ問 1、問 3 　　　　　　　　　Ⅲ問 3、問 4 2018年春・第 4 問・Ⅰ問 1、問 2 　　　　　　　　　Ⅱ問 1 　　　　　　　　　Ⅲ問 1、問 2 2018年秋・第 4 問・Ⅱ問 1、問 6 　　　　　　　　　Ⅲ問 4 2019年春・第 4 問・Ⅰ問 1 　　　　　　　　　Ⅱ問 1、問 2 　　　　　　　　　Ⅲ問 1、問 4 2019年秋・第 4 問・Ⅰ問 2 　　　　　　　　　Ⅱ問 1、問 2	A
スポット・レートとフォワード・レートおよび債券利回りの理論	2017年秋・第 4 問・Ⅲ問 1、問 2、問 5 2018年春・第 4 問・Ⅰ問 4 　　　　　　　　　Ⅱ問 1 　　　　　　　　　Ⅲ問 4～問 6 2018年秋・第 4 問・Ⅰ問 2 　　　　　　　　　Ⅱ問 2、問 3 　　　　　　　　　Ⅲ問 1～問 3、問 5 2019年春・第 4 問・Ⅰ問 4 　　　　　　　　　Ⅲ問 2、問 5 2019年秋・第 4 問・Ⅰ問 4 　　　　　　　　　Ⅲ問 1～問 6	A
リスクと格付け	2017年秋・第 4 問・Ⅰ問 3、問 5～問 7 　　　　　　　　　Ⅱ問 2 2018年春・第 4 問・Ⅰ問 3、問 5～問 7 　　　　　　　　　Ⅲ問 3 2018年秋・第 4 問・Ⅰ問 5～問 7 2019年春・第 4 問・Ⅰ問 5～問 7 2019年秋・第 4 問・Ⅰ問 5～問 7	A
債券価格の変動		C
デュレーションとコンベクシティ	2017年秋・第 4 問・Ⅱ問 4～問 6 2018年春・第 4 問・Ⅰ問 1 　　　　　　　　　Ⅱ問 2～問 5 　　　　　　　　　Ⅲ問 3～問 5 2018年秋・第 4 問・Ⅰ問 3、問 4 　　　　　　　　　Ⅱ問 4、問 5 2019年春・第 4 問・Ⅰ問 3 　　　　　　　　　Ⅱ問 3～問 5 　　　　　　　　　Ⅲ問 3、問 6 2019年秋・第 4 問・Ⅰ問 3 　　　　　　　　　Ⅱ問 3～問 5	A

97

2. ポイント整理と実戦力の養成

1 債券の種類

債券の分類

基準	分類	備考
発行体（発行機関）	国債（国の発行する債券）、地方債（地方公共団体の発行する債券）、社債（事業会社の発行する債券）など	
満期までの期間	短期債（1年以内）、中期債（1〜5年程度）、長期債（6〜10年程度）、超長期債（10年超）、永久債	
利息支払い	利付債（クーポン債）・割引債（ゼロ・クーポン債）	割引債の場合、償還価格である額面に比べ発行価格は低くなる（アンダーパー）が、償還価格と発行価格の差が金利に相当する。
	固定利付債（クーポン・レートが固定されている債券）、変動利付債（時間の経過に伴ってクーポン・レートが変動する債券）	
元金返済方法	満期一括償還方式、コーラブル債（期限前償還条項付債券）など	コーラブル債は金利低下時により低金利の資金での借り換えを可能にする。コーラブル債はノンコーラブル債に比べ価格は低くなる
その他の条件	新たな証券の発行を請求する権利が付与された債券	転換社債（CB、転換社債型新株予約権付社債）が代表例
	他の証券の価格や経済指数等の変動と元利金の支払いが関連する債券	株価指数リンク債、物価連動国債が代表例

第 2 章　債券分析

2　債券利回りの計算

Point ①　複利最終利回り：満期まで保有する場合の内部収益率

(1)　利付債

$$P = \frac{C}{1+y} + \frac{C}{(1+y)^2} + \frac{C}{(1+y)^3} + \cdots + \frac{C+F}{(1+y)^n}$$

$$= \sum_{t=1}^{n} \frac{C}{(1+y)^t} + \frac{F}{(1+y)^n}$$

(2)　割引債

$$P = \frac{F}{(1+y)^n}$$

$$y = \sqrt[n]{\frac{F}{P}} - 1 = \left(\frac{F}{P}\right)^{\frac{1}{n}} - 1$$

P：債券価格　　　y：複利最終利回り

C：クーポン　　　n：残存期間

F：償還価格

Point ②　実効利回り（利子累積最終利回り）

　実効利回りとは、利付債に投資する場合に満期前に発生するクーポンはすべて再投資し、満期日に償還価額と共に一括回収するという仮定をおいてその間の投資収益率を求めたものである。ここで、購入時の複利最終利回り 5 ％、クーポン・レート 8 ％、額面100円、年 1 回利払い、残存年数 4 年の債券を例に取り上げる。クーポンの再投資レートは 3 ％とする。

99

購入価格	$\dfrac{8}{1+0.05}+\dfrac{8}{(1+0.05)^2}+\dfrac{8}{(1+0.05)^3}+\dfrac{108}{(1+0.05)^4}\approx110.64$円
償還価額 （4年後）	100円
クーポンと 再投資収益	$8\times1.03^3+8\times1.03^2+8\times1.03+8\approx33.47$円

つまり、債券を110.64円で購入し、4年間運用した結果、133.47円になったとみなせる。そのときの利回り（実効利回り）をr（年率）とすると、次のように計算できる。

$$110.64\times(1+r)^4=133.47$$

$$(1+r)^4=\frac{133.47}{110.64}$$

$$r=0.04801\ldots\approx4.80\%$$

Point ③ 保有期間利回り（所有期間利回り）

$$P=\frac{C}{1+r}+\frac{C}{(1+r)^2}+\frac{C}{(1+r)^3}+\cdots+\frac{C+S}{(1+r)^n}$$

S：売却価格

n：保有期間

r：複利保有期間利回り

もっとも、保有期間利回りで実際に出題が多いのは、債券を1年間保有した場合の保有期間利回りである。価格Pで購入して、1年後にクーポンを得て、その直後にSで売却する場合には、保有期間利回りrは、

$$r=\frac{C+S}{P}-1$$

で求められる。

第2章　債券分析

　前記は再投資利子率に内部収益率と同じ値を適用する場合である。しかし、途中売却のケースで、再投資レートを仮定して求める場合もあり、ホライゾンリターンとも呼ばれる。

　ここで、購入時の複利最終利回り5％、クーポン・レート8％、額面100円、年1回利払い、残存年数3年の債券を例に取り上げる。また、この債券を2年間保有した後に売却し（利払い直後）、投資期間末の複利最終利回りは4％、クーポンの再投資レートは3％とする。

購入価格	$\dfrac{8}{1+0.05}+\dfrac{8}{(1+0.05)^2}+\dfrac{108}{(1+0.05)^3}\approx108.17$円
売却価格 （2年後）	$\dfrac{108}{1+0.04}\approx103.85$円
クーポンと 再投資収益	$8\times1.03+8=16.24$円

年率のホライゾンリターン r_h は次のようになる。

$$r_h=(\frac{\text{クーポンと再投資収益＋売却価格}}{\text{購入価格}})^{(1/\text{保有年数})}-1$$

$$=\sqrt{\frac{16.24\text{円}+103.85\text{円}}{108.17\text{円}}}-1\approx5.37\%$$

Point ④　パー・イールド

　価格が額面に等しい債券をパー債（par bond）と呼ぶが、パー・イールドとはパー債の最終利回りのことをいう。パー債の最終利回りはクーポン・レートに等しいので、パー・イールドはパー債のクーポン・レートと等しく、割引債の複利最終利回りであるスポット・レートを用いて次のように計算する。

$$c=\frac{1-\dfrac{1}{(1+r_{0,n})^n}}{\dfrac{1}{1+r_{0,1}}+\dfrac{1}{(1+r_{0,2})^2}+\cdots+\dfrac{1}{(1+r_{0,n})^n}}$$

　c：クーポン・レート、$r_{0,t}$：t 年物スポット・レート、n：期間

パー債の価格は額面 F と等しいので、次のような関係が成立する。

$$F = \frac{cF}{1+r_{0,1}} + \frac{cF}{(1+r_{0,2})^2} + \cdots + \frac{cF}{(1+r_{0,n})^n} + \frac{F}{(1+r_{0,n})^n}$$

この式を整理すると、

$$c \times \left\{ \frac{1}{1+r_{0,1}} + \frac{1}{(1+r_{0,2})^2} + \cdots + \frac{1}{(1+r_{0,n})^n} \right\} = 1 - \frac{1}{(1+r_{0,n})^n}$$

となるから、これをクーポン・レート c について整理すれば、前の公式が得られる。

Point ⑤ 年2回転化の複利計算（半年複利）

$$P = \frac{C_1^0}{1+\dfrac{y}{2}} + \frac{C_1^1}{\left(1+\dfrac{y}{2}\right)^2} + \frac{C_2^0}{\left(1+\dfrac{y}{2}\right)^3} + \frac{C_2^1}{\left(1+\dfrac{y}{2}\right)^4} + \cdots$$

$$+ \frac{C_n^0}{\left(1+\dfrac{y}{2}\right)^{2n-1}} + \frac{C_n^1 + F}{\left(1+\dfrac{y}{2}\right)^{2n}}$$

C_i^0 ：i 期の上半期のクーポン

C_i^1 ：i 期の下半期のクーポン

y ：半年複利利回り（年率）

Point ⑥ 直接利回り

$$y_{直} = \frac{C}{P}$$

$y_{直}$：直接利回り

第2章 債券分析

Point ⑦ 単利最終利回り

（利付債）

$$y_単 = \frac{C + \dfrac{F-P}{n}}{P}$$

（割引債）

$$y_単 = \frac{\dfrac{F-P}{n}}{P}$$

$y_単$：単利最終利回り

例題 1

債券利回りの計算に関する以下の設問に解答せよ。なお、債券の額面は1枚につきいずれも100円、解答にあたっては円または％表示で小数第3位を四捨五入せよ。

問1 いまから4年後に償還期限を迎える割引債を88円で購入した。満期まで保有した場合の複利最終利回りはいくらか。

問2 残存期間2年、クーポン・レート5％（年1回利払い）の利付債を利払い日直後に98円で購入した。満期まで保有した場合の複利最終利回りはいくらか。

問3 残存期間3年、クーポン・レート4.0％（年1回利払い）の利付債が利払い日直後に複利最終利回り7.0％で取引されているとすると、この債券価格はいくらか。

問4 問3の債券が複利最終利回り4.0％で取引されているとすると、この債券価格はいくらか。

問5 クーポン・レート3.0％（年1回利払い）で4年後に満期を迎える利付債を利払い日直後に100円で購入し、2年後の利払い日直後に102円で売却した。この債券の複利保有期間利回りはいくらか。

問6 問5の債券のクーポンを年率5.0％で再投資し、満期時に元利金を一括回収した場合の実効利回りはいくらか。

103

問7 クーポン・レート年率3.0%（年2回利払い）で2年後に満期を迎える利付債が利払い日直後に最終利回り（半年複利）4.0%で取引されている。この債券価格はいくらか。

問8 クーポン・レート年率4.0%（年2回利払い）で1年後に満期を迎える利付債の利払い日直後の価格が99円であった。この債券の最終利回り（年2回転化の複利）はいくらか。

解答 ▶

問1	3.25%	問2	6.09%	問3	92.13円
問4	100円	問5	3.98%	問6	3.09%
問7	98.10円	問8	5.04%		

解　説

問1
$$88 = \frac{100}{(1+y)^4} \qquad y = \sqrt[4]{\frac{100}{88}} - 1 = 0.032474\cdots$$
$$\approx 3.25\%$$

問2
$$98 = \frac{5}{1+y} + \frac{5+100}{(1+y)^2}$$

$1+y = R$ とおいて、両辺に R^2 をかけて整理する。

$98R^2 - 5R - 105 = 0$

$$R = \frac{-(-5)+\sqrt{(-5)^2 - 4 \times 98 \times (-105)}}{2 \times 98} = 1.06092\cdots$$
$$\approx 1.0609$$

$y = R - 1$

$= 0.0609 = 6.09\%$

第 2 章　債券分析

問 3　$P = \dfrac{4}{1+0.07} + \dfrac{4}{(1+0.07)^2} + \dfrac{4+100}{(1+0.07)^3}$

　　　　$= 92.1270\cdots$

　　　　≈ 92.13円

問 4　**クーポン・レート c ＝複利最終利回り y ⇔ 債券価格 P ＝ 償還価格 F**

$$P = \sum_{t=1}^{n} \frac{C}{(1+y)^t} + \frac{F}{(1+y)^n}$$

この部分は有限等比級数なので、以下の公式で計算できる。

$$S_n = \frac{a(1-k^n)}{1-k} \qquad a：初項 \qquad k：公比$$

$$P = \frac{\dfrac{C}{1+y}\left\{1-\left(\dfrac{1}{1+y}\right)^n\right\}}{1-\dfrac{1}{1+y}} + \frac{F}{(1+y)^n}$$

$$= \frac{\dfrac{C}{1+y}\left\{1-\dfrac{1}{(1+y)^n}\right\}}{\dfrac{1+y-1}{1+y}} + \frac{F}{(1+y)^n}$$

$$P - \frac{F}{(1+y)^n} = \frac{C - \dfrac{C}{(1+y)^n}}{y}$$

$$C = c \times F \qquad \left(\begin{array}{l} c：クーポン・レート \\ C：クーポン収入 \end{array}\right)$$

$$yP - \frac{yF}{(1+y)^n} = cF - \frac{cF}{(1+y)^n} \qquad c = y$$

$$cP = cF = C \qquad\qquad \therefore P = F$$

したがって、計算するまでもなく債券価格は額面と同じ100円。前述のパー・イールド参照。

105

問5　保有期間利回りは買付日から売却日までの保有期間における投資収益率で、これは実際の債券投資では満期前に途中売却することが多いことに対応したものである。計算式は基本的に最終利回りと同じ。償還価格を売却価格におきかえればよい。

$$100 = \frac{3}{1+r} + \frac{3+102}{(1+r)^2}$$

$$100R^2 - 3R - 105 = 0$$

$$R = \frac{-(-3) + \sqrt{(-3)^2 - 4 \times 100 \times (-105)}}{2 \times 100}$$

$$= 1.039804\cdots$$

$$r = R - 1$$

$$= 0.039804\cdots$$

$$\approx 3.98\%$$

問6　実効利回りでは、満期前のクーポンはすべて再投資されるので、手元にキャッシュは残らない。したがって、満期日の元利一括回収額を順次、求めてゆく。

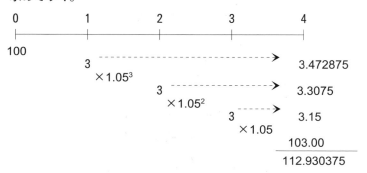

$$100 \times (1+y)^4 = 112.930375$$

$$(1+y)^4 = 1.12930375$$

$$1+y = 1.030867\cdots \quad y \approx 0.0309$$

$$= 3.09\%$$

第 2 章　債券分析

問 7

$$P = \dfrac{\dfrac{3}{2}}{1+\dfrac{0.04}{2}} + \dfrac{\dfrac{3}{2}}{\left(1+\dfrac{0.04}{2}\right)^2} + \dfrac{\dfrac{3}{2}}{\left(1+\dfrac{0.04}{2}\right)^3} + \dfrac{\dfrac{3}{2}+100}{\left(1+\dfrac{0.04}{2}\right)^4}$$

$$= \dfrac{1.5}{1.02} + \dfrac{1.5}{1.02^2} + \dfrac{1.5}{1.02^3} + \dfrac{101.5}{1.02^4}$$

$$= 98.09613\cdots$$

$$\approx 98.10 円$$

問 8

$$99 = \dfrac{\dfrac{4}{2}}{1+\dfrac{y}{2}} + \dfrac{\dfrac{4}{2}+100}{\left(1+\dfrac{y}{2}\right)^2} = \dfrac{2}{R} + \dfrac{102}{R^2}$$

$$99R^2 - 2R - 102 = 0$$

2 次方程式の解の公式※より、

$$R = \dfrac{-(-2)+\sqrt{(-2)^2-4\times99\times(-102)}}{2\times99} = 1.0251897\cdots$$

$$\approx 1.02519$$

$$R = 1+\dfrac{y}{2}$$

$$y = (R-1)\times2 = 0.02519\times2$$

$$= 0.05038$$

$$\approx 5.04\%$$

※　2 次方程式の解の公式

$$ax^2 + bx + c = 0 \ (a \neq 0)$$

$$\Rightarrow x = \dfrac{-b\pm\sqrt{b^2-4ac}}{2a}$$

107

例題2 債券利回りの計算に関する以下の設問に解答せよ。なお、債券の額面はいずれも100円、解答にあたっては％表示で小数第3位を四捨五入せよ。

問1　4年後に満期となる割引債額面100円を80円で購入した。
　　　この割引債の単利最終利回りを求めなさい。

問2　クーポン・レート6％、残存期間2年、償還価額100円、利払い年1回の債券を105円で購入した。
　　　この利付債の直接利回り、単利最終利回り、複利最終利回りを求めなさい。

問3　クーポン・レート6％、残存期間2年、償還価額100円、利払い年1回の債券を100円で購入した。
　　　この利付債の直接利回り、単利最終利回り、複利最終利回りを求めなさい。

問4　クーポン・レート6％、残存期間2年、償還価額100円、利払い年1回の債券を95円で購入した。
　　　この利付債の直接利回り、単利最終利回り、複利最終利回りを求めなさい。

解答　

問1　6.25％
問2　直接利回り　5.71％　単利最終利回り　3.33％
　　　複利最終利回り　3.37％
問3　直接利回り　6.00％　単利最終利回り　6.00％
　　　複利最終利回り　6.00％
問4　直接利回り　6.32％　単利最終利回り　8.95％
　　　複利最終利回り　8.84％

第 2 章　債券分析

解　説

問 1

$$y_{単} = \frac{\dfrac{F-P}{n}}{P} = \frac{\dfrac{100-80}{4}}{80} = 0.0625$$

（解答）6.25%

問 2

$$y_{直} = \frac{C}{P} = \frac{6}{105} = 0.05714 \cdots$$

（解答）5.71%

$$y_{単} = \frac{6 + \dfrac{100-105}{2}}{105} = 0.03333 \cdots$$

（解答）3.33%

$$P = \sum_{t=1}^{n} \frac{C}{(1+y)^t} + \frac{F}{(1+y)^n}$$

$$105 = \frac{6}{1+y} + \frac{106}{(1+y)^2}$$

$$105 \times (1+y)^2 - 6 \times (1+y) - 106 = 0$$

$$y = \frac{-(-6) + \sqrt{(-6)^2 - 4 \times 105 \times (-106)}}{2 \times 105} - 1$$

$$= 0.03372 \cdots$$

（解答）3.37%

109

問3

$$y_\text{直} = \frac{6}{100} = 0.06$$

（解答）6.00%

$$y_\text{単} = \frac{6 + \dfrac{100 - 100}{2}}{100} = 0.06$$

（解答）6.00%

$$100 = \frac{6}{1+y} + \frac{106}{(1+y)^2}$$

$$100 \times (1+y)^2 - 6 \times (1+y) - 106 = 0$$

$$y = \frac{-(-6) + \sqrt{(-6)^2 - 4 \times 100 \times (-106)}}{2 \times 100} - 1$$

$$= 0.06$$

（解答）6.00%

問4

$$y_\text{直} = \frac{6}{95} = 0.06315\cdots$$

（解答）6.32%

$$y_\text{単} = \frac{6 + \dfrac{100 - 95}{2}}{95} = 0.08947\cdots$$

（解答）8.95%

$$95 = \frac{6}{1+y} + \frac{106}{(1+y)^2}$$

$$95 \times (1+y)^2 - 6 \times (1+y) - 106 = 0$$

$$y = \frac{-(-6) + \sqrt{(-6)^2 - 4 \times 95 \times (-106)}}{2 \times 95} - 1$$

$$= 0.08836\cdots$$

（解答）8.84%

第 2 章　債券分析

　一般的には、以下のような関係が成立する。

オーバーパー債券	（債券価格＞額面）	クーポン・レート＞最終利回り
パー債券	（債券価格＝額面）⇔	クーポン・レート＝最終利回り
アンダーパー債券	（債券価格＜額面）	クーポン・レート＜最終利回り

オーバーパー債券	単利最終利回り＜複利最終利回り＜直接利回り
パー債券	単利最終利回り＝複利最終利回り＝直接利回り
アンダーパー債券	単利最終利回り＞複利最終利回り＞直接利回り

例題 3

《2011（春）. 4. I. 2》
　債券の利回りに関する次の記述のうち、<u>正しくない</u>ものはどれですか。

A　最終利回りがクーポン・レートより大きい固定利付債はオーバーパー債券となる。

B　アンダーパー債券では、最終利回りの方が直接利回りより大きい。

C　オーバーパー債券では、最終利回りの方が直接利回りより小さい。

D　最終利回りにはインカムゲインによるリターンとキャピタルゲインによるリターンが含まれる。

解答 ▷　　A

解　説

　A　正しくない。最終利回りがクーポン・レートよりも大きい固定利付債はアンダーパー債券となる。

　B　正しい。

　C　正しい。

　D　正しい。

111

3 スポット・レートとフォワード・レート

Point ① スポット・レート：割引債の複利最終利回り

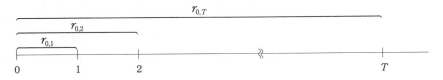

$$P = \frac{F}{(1+r_{0,T})^T}$$

P：償還まで T 年の割引債の価格

F：償還価格（額面）

T：残存期間

$r_{0,T}$：T 年物スポット・レート（$T=1, 2, 3, \cdots$）

Point ② フォワード・レート：金利先渡取引の収益率

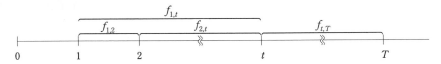

Point ③ スポット・レートとフォワード・レートの関係

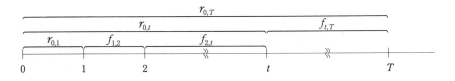

$$(1+r_{0,T})^T = (1+r_{0,t})^t (1+f_{t,T})^{T-t}$$

4 債券利回りの理論

Point ① 利回りの期間構造

イールド・カーブ：満期以外の条件を一定にしておくため、割引債についてのイールド・カーブを描くことが多い。これをとくにスポット・イールド・カーブという。

図2−4−1　イールド・カーブ

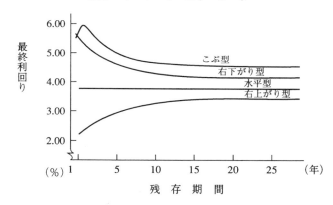

右下がり：$r_{0,1} > r_{0,2} > r_{0,3} > \cdots > r_{0,T}$　（短期金利 > 長期金利）

水　平：$r_{0,1} = r_{0,2} = r_{0,3} = \cdots = r_{0,T}$　（短期金利 = 長期金利）

右上がり：$r_{0,1} < r_{0,2} < r_{0,3} < \cdots < r_{0,T}$　（短期金利 < 長期金利）

(1) 純粋期待仮説

「t年後からT年後にかけてのフォワード・レート（$f_{t,T}$）は、t年後に成立している$T-t$年物スポット・レートの期待値（$E[r_{t,T}]$）に等しい」、

$f_{t,T} = E[r_{t,T}]$

または、「長期金利は、将来の短期金利の期待値の幾何平均である」

(2) 流動性プレミアム仮説

「短期の投資にくらべ長期投資の方が流動性リスクが大きいので、リスク・プレミアムがついている。t年後からT年後にかけてのフォワード・レートは、t年後に成立している$T-t$年物スポット・レートの期待値にリスク・

プレミアムを加えたものである」

$$f_{t,T} = E[r_{t,T}] + RP$$

（$RP =$ リスク・プレミアム）

伝統的な流動性プレミアム仮説は、現在では長期債は短期債に比べ価格変動リスクが大きいため、リスク・プレミアム（ターム・プレミアム）が上乗せされて長期金利の方が高くなるという「リスク・プレミアム仮説」（ターム・プレミアム仮説と呼ぶこともある）に形を変えて存続している。この仮説によれば、現実の金融市場において右上がりの利回り曲線（順イールド）が出現する頻度が高いことをうまく説明できる。

(3) 市場分断仮説

「債券市場は投資家および債券発行者の固有の事情（資金の性格など）により満期ごとに分断された状態で成立し、それぞれの市場ごとの需給関係で利回りが決定される」

例題 4　　**利回りの期間構造に関する以下の設問に解答せよ。**

現在、1年物スポット・レート（$r_{0,1}$）が2.2%、1年物フォワード・レート（$f_{t-1,t}$）は以下のとおりである。

$$f_{1,2} : 3.00\%$$
$$f_{2,3} : 3.60\%$$
$$f_{3,4} : 4.00\%$$
$$f_{4,5} : 4.25\%$$

問1　上のデータと整合的な2年物スポット・レート（$r_{0,2}$）を計算せよ。

問2　上のデータと整合的な4年物スポット・レート（$r_{0,4}$）を計算せよ。

問3　上のデータと整合的な1年後から3年後にかけての2年物フォワード・レート（$f_{1,3}$）を計算せよ。

問4　1年後の1年物スポット・レートの期待値が2.70%であるとすると、1年後から2年後にかけての1年間の流動性プレミアムはいくらか。

問5　上のデータからどのような形状のスポット・イールド・カーブが観察されるか。

第 2 章　債券分析

解答 ▶ | 問 1　2.60%　　問 2　3.20%　　問 3　3.30%
問 4　0.30%
問 5　右上がりのスポット・イールド・カーブが観察される。

解　説

問 1　$(1+r_{0,2})^2 = (1+r_{0,1})(1+f_{1,2})$

$= (1+0.022)(1+0.030)$

$r_{0,2} = \sqrt{1.022 \times 1.030} - 1$

$= 0.025992\cdots \approx 2.60\%$

問 2　$(1+r_{0,4})^4 = (1+r_{0,1})(1+f_{1,2})(1+f_{2,3})(1+f_{3,4})$

$= (1+0.022)(1+0.030)(1+0.036)(1+0.040)$

$= 1.134177\cdots \approx 1.13418$

$r_{0,4} = \sqrt[4]{1.13418} - 1$

$= 0.031978\cdots \approx 3.20\%$

問 3　$(1+r_{0,2})^2(1+f_{2,3}) = (1+r_{0,1})(1+f_{1,3})^2$

$(1+0.026)^2(1+0.036) = (1+0.022)(1+f_{1,3})^2$

$f_{1,3} = \sqrt{1.090572336 \div 1.022} - 1$

$= 0.033003\cdots \approx 3.30\%$

問 4　流動性プレミアム仮説に従えば、

$f_{1,2} = E[r_{1,2}] + $ リスク・プレミアム(RP)

よって、

$3.00\% = 2.70\% + RP$

$RP = 0.30\%$

115

問 5 データから判明するすべてのスポット・レートを計算すると次のようになる。

$r_{0,1} = 0.022$

$r_{0,2} = 0.026$

$r_{0,3} = \sqrt[3]{(1+0.022)(1+0.030)(1+0.036)} - 1 \approx 0.029$

$r_{0,4} = 0.032$

$r_{0,5} = \sqrt[5]{(1+0.032)^4(1+0.0425)} - 1 \approx 0.034$

したがって、右上がりのスポット・イールド・カーブが観察される。

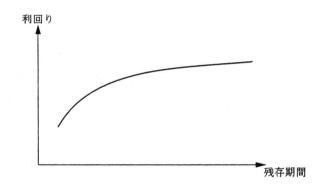

第2章　債券分析

例題5 《2009（秋）.4.Ⅰ.2》

金利の期間構造を説明する仮説に関する次の記述のうち、<u>正しくないもの</u>はどれか。

A 「純粋期待仮説」では、現在の長期金利には将来の短期金利の期待が含まれると説明する。
B 「流動性プレミアム仮説」では、現実に右上がりの利回り曲線が多く観察されることがうまく説明できる。
C 「流動性プレミアム仮説」では、短期金利には流動性プレミアムが上乗せされると説明する。
D 「市場分断仮説」では、短期金利は短期資金市場の需給で、長期金利は長期資金市場の需給で決まると説明する。

解答 ▶ C

解説

流動性プレミアム仮説では、長期金利には、長期債の流動性が低いことからくるプレミアム（流動性プレミアム）が上乗せされて、短期金利よりも高くなっていると説明される。

Point ② スポット・レート・カーブ、フォワード・レート・カーブとパー・イールド・カーブの関係

スポット・レート・カーブ、フォワード・レート・カーブとパー・イールド・カーブには、次のような関係がある。

(1) スポット・レートが右上がり（順イールド）の場合

期間$t-1$年からt年までについて考える。

$t-1$年物のスポット・レートを$r_{0,t-1}$、t年物のスポット・レートを$r_{0,t}$とする。スポット・レートが右上がりだと$r_{0,t}>r_{0,t-1}$となるため、

$$(1+r_{0,t})^{t-1} > (1+r_{0,t-1})^{t-1}$$

となる。これをスポット・レートとフォワード・レートの関係式$(1+r_{0,t})^t=(1+r_{0,t-1})^{t-1}(1+f_{t-1,t})$に当てはめると、

$$1+r_{0,t} < 1+f_{t-1,t}$$

の関係が出てくる。したがって、

$$r_{0,t}<f_{t-1,t}$$

となり、スポット・レートが右上がりのとき、スポット・レートよりそれに対応する$t-1$年からt年にかけてのフォワード・レートの方が大きい。そのため**フォワード・レート・カーブはスポット・レート・カーブより上に位置する**。

また、パー・イールドにはキャッシュフロー発生時のスポット・レートの加重平均のような性質があり、スポット・レートが右上がりのときは満期時点よりも小さい満期前のスポット・レートの影響も受けて、同じ満期のスポット・レートより小さくなる。したがって、**パー・イールド・カーブはスポット・レート・カーブより下に位置する**。

なお、このときのスポット・レート・カーブとパー・イールド・カーブ、フォワード・レート・カーブの関係は次の通り。

第2章 債券分析

図2−4−2 スポット・レート・カーブが右上がりの場合

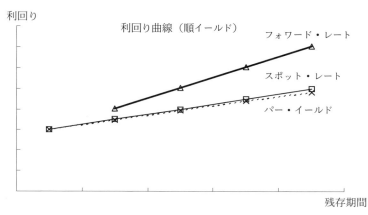

(2) スポット・レートが水平の場合

スポット・レートが水平だと$r_{0,t}=r_{0,t-1}$から、

$$(1+r_{0,t})^{t-1}=(1+r_{0,t-1})^{t-1}$$

となる。これをスポット・レートとフォワード・レートの関係式に当てはめると、

$$1+r_{0,t}=1+f_{t-1,t}$$

の関係が出てくる。したがって、

$$r_{0,t}=f_{t-1,t}$$

となり、スポット・レートが水平のとき、それに対応するt−1年からt年にかけてのフォワード・レートはスポット・レートと等しい。そのため**フォワード・レート・カーブはスポット・レート・カーブと等しく、また、パー・イールド・カーブとも等しい。**

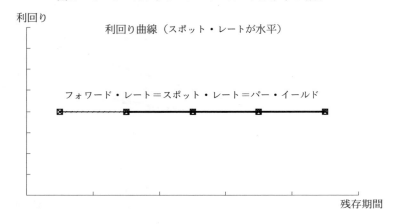

図2−4−3　スポット・レート・カーブが水平の場合

(3)　スポット・レートが右下がり（逆イールド）の場合

スポット・レートが右下がりだと$r_{0,t}<r_{0,t-1}$から、

$$(1+r_{0,t})^{t-1} < (1+r_{0,t-1})^{t-1}$$

となる。これをスポット・レートとフォワード・レートの関係式に当てはめると、

$$1+r_{0,t} > 1+f_{t-1,t}$$

の関係が出てくる。したがって、

$$r_{0,t} > f_{t-1,t}$$

となり、スポット・レートが右下がりのとき、スポット・レートよりそれに対応するt−1年からt年にかけてのフォワード・レートの方が小さい。そのため**フォワード・レート・カーブはスポット・レート・カーブより下に位置する**。

また、スポット・レートが右下がりのときは、満期時点よりも大きい満期前のスポット・レートの影響も受けるため、パー・イールドは同じ満期のスポット・レートより大きくなる。したがって、**パー・イールド・カーブはスポット・レート・カーブより上に位置する**。

第2章　債券分析

図2-4-4　スポット・レート・カーブが右下がりの場合

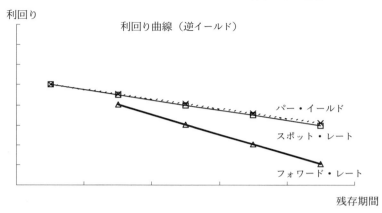

Point 3　スポット・レートと利付債の複利最終利回りの関係

利付債の複利最終利回り：将来のキャッシュ・フロー（クーポン収入、および償還価格または売却価格）の現在価値と現在の債券価格を等しくさせる各期間に共通の割引率（＝1期間当たりの平均投資収益率）

(1) 利付債の複利最終利回り（y）を使って債券価格を計算する。

$$P = \frac{C}{1+y} + \frac{C}{(1+y)^2} + \cdots + \frac{C+F}{(1+y)^n}$$

P　：債券価格
C　：クーポン収入
F　：償還価格
n　：残存期間
y　：複利最終利回り

例題6 《2011（秋）.4.Ⅰ.3》

利回り曲線に関する次の記述のうち、正しくないものはどれか。

A　スポットレート・カーブが右上がりのとき、パーイールド・カーブはスポットレート・カーブより上に位置する。

B　スポットレート・カーブが右下がりのとき、フォワードレート・カーブはスポットレート・カーブより下に位置する。

C　スワップ金利カーブは国債のパーイールド・カーブより上に位置する。

D　純粋期待仮説が成立しているならば、スポットレート・カーブが右上がりのとき、短期金利は今後上昇すると予想される。

解答 A

解説

A　正しくない。スポットレート・カーブが右上がりのとき、パーイールド・カーブはスポットレート・カーブより下に位置する。

B　正しい。

C　正しい。「スワップ金利は銀行が貸借する際の金利であるのに対して、国債は政府が借りる際の金利である。したがって両者には信用リスクの差があるので、スワップ金利の方が国債のパー・イールドより高い値となる。」（協会通信テキスト第7回）。

D　正しい。「純粋期待仮説では、現在の長期金利に含まれているフォワード・レートは将来の短期金利の期待値と等しいと説明する。つまり現在の利回り曲線は、将来の短期金利の期待（予想）によって形成されていると説明される。たとえば、右上がりの利回り曲線には、将来の短期金利が上昇していく予想が反映されていると考える。」（協会通信テキスト第7回）。

第 2 章　債券分析

図 2 − 4 − 5　複利最終利回りと債券価格

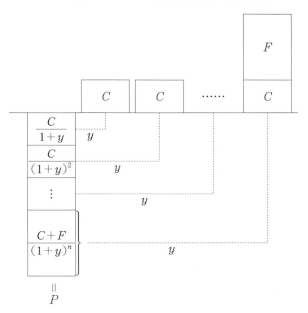

　各期のキャッシュ・フローを、共通の割引率（y）で現在価値に割り引く。

(2)　将来のキャッシュ・フローを個々の割引債と考え、**利付債を割引債のポートフォリオと捉える**ことで債券価格を計算する。

$$P^{*} = \frac{C}{1+r_{0,1}} + \frac{C}{(1+r_{0,2})^2} + \cdots + \frac{C+F}{(1+r_{0,n})^n}$$

　　$r_{0,i}$：i 年物のスポット・レート（i 年物の割引債の複利最終利回り）

図2-4-6　スポット・レートと債券価格

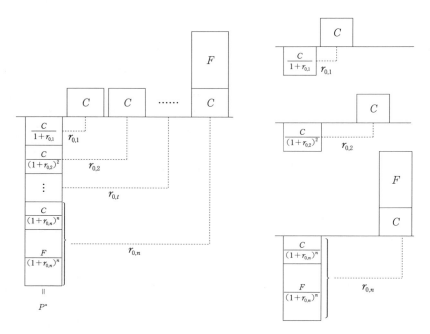

将来のキャッシュ・フローを、それがもたらされるタイミングに対応したスポット・レート（$r_{0,t}$）で現在価値に割り引き合計する。

Point ④　保有期間利回り

　このところ、証券アナリスト1次レベルでは「金利の期間構造に関する理屈を知っているかどうか試す」といった趣の問題が、ほぼ毎回登場している。1次レベルは選択式なので、この手の問題は、与えられた数値を使った実際の計算処理は必要ない場合が多い。以下の3つを覚えておきたい。

(1)　純粋期待仮説

　「1年後のスポット・レート・カーブが、現在のスポット・レート・カーブから予想されるとおりに、つまり1年後のスポット・レート・カーブが、現在の1年後スタートのt年物フォワード・レートになった場合」の1年間

第2章　債券分析

の保有期間利回りを考える。これは純粋期待仮説通りに、現在のフォワード・レートが将来のスポット・レートとして実現した場合ということに他ならず、現在観察されている1年後スタート2年後エンドの1年物フォワード・レート$f_{1,2}$が1年後に1年物スポット・レートとなり、現在観察されている1年後スタート3年後エンドの2年物フォワード・レート$f_{1,3}$が1年後に2年物スポット・レートとなり、現在観察されている1年後スタート4年後エンドの3年物フォワード・レート$f_{1,4}$が1年後に3年物スポット・レートとなり、…ということを意味する。この場合、あらゆる年限の割引債・利付債の1年間の保有期間利回りは1年物スポット・レートに等しくなる。

簡単のため、t年物割引債（最終利回り：$r_{0,t}$）に1年間投資した場合の投資収益率（保有期間利回り）を考える。現在のt年物割引債は1年後には$t-1$年債になっている。純粋期待仮説が成立している場合、この1年後の$t-1$年債（現在のt年債）の最終利回りは「現在の1年後スタートt年後エンドの$t-1$年物フォワード・レート（$f_{1,t}$）」ということになる。現在のt年債の最終利回りは言うまでもなくt年物スポット・レート（$r_{0,t}$）である。保有期間利回りをrとすると、スポット・レートとフォワード・レートの関係 $(1+r_{0,t})^t = (1+r_{0,1})(1+f_{1,t})^{t-1}$ から $r = r_{0,1}$、つまり1年物スポット・レートとなる。

$$r = \frac{P_1 - P_0}{P_0} = \frac{P_1}{P_0} - 1 = \frac{\dfrac{F}{(1+f_{1,t})^{t-1}}}{\dfrac{F}{(1+r_{0,t})^t}} - 1 = \frac{(1+r_{0,t})^t}{(1+f_{1,t})^{t-1}} - 1$$

$$\Leftrightarrow (1+r)(1+f_{1,t})^{t-1} = (1+r_{0,t})^t$$

ただし、P_0：現在のt年物割引債の価格、

P_1：1年後の$t-1$年物割引債の価格、F：額面。

(2) **ローリング・イールド**

次に、「1年後のスポット・レート・カーブが、現在とまったく同じであった場合」の1年間の保有期間利回りを考える。これは、俗に「ローリング（イールド）」と呼ばれ、実質的に1年物フォワード・レートをとってゆくこ

125

とになる。

　簡単のため、t年物割引債（最終利回り：$r_{0,t}$）に１年間投資した場合の投資収益率（保有期間利回り）を考える。１年後にはこのt年債は$t-1$年債になっている。スポット・レート・カーブが変化していなければ、$t-1$年債（現在のt年債）の最終利回りは$t-1$年物スポット・レート（$r_{0,t-1}$）になっている。保有期間利回りをrとすると$r=f_{t-1,t}$、つまり$t-1$年後スタートt年後エンドの１年物フォワード・レート$f_{t-1,t}$に等しくなる。

$$r = \frac{P_1 - P_0}{P_0} = \frac{P_1}{P_0} - 1 = \frac{\dfrac{F}{(1+r_{0,t-1})^{t-1}}}{\dfrac{F}{(1+r_{0,t})^t}} - 1 = \frac{(1+r_{0,t})^t}{(1+r_{0,t-1})^{t-1}} - 1 = f_{t-1,t}$$

　ただし、P_0：現在のt年物割引債の価格、

　　　　P_1：１年後の$t-1$年物割引債の価格、F：額面。

　実質的にフォワード・レートをとってゆくことになるので、短期の金利ほど低く長期の金利ほど高い「順イールド」を前提とした場合、順イールドの環境下で長期債を購入し、一定期間経過後に売却することで単純に満期まで保有するより利回りが高くなる効果がある。

　なお、証券アナリスト試験１次レベルではほとんど登場しないが、利付債に投資した場合は、結果が異なるので注意が必要である。**t年物利付債に投資し、１年後のスポット・レート・カーブが現在と全く同じ場合、保有期間利回りは定義通りに「期間１年の保有期間利回り」を計算する。**１年後にクーポンCを受け取り、１年後の利付債価格P_1で売却するわけだから、以下のようになる。

$$r = \frac{C + (P_1 - P_0)}{P_0}$$

　ただし、P_0：現在のt年物利付債の価格、

　　　　P_1：１年後の$t-1$年物利付債の価格。

　これらをまとめると、次のように整理できる。

第2章　債券分析

1年後のスポット・レート・カーブと1年間の保有期間利回り（r）

1年後の イールド・カーブ	①1年後のt年スポット・レート ＝現在の1年後からt年後に かけてのフォワード・レート （1）　純粋期待仮説が実現	②変化しない 1年後のt年スポット・レート ＝現在のt年スポット・レート （2）　ローリング・イールド
t年割引債に 1年間投資	$r = r_{0.1}$ 現在の1年物スポット・レート	$r = f_{t-1,t}$ 1年物フォワード・レート
t年利付債に 1年間投資		$r = \dfrac{C+(P_1-P_0)}{P_0}$

(3)　1年後の最終利回りが現在と同じ場合

　1年後に債券の最終利回りが投資時点と同じであれば、保有期間利回りは最終利回りに等しい。これは当たり前の話だが、一般化して利付債について考えると以下の通りである。なお、かえってわかりにくくなるかもしれないので、「当たり前の話だ」と理解しておいたほうがよいかもしれない。

　現在の利付債価格をP_0とする。「1年後に債券の最終利回りが投資時点と同じであれば」の最終利回りをyとする。現在の残存年数をn年とすると、現在の利付債価格P_0は以下のようになる。

$$P_0 = \sum_{t=1}^{n} \frac{C}{(1+y)^t} + \frac{F}{(1+y)^n}$$

　1年後の利付債価格をP_1とする。1年後、この利付債の残存年数は$n-1$年となる。一方、最終利回りは変化せずyのままだから、1年後の利付債価格P_1は以下のようになる。

$$P_1 = \sum_{t=1}^{n-1} \frac{C}{(1+y)^t} + \frac{F}{(1+y)^{n-1}}$$

　保有期間利回りをrとすると、1年後にクーポンCを受け取り、利付債は1年後に価格P_1となるから、保有期間利回りrは以下のように計算される。

$$r = \frac{(C+P_1)-P_0}{P_0} = \frac{C+P_1}{P_0} - 1$$

127

この式に、上記のP_0とP_1を代入する。

$$r = \frac{C+P_1}{P_0} - 1 = \frac{C+\displaystyle\sum_{t=1}^{n-1}\frac{C}{(1+y)^t}+\frac{F}{(1+y)^{n-1}}}{\displaystyle\sum_{t=1}^{n}\frac{C}{(1+y)^t}+\frac{F}{(1+y)^n}} - 1$$

$$= \frac{C+\displaystyle\sum_{t=1}^{n-1}\frac{C}{(1+y)^t}+\frac{F}{(1+y)^{n-1}}}{\dfrac{1}{1+y}\left\{\displaystyle\sum_{t=1}^{n}\frac{C}{(1+y)^{t-1}}+\frac{F}{(1+y)^{n-1}}\right\}} - 1$$

$$= \frac{C+\displaystyle\sum_{t=1}^{n-1}\frac{C}{(1+y)^t}+\frac{F}{(1+y)^{n-1}}}{\dfrac{1}{1+y}\left\{C+\displaystyle\sum_{t=1}^{n-1}\frac{C}{(1+y)^t}+\frac{F}{(1+y)^{n-1}}\right\}} - 1$$

$$= \frac{C+P_1}{\dfrac{1}{1+y}\{C+P_1\}} - 1 = \frac{1}{\dfrac{1}{1+y}} - 1 = 1+y-1$$

$$= y$$

つまり、r（保有期間利回り）＝y（最終利回り）となる。上記のような複雑な式の展開をするまでもなく、債券の「最終利回り」というのは、ある債券を購入して、満期まで保有した場合の１年当たりの投資収益率＝保有期間利回りなので、「１年後に債券の最終利回りが投資時点と同じ」ということは、現在の１年当たりの投資収益率と１年後の投資収益率が同じということであり、１年間の保有期間利回りが現在、そして１年後の投資収益率、つまり最終利回りであることは自明であろう。

第2章 債券分析

例題7
債券分析に関する以下の設問に解答せよ。なお、解答の前提として以下の〈表〉を参照し、また、各問における債券の額面はすべて100円とする。

〈表〉

スポット・イールド・カーブ

残存期間	最終利回り
1年	0.75%
2年	1.00%
3年	1.50%
4年	2.20%
5年	3.00%

問1 クーポン・レート3%（年1回利払い）、残存期間4年の国債の価格はいくらか。

問2 クーポン・レート5%（年1回利払い）、残存期間2年の国債の複利最終利回りはいくらか。

問3 3年から4年にかけての1年物フォワード・レートはいくらか。

問4 問1の債券購入直後にスポット・イールド・カーブが上方に0.50%だけ平行移動し、そのまま1年間続いたとする。問1の債券に1年間投資した場合の保有期間利回りを求めよ。

解答

| 問1 | 103.20円 | 問2 | 1.00% | 問3 | 4.33% |
| 問4 | 2.65% | | | | |

解　説

問1　将来発生するすべてのキャッシュ・フローを、そのキャッシュ・フロー・
　　　タイミングに対応したスポット・レートで割り引き、合計すればよい。

$$\frac{3}{1+0.0075}+\frac{3}{(1+0.0100)^2}+\frac{3}{(1+0.0150)^3}+\frac{3+100}{(1+0.0220)^4} \approx 103.20円$$

問2　まず、債券価格を求める。

$$\frac{5}{1+0.0075}+\frac{5+100}{(1+0.0100)^2} \approx 107.89円$$

最終利回りを y とすると、

$$\frac{5}{1+y}+\frac{5+100}{(1+y)^2} = 107.89円$$

$$y \approx 1.00\%$$

問3

$$(1+0.0220)^4 = (1+0.0150)^3(1+f_{3,4})$$

$$f_{3,4} \approx 4.33\%$$

問4　問1の債券の1年後の価格 S を求める。

$$S = \frac{3}{1+0.0075+0.005}+\frac{3}{(1+0.0100+0.005)^2}+\frac{3+100}{(1+0.0150+0.005)^3}$$

$$\approx 102.93$$

となる。現在の価格は問1より103.20円だから、保有期間利回り r は、

$$r \fallingdotseq \frac{3+102.93}{103.20}-1 \approx 0.0265 = 2.65\%$$

第2章　債券分析

例題8

債券に関する以下の設問に解答せよ。計算については小数第3位を四捨五入せよ。

現在、市場に以下のような国債A、国債B、国債C（すべて年1回利払）がある。

	国債A	国債B	国債C
残存期間	2年	3年	8年
額面	100円	100円	100円
クーポンレート	4.00％	8.00％	2.00％
最終利回り	???	7.00％	4.00％
価格	???	???	???

問1　現在、1年物割引国債（額面100円）が95.24円で取り引きされている。この国債に基づく1年物スポットレートを計算せよ。

問2　現在、2年物割引国債（額面100円）が89.00円で取り引きされている。この国債に基づく2年物スポットレートを計算せよ。

問3　問1・問2の計算結果に基づき、1年後から2年後にかけてのフォワードレートを計算せよ。

問4　資産価値は、その資産が将来もたらすキャッシュ・フローの現在価値（PV；Present Value）の合計と捉えることができる。

(1)　国債Aの1年目のキャッシュ・フロー現在価値を、スポットレートを使って計算せよ。

(2)　国債Aの2年目のキャッシュ・フロー現在価値を、スポットレートを使って計算せよ。

(3)　スポットレートに基づいて計算された、国債Aの価値はいくらか。

問5　国債Bはいくらで取り引きされているか。

問6　国債Cはいくらで取り引きされているか。

解答▶

問1	5.00％	問2	6.00％	問3	7.01％

問4　(1)　3.81円　　(2)　92.56円　　(3)　96.37円

問5　102.62円　　問6　86.53円

131

解 説

問 1

$$95.24 = \frac{100}{1+r_{0,1}} \qquad r_{0,1} = \frac{100}{95.24} - 1 = 0.04997\cdots \approx 5.00\%$$

問 2

$$89.00 = \frac{100}{(1+r_{0,2})^2} \qquad r_{0,2} = \sqrt[2]{\frac{100}{89.00}} - 1 = 0.05999\cdots \approx 6.00\%$$

問 3

$$(1+r_{0,T})^T = (1+r_{0,t})^t(1+f_{t,T})^{T-t}$$

$$(1+r_{0,2})^2 = (1+r_{0,1})^1(1+f_{1,2})^{2-1}$$

$$1.06^2 = 1.05 \times (1+f_{1,2})$$

$$f_{1,2} = \frac{1.06^2}{1.05} - 1 = 0.070095\cdots \approx 7.01\%$$

問 4

(1) $\dfrac{4}{1.05} = 3.8095\cdots \approx 3.81$円 (2) $\dfrac{4+100}{1.06^2} = 92.5596\cdots \approx 92.56$円

(3) $3.81 + 92.56 \approx 96.37$円

問 5

$$\frac{8}{1.07} + \frac{8}{1.07^2} + \frac{108}{1.07^3} = 102.624\cdots \approx 102.62$円$$

問 6

$$P = \sum_{t=1}^{n} \frac{C}{(1+y)^t} + \frac{F}{(1+y)^n}$$

P：債券価格、C：クーポン、F：額面、y：最終利回り、n：期間

$$P = \frac{2}{1+0.04} + \frac{2}{(1+0.04)^2} + \cdots + \frac{2}{(1+0.04)^8} + \frac{100}{(1+0.04)^8}$$

$$= 86.534\ldots$$

$$\approx 86.53$円$$

第 2 章　債券分析

別解　クーポン部分の現在価値は年金現価表（P. 168）を、額面100
円部分の現在価値は複利現価表（P. 167）を利用して計算する。
$$P = 2 \times 6.733 + 100 \times 0.731 = 86.566 \approx 86.57円$$
誤差は出るが長期債の計算などの場合には、別解の方が早く計
算できる。

クーポン部分の現在価値	額面100円部分の現在価値
付表4　年金現価表	付表2　複利現価表
$\sum_{t=1}^{n} \dfrac{1}{(1+r)^t} = PVAF_{r,n}$ $= \dfrac{1-(1+r)^{-n}}{r}$ $r = 4\%,\ n = 8 \to 6.733$ 2×6.733	$\dfrac{1}{(1+r)^n} = PVCF_{r,n} = (1+r)^{-n}$ $r = 4\%,\ n = 8 \to 0.731$ 100×0.731

付 表 4　年 金 現 価 表

年数	年 当 た り 利 率 　(r)												
(n)	1%	2%	3%	4%	5%	6%	7%	8%	9%	10%	12%	15%	20%
1	0.990	0.980	0.971	0.962	0.952	0.943	0.935	0.926	0.917	0.909	0.893	0.870	0.833
2	1.970	1.942	1.913	1.886	1.859	1.833	1.808	1.783	1.759	1.736	1.690	1.626	1.528
3	2.941	2.884	2.829	2.775	2.723	2.673	2.624	2.577	2.531	2.487	2.402	2.283	2.106
4	3.902	3.808	3.717	3.630	3.546	3.465	3.387	3.312	3.240	3.170	3.037	2.855	2.589
5	4.853	4.713	4.580	4.452	4.329	4.212	4.100	3.993	3.890	3.791	3.605	3.352	2.991
6	5.795	5.601	5.417	5.242	5.076	4.917	4.767	4.623	4.486	4.355	4.111	3.784	3.326
7	6.728	6.472	6.230	6.002	5.786	5.582	5.389	5.206	5.033	4.868	4.564	4.160	3.605
8	7.652	7.325	7.020	6.733	6.463	6.210	5.971	5.747	5.535	5.335	4.968	4.487	3.837
9	8.566	8.162	7.786	7.435	7.108	6.802	6.515	6.247	5.995	5.759	5.328	4.772	4.031
10	9.471	8.983	8.530	8.111	7.722	7.360	7.024	6.710	6.418	6.145	5.650	5.019	4.192
⋮													

付 表 2 複 利 現 価 表

年数	年 当 た り 利 率 (r)												
(n)	1%	2%	3%	4%	5%	6%	7%	8%	9%	10%	12%	15%	20%
1	0.990	0.980	0.971	0.962	0.952	0.943	0.935	0.926	0.917	0.909	0.893	0.870	0.833
2	0.980	0.961	0.943	0.925	0.907	0.890	0.873	0.857	0.842	0.826	0.797	0.756	0.694
3	0.971	0.942	0.915	0.889	0.864	0.840	0.816	0.794	0.772	0.751	0.712	0.658	0.579
4	0.961	0.924	0.888	0.855	0.823	0.792	0.763	0.735	0.708	0.683	0.636	0.572	0.482
5	0.951	0.906	0.863	0.822	0.784	0.747	0.713	0.681	0.650	0.621	0.567	0.497	0.402
6	0.942	0.888	0.837	0.790	0.746	0.705	0.666	0.630	0.596	0.564	0.507	0.432	0.335
7	0.933	0.871	0.813	0.760	0.711	0.665	0.623	0.583	0.547	0.513	0.452	0.376	0.279
8	0.923	0.853	0.789	0.731	0.677	0.627	0.582	0.540	0.502	0.467	0.404	0.327	0.233
9	0.914	0.837	0.766	0.703	0.645	0.592	0.544	0.500	0.460	0.424	0.361	0.284	0.194
10	0.905	0.820	0.744	0.676	0.614	0.558	0.508	0.463	0.422	0.386	0.322	0.247	0.162
⋮													

《2009（春）. 4. Ⅱ》

例題 9

現在、国債市場から推計された金利は図表のとおりである。利付債のクーポンは年1回払い、金利はすべて1年複利で計算しなさい。

図表　国債市場から推計された金利

期間t	t年のスポット・レート	t−1年後スタートの1年物フォワード・レート	1年後スタートのt年物フォワード・レート	残存t年の割引国債の価格*	パー・イールドの利付債の利回り
1 年	3.00 ％	－ ％	5.21 ％	97.09 円	3.00 ％
2 年	4.10	5.21	5.26	92.28	（ e ）
3 年	4.50	（ b ）	（ c ）	87.63	4.47
4 年	5.10	6.92	5.76	（ d ）	5.03
5 年	（ a ）	5.60	－	？	5.13

＊ 額面はいずれも100円。－は該当数字なし。

問 1　5年のスポット・レート（a）は何％ですか。

A　4.90%

B　5.00%

C　5.10%

第2章　債券分析

D 5.20%

E 5.30%

問2 今から2年後スタート3年後までの1年物フォワード・レート（ b ）は何
%ですか。

A 4.90%

B 5.00%

C 5.10%

D 5.20%

E 5.30%

問3 今から1年後スタートの3年物フォワード・レート（ c ）は何%ですか。

A 5.41%

B 5.51%

C 5.61%

D 5.71%

E 5.81%

問4 残存4年、額面100円の割引国債の現在の価格（ d ）はいくらですか。

A 78.81円

B 79.69円

C 80.27円

D 81.96円

E 82.09円

問5 2年物のパー・イールド利付債の利回り（ e ）は何%ですか。

A 3.98%

B 4.00%

C 4.08%

D 4.10%

E 4.20%

問6 1年後のスポット・レート・カーブが現在とまったく同じであったとした
とき、いま残存4年の割引国債（利回り5.10%）に投資した場合の1年間の

135

保有期間利回りは何%ですか。

A 3.00%
B 5.10%
C 5.76%
D 5.81%
E 6.92%

問7 1年後のスポット・レート・カーブが現在のスポット・レート・カーブから予想されるとおりに（表の1年後スタートのt年物フォワード・レートのように）なったとしたとき、いま残存4年の割引国債に投資した場合の1年間の保有期間利回りは何%になりますか。

A 3.00%
B 5.10%
C 5.76%
D 5.81%
E 6.92%

問8 いま額面100円、利払いは年1回でクーポン・レート4%、残存4年の利付国債がある。表の金利の下では価格はいくらですか。

A 96.15円
B 96.32円
C 96.50円
D 96.72円
E 97.04円

| 問1 D | 問2 E | 問3 E | 問4 D | 問5 C | 問6 E |
| 問7 A | 問8 B |

第 2 章　債券分析

> **解　説**

金利期間構造は以下の通り。

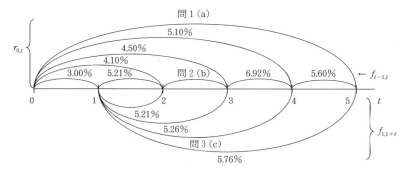

ただし、$r_{0,t}$：t年物スポット・レート、$f_{t-1,t}$：$t-1$年後スタートの1年物フォワード・レート、$f_{1,1+t}$：1年後スタートのt年物フォワード・レート。

問1　スポット・レート

$$(1+r_{0,5})^5 = (1+r_{0,4})^4(1+f_{4,5}) \Leftrightarrow 1+r_{0,5} = \sqrt[5]{(1+r_{0,4})^4(1+f_{4,5})}$$

$$r_{0,5} = \sqrt[5]{(1+r_{0,4})^4(1+f_{4,5})} - 1 = \sqrt[5]{(1+0.051)^4(1+0.056)} - 1$$

$$= 0.051998\ldots \approx 5.20\%$$

関数電卓であれば比較的容易であろう。1次レベルは選択式なので、一般の電卓でも試行錯誤（trial and error）方式で解答可能である。とりあえず、

$$(1+r_{0,5})^5 = (1+r_{0,4})^4(1+f_{4,5}) = (1+0.051)^4(1+0.056) = 1.28847\ldots$$

と計算しておく。五択なので真ん中のC：5.10%あたりを$r_{0,5}$に代入してみる（trial-1）。

$$(1+0.051)^5 = 1.28237\ldots$$

これは1.28847…より小さい（error）ので、D：5.20%を代入してみる（trial-2）。

$$(1+0.052)^5 = 1.28848\ldots$$

ほぼ1.28847…に一致するのでDが正解。

問2　フォワード・レート

$$(1+r_{0,3})^3 = (1+r_{0,2})^2(1+f_{2,3}) \Leftrightarrow 1+f_{2,3} = \frac{(1+r_{0,3})^3}{(1+r_{0,2})^2}$$

$$f_{2,3} = \frac{(1+r_{0,3})^3}{(1+r_{0,2})^2} - 1 = \frac{(1+0.045)^3}{(1+0.041)^2} - 1 = 0.053046\ldots \approx 5.30\%$$

問3　フォワード・レート

$$(1+r_{0,4})^4 = (1+r_{0,1})(1+f_{1,4})^3 \Leftrightarrow 1+f_{1,4} = \sqrt[3]{\frac{(1+r_{0,4})^4}{(1+r_{0,1})}}$$

$$f_{1,4} = \sqrt[3]{\frac{(1+r_{0,4})^4}{(1+r_{0,1})}} - 1 = \sqrt[3]{\frac{(1+0.051)^4}{1+0.03}} - 1 = 0.058094\ldots \approx 5.81\%$$

　この問題も関数電卓であれば比較的容易だが、一般の電卓の場合、試行錯誤（trial and error）方式で処理する。とりあえず、

$$(1+f_{1,4})^3 = \frac{(1+r_{0,4})^4}{(1+r_{0,1})} = \frac{(1+0.051)^4}{1+0.03} = 1.184605\ldots$$

と計算しておく。やはり五択なので真ん中のC：5.61%あたりを$f_{1,4}$に代入してみる（trial-1）。

$$(1+0.0561)^3 = 1.17791\ldots$$

　これは1.184605…より小さい（error）ので、D：5.71%を代入してみる（trial-2）。

$$(1+0.0571)^3 = 1.18126\ldots$$

　これでもなお小さいので、5.71%よりも大きい値の選択肢となるとE：5.81%しかなく、出題ミスでもない限りこれが正解のはず。念のため確認すると、

$$(1+0.0581)^3 = 1.18462\ldots$$

大体合っている。

問4　スポット・レート＝割引債の（複利）最終利回り

　スポット・レートは（リスクのない）割引債の最終利回りである。

$$P_4 = \frac{F}{(1+r_{0,4})^4} = \frac{100}{(1+0.051)^4} = 81.95758\ldots \approx 81.96$$

第 2 章　債券分析

問 5　パー・イールド

　パー・イールドなので債券価格＝額面（＝100）、最終利回り＝クーポン・レート。2年物なので、クーポンをC、最終利回りをyとすると以下の関係が成り立つ。

$$100 = \frac{C}{1+y} + \frac{C+100}{(1+y)^2} = \frac{C}{1+r_{0,1}} + \frac{C+100}{(1+r_{0,2})^2} \Leftrightarrow$$

$$100 = \frac{C}{1+0.03} + \frac{C+100}{(1+0.041)^2}$$

$$100 \times (1+0.03) \times (1+0.041)^2 = (1+0.041)^2 \times C + (1+0.03) \times (C+100)$$

$$111.619143 = 1.083681C + 1.03C + 103$$

$$2.113681C = 8.619143$$

$$C = 4.077787\ldots \approx 4.08$$

$$\frac{C}{100} = \frac{4.08}{100} = 4.08\%$$

パー・イールドの公式に代入すると以下のようになる。

$$C = \frac{1 - \dfrac{1}{(1+r_{0,2})^2}}{\dfrac{1}{1+r_{0,1}} + \dfrac{1}{(1+r_{0,2})^2}} = \frac{1 - \dfrac{1}{(1+0.041)^2}}{\dfrac{1}{1+0.03} + \dfrac{1}{(1+0.041)^2}}$$

$$= 0.04077787\ldots \approx 4.08\%$$

問 6　保有期間利回り

　現在の残存 4 年割引国債は 1 年後には残存 3 年になっている。1 年後のスポット・レート・カーブが現在と同じであれば、この割引国債の利回りは現在の 3 年物スポット・レートである。したがって、1 年間の保有期間利回りrは以下のように現在の 3 年後スタート 4 年後エンドの 1 年物フォワード・レートであり、計算するまでもなく図表から6.92％となる。

$$r = \frac{P_3 - P_4}{P_4} = \frac{P_3}{P_4} - 1 = \frac{\dfrac{F}{(1+r_{0,3})^3}}{\dfrac{F}{(1+r_{0,4})^4}} - 1 = \frac{(1+r_{0,4})^4}{(1+r_{0,3})^3} - 1$$

139

$$= (1+f_{3,4})-1 = f_{3,4} = 6.92\%$$

$$\frac{1.051^4}{1.045^3}-1 = 0.069207\ldots \approx 6.92\%$$

ただし、P_4：現在の残存 4 年割引国債の価格、

P_3：1 年後の残存 3 年割引国債の価格、F：額面。

問 7　保有期間利回り

　　　現在の残存 4 年割引国債は 1 年後には残存 3 年になっており、1 年後の利回りは 1 年後の 3 年物スポット・レートである。題意から、1 年後の 3 年物スポット・レートは現在の 1 年後スタート 3 年物フォワード・レート（$f_{1,4}$）である（純粋期待仮説の予想が実現する）。したがって、1 年間の保有期間利回りrは以下のように現在の 1 年物スポット・レートであり、計算するまでもなく図表から3.00%となる。

$$1+r = \frac{P_3}{P_4} = \frac{\dfrac{F}{(1+f_{1,4})^3}}{\dfrac{F}{(1+r_{0,4})^4}} = \frac{(1+r_{0,4})^4}{(1+f_{1,4})^3} \Leftrightarrow$$

$$(1+r_{0,4})^4 = (1+r)(1+f_{1,4})^3$$

$$\therefore r = r_{0,1} = 3.00\%$$

$$\frac{1.0510^4}{1.0581^3}-1 = 0.029984\ldots \approx 3.00\%$$

問 8　スポット・レートを用いた利付債の価格計算

$$P = \sum_{t=1}^{N} \frac{C}{(1+r_{0,t})^t} + \frac{F}{(1+r_{0,N})^N}$$

$$= \frac{C}{1+r_{0,1}} + \frac{C}{(1+r_{0,2})^2} + \frac{C}{(1+r_{0,3})^3} + \frac{C+F}{(1+r_{0,4})^4}$$

$$= \frac{4}{1+0.03} + \frac{4}{(1+0.041)^2} + \frac{4}{(1+0.045)^3} + \frac{104}{(1+0.051)^4}$$

$$= 96.31568\ldots \approx 96.32$$

第 2 章 債券分析

5 リスクと格付け

Point ① 債券投資のリスク

　投資家にとっての債券投資に伴うリスクは、主に次の 5 つがあげられる（本節では中でも重要な信用リスクに焦点を当て整理する）。

※ 債券投資に伴うリスク

(1) 金 利 リ ス ク：金利の変動により、債券価格が変動する危険性。特に、金利上昇により債券価格が下落する危険性。

(2) 再 投 資 リ ス ク：利付債に投資した場合、クーポンの再投資の際の利子率が不確実であることから、債券投資の将来価値を確定できない危険性。

(3) 途中償還リスク：コーラブル債がその発行体によって任意償還される場合等、将来受け取るキャッシュフローのスケジュールが変動する危険性。

　　　　　　　　　注）任意償還条項の付いた債券を**コーラブル債**という。金利が低下すると発行体は有利な条件で再調達が可能となるためコーラブル債を満期以前に繰上償還し、借り換えを行う可能性が高まる。

(4) 信 用 リ ス ク：債券の発行体がデフォルト（債務不履行）に陥る危険性。
　（デフォルト・リスク）　広い意味では、デフォルトの確率が高まることにより債券価格が下落する危険性。

(5) 流 動 性 リ ス ク：対象債券が活発に取引されていないために、その債券を大量に売買しようとすると、「買い」によって価格が上昇する、あるいは「売り」によって価格が下落する危険性。

Point ② デフォルト・リスクのある社債の評価

　社債は企業が発行する債券であり、国が発行する国債と異なり、投資家は元本ないしクーポンの支払を約定通り受けられないことが起こり得る。そこで、社債の価格評価においては、信用リスクとしてデフォルトを考慮することが必要である。

141

ここに残存期間1年の額面100円の割引社債があり、デフォルトしない場合は額面全額、デフォルトした場合にはϕ円が償還される（すなわちデフォルトした場合の回収率はϕ％）とする。市場がみているデフォルト率をqとすると、1年後の満期における償還額は

	償還額		確率
デフォルトしない場合：	100	…	$1-q$
デフォルトした場合：	ϕ	…	q

となり、1年後の満期における社債価値の期待値は

$$(1-q)\times100+q\times\phi$$

である。市場参加者がリスク中立的であると仮定すると、この割引社債の理論価格Pは、満期における社債価値の期待値を国債の1年物スポットレートr_1で現在に割り引いて、

$$P=\frac{(1-q)\times100+q\times\phi}{1+r_1}$$

と求めることができる。

Point ③　信用リスクと社債格付け

　格付けとは、債券の元本の償還やクーポンの支払いが約定通りに行われない危険性（信用リスク）を、中立的な第三者の立場から正確な情報に基づき評価したものである。

<代表的な格付け機関>
日本　…格付投資情報センター（R&I）、日本格付研究所（JCR）
海外　…ムーディーズ（Moody's）、スタンダード＆プアーズ（S&P）

　格付け機関の格付け体系として、一般に最上の格付けをAAA、次いでAA、A、BBB、BB、B、CCC、…（ただしMoody'sは最上の格付をAaa、次いでAa、A、Baa、Ba、B、Caa…）で表示され、投資家に情報提供されている。うちAA以下の格付けについては、それぞれさらに上位から順に"＋"、"（符号なし）"、"－"

第 2 章　債券分析

のノッチ符号で細分化されている（ただし、Moody'sは、うちAaからCaaまでの格付けについて、それぞれさらに上位から順に"1"、"2"、"3"のノッチ符号で細分化されている。）また、BBB格以上の高格付けを"投資適格"、逆にBB格以下の低格付けを"投機的等級"と呼ぶ。

格付け機関の格付け体系

	R&I、JCR、S&P	Moody's
投資適格	AAA	Aaa
	AA	Aa
	A	A
	BBB	Baa
投機的等級	BB	Ba
	B	B
	…	…

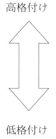

高格付け

低格付け

　債券の格付けごとに実際に信用リスクがどれだけ顕在化したか、過去のデフォルト率データが海外の格付け機関から公表されている。一般に、格付けが低くなるにつれて債券のデフォルト率は高くなる。デフォルト率は、格付を付与していた発行体数に対するデフォルトに陥った発行体数の比率であり、通常、分子のデフォルトした発行体数には一定期間中の累積値が用いられるので累積デフォルト率と呼ばれる。

世界の平均累積デフォルト率（1990～2010年）

格付 ＼ 年後	1	2	3	4	5	6	7	8	9	10
Aaa	0.00%	0.02%	0.02%	0.02%	0.02%	0.02%	0.02%	0.02%	0.02%	0.02%
Aa	0.02%	0.04%	0.07%	0.11%	0.16%	0.21%	0.23%	0.25%	0.26%	0.31%
A	0.07%	0.19%	0.34%	0.50%	0.70%	0.93%	1.19%	1.51%	1.85%	2.18%
Baa	0.20%	0.52%	0.89%	1.31%	1.80%	2.34%	2.86%	3.41%	4.03%	4.78%
Ba	0.93%	2.54%	4.50%	6.70%	8.60%	10.58%	12.37%	14.18%	16.28%	18.47%
B	4.05%	9.72%	15.47%	20.52%	25.16%	29.63%	34.04%	37.98%	41.53%	44.64%
Caa-C	17.84%	29.85%	39.51%	47.31%	53.92%	58.23%	61.28%	64.63%	68.43%	73.42%
投資適格等級	0.10%	0.26%	0.45%	0.65%	0.90%	1.17%	1.44%	1.74%	2.07%	2.42%
投機的等級	4.95%	10.03%	14.85%	19.07%	22.73%	26.03%	29.04%	31.78%	34.42%	36.88%
全格付	1.84%	3.68%	5.37%	6.77%	7.97%	9.01%	9.93%	10.76%	11.55%	12.30%

（出所）ムーディーズ「スペシャル・コメント：日本の発行体におけるデフォルト率と格付け推移 1990－2010年」（2011年8月16日）

　格付けは、債券の発行条件や流通利回りに大きな影響を及ぼす。一般に、格付けの低い社債ほど利回りが高い（すなわち格付けの低い社債ほど、国債との利回りの差である利回りスプレッドが高い）。

　また、社債の国債に対する利回りスプレッドについては、景気の悪い時ほど投資家の信用リスクに対する回避度の高まりを受けて拡大する傾向がある。なお、利回りスプレッドは当該社債のデフォルト率だけでなく、債券市場の需給などさまざまな要因によって決まる。

例題10　《2013（春）.4.Ⅰ.4》
　債券投資のリスクに関する次の記述のうち、<u>正しくないもの</u>はどれか。

A　金利が上昇すると一般に債券価格は下落する。

B　格付の高い債券ほどデフォルトリスクが大きい。

C　取引があまり活発でない債券を大量に売却しようとすると、価格が下落するリスクがある。

D　コーラブル債は金利が低下するほど期限前に償還されるリスクが大きくなる。

第2章　債券分析

解答 ▶ B

解説

A　正しい。
B　正しくない。**格付の高い債券ほどデフォルトリスクは小さい。**
C　正しい。
D　正しい。

例題11　《2013（春）. 4. I. 6》
信用格付に関する次の記述のうち、正しくないものはどれですか。

A　格付会社は信用格付の正確性を示すために、過去の格付別のデフォルト率を公表している。
B　格付会社が公表する過去20年間の実績に基づく格付別平均累積デフォルト率を見ると、投資適格等級と投機的等級のデフォルト率に大きな差があることがわかる。
C　格付会社が公表する過去20年間の実績に基づく格付別平均累積デフォルト率を見ると、日本の発行体の平均累積デフォルト率は世界より高いことがわかる。
D　低格付債（BBBもしくはBaa以下）における格付間の金利スプレッド差は、高格付債（A以上）におけるそれより大きい。

解答 ▶ C

> 解　説

　A　正しい。

　B　正しい。

　C　正しくない。日本の発行体の平均累積デフォルト率は、世界の発行体よりも低い。

　D　正しい。

Point ④　財務上の特約

　財務上の特約は、債券の発行体が債券の購入者（社債権者）に対して、社債の元利金の償還を確実にするために、既発行債券に不利になるような発行機関の行動の未然防止する一定の約束事である。

　財務上の特約には次のようなものがある。

種類	特約の内容
担保提供制限	当該社債が平等かつ比例的に担保されない限り、現在および将来発行される他の債券に対して抵当権その他の担保物権の設定を禁止する。
純資産額維持	債権者の権利を担保するため純資産（自己資本）を社債発行時の一定比率に維持することを約束する。
配当制限	債権者の最終担保である自己資本が過度の配当支払い等により損なわれることを防止する。
利益維持	発行体の持つ債務返済能力を収益性の観点から確保するため、一定の利益水準の確保を義務付ける。
追加債務負担制限	債務負担追加による社債権者の地位の希薄化、および発行体の財務内容の弱体化を防止するため、債務の増加を制限する。
セール・アンド・リースバック取引制限	既存の営業施設等を売却し、同時に買い主から長期間リースを受けるという取引を制限することにより、賃借料支払い債務が財務状態を脆弱化させ、社債の安全性を損なうことを防ぐ。
担付切替	担保提供制限条項やその他の財務上の特約に違背し、期限の利益を喪失することを防ぐため、担保附社債信託法に基づく担保権を設定できるようにする。
クロス・デフォルト	発行企業の他の債務がデフォルトになった場合、当該社債もデフォルトになり、直ちに期限の利益を失う。

第 2 章　債券分析

注）期限の利益とは、期限が到来するまで債務の履行を請求されない、あるいは権利を失わない等、期限がまだ到来しないことで当事者が受ける利益のことである。期限の利益は債務者側にあると推定される（民法第136条第1項）が、債務者の破産、担保の滅損・減少など債務者の信用を失わせる事実があったときは、債務者は期限の利益を喪失し（同137条）、債務を履行しなければならない。

例題12

《2010（春）．4．Ⅰ．4》

債券格付けに関する次の記述のうち、正しくないものはどれですか。

A　格付会社は、格付記号の定義をそれぞれ独自に決めており、さらにその定義を必要に応じて変更することがある。
B　格付会社は、日本の発行体について金融庁が定義するデフォルトの定義にしたがって、毎年格付けごとのデフォルト率を作成し、公表している。
C　近年のわが国社債市場における国債との利回り格差（スプレッド）を見ると、BBB格ではスプレッドが上位格付けと比べて大きく、またその変動も大きい。
D　財務上の特約は、債券の発行体が債券の購入者に対して、社債の元利金の償還を確実にするために行う一定の約束事であり、債券格付けに反映される。

解答　B

解説

A　正しい。
B　正しくない。**格付会社はそれぞれデフォルトを定義している。**
C　正しい。
D　正しい。

例題13 いま、残存期間2年の割引社債の利回りが3％、国債の2年物スポットレートが1％である。また、この割引社債がデフォルトした場合、満期の償還額は額面（100円）の40％と推定されている。

問1　この割引社債の現在の価格を計算せよ。

問2　市場はこの割引社債が満期までの間にデフォルトに陥る確率をいくらと評価しているか求めよ。ただし、市場に参加している投資家は全てリスク中立であるとする。

解答　問1　94.26円　　問2　6.41％

解　説

問1　この割引社債の現在の理論価格を P とすると、P は約定の償還額100円を利回り3％で割り引いて計算すればよい。

$$P = \frac{100}{(1+0.03)^2} = 94.259\ldots \approx 94.26 \text{円}$$

問2　投資家は全てリスク中立であるから、割引社債の現在の理論価格 P は満期における償還額の期待値をスポットレートで割り引いた割引現在価値である。割引社債の満期までのデフォルト率を q とすれば、

$$P = \frac{(1-q)\times100 + q\times40}{(1+0.01)^2}$$

である。これと問1の結果により、

$$\frac{(1-q)\times100 + q\times40}{(1+0.01)^2} = 94.26$$

$$\therefore q = 0.06408\ldots \approx 6.41\%$$

第 2 章　債券分析

|例題14| **問1**　国債市場におけるスポット・イールド・カーブ（デフォルト
のない割引債の利回り曲線）が、現在、次の表のようであった
とする。

〈表〉

年　限	最終利回り（％）
1	2.25
2	3.05
3	3.65

　2年後に満期を迎える社債X（割引債：額面100円）がある。この社債が満期
時にデフォルトとなる可能性は5％、デフォルトに陥ったときの額面の回収率は
80％と予想されている。この債券とデフォルトのない割引債との利回りの格差
（イールド・スプレッド）はいくらになるか。ただし、市場に参加するすべての
投資家はリスク中立的とする。

A　3.57％

B　1.32％

C　0.08％

D　0.52％

問2　いま、国債のスポットレートが1年物1.0％、2年物2.0％であったとして、
今後2年間の各1年当たりのデフォルト確率が1.0％と予想される企業がクー
ポン3％（年1回払い）、額面100円の2年物社債を発行したとしたらいく
らになるか。なおデフォルトしたときの各年の回収額はないものとする。ま
た、市場に参加している投資家はすべてリスク中立的である。

解答　▶　　**問1　D　　問2　99.97円**

149

解 説

問1 社債Xの償還価格の期待値は

$0.95 \times 100 + 0.05 \times 80 = 99$円

償還価格の期待値を基準として社債Xの現在の価格を求める。

$$\frac{99}{1.0305^2} \approx 93.23円$$

社債Xの利回りを計算すると

$$93.23 = \frac{100}{(1+y)^2}$$

$$y \approx 3.57\%$$

利回り格差は

$3.57 - 3.05 = 0.52\%$

問2 各年のキャッシュ・フローの期待値を求め、これをスポットレートで現在価値に割り引いて社債価格を計算すればよい。なお、各年のデフォルト確率は累積確率により次のように考えればよい。

● 1年目にデフォルトにならず、クーポンが支払われる確率：99.0%

● 1年目にデフォルトになる確率：1.0%

● 2年目にデフォルトにならず、債券が償還される確率：98.01%
（累積確率を求める。0.99×0.99＝0.9801）

● 2年目にデフォルトになる確率：0.99%（＝0.99－0.9801あるいは0.99×0.01）

次に各年のキャッシュ・フローの期待値を求める。

（1年目）　$0.99 \times 3 + 0.01 \times 0 = 2.97$

（2年目）　$0.9801 \times 103 + 0.0099 \times 0 = 100.9503$

価格 P は

$$P = \frac{2.97}{1.01} + \frac{100.9503}{1.02^2} \approx 99.97円$$

第2章 債券分析

例題15 《2009（春）.4.Ⅰ.7》

いまＸ社は年1回利払いで、残存年数2年の社債をパーで発行しようとしている。この社債の累積デフォルト率は1年で1％、2年で3％、デフォルトしたときの回収率はゼロと予想されている。リスクフリー・レート（スポットレート）は期間1年物、期間2年物とも3.0％であり、投資家はリスク中立的であったとしたとき、この社債の最終利回りは何％になりますか。

A 3.05％
B 3.53％
C 4.05％
D 4.57％
E 5.10％

解答 ▶ D

解 説

この社債のキャッシュフローは、以下のようなラティスにプロットすることができる。

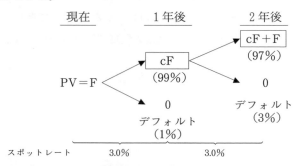

パー発行なので、債券価格＝額面⇔クーポン・レート＝最終利回り。この社債の発行価格（PV）は額面（F）に等しく、発行利回りはクーポン・レート（c）に等しい。この社債の利回りを求めたいので、以下の式からcについて計算すればよい。

$$F = \frac{0.99 \times cF}{1+0.03} + \frac{0.97 \times (cF+F)}{(1+0.03)^2}$$
$$1.03^2 F = (1.03 \times 0.99 \times cF) + (0.97 \times cF + 0.97 \times F)$$
$$1.03^2 = (1.03 \times 0.99 \times c) + (0.97 \times c + 0.97)$$
$$c = 0.045685\ldots$$
$$\approx 4.57\%$$

6　債券価格の変動

Point ① 債券価格と利回りの関係

図2－6－1　債券価格と利回り

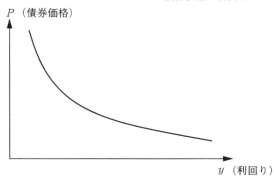

利回り $y\uparrow$ ⇒ 債券価格 $P\downarrow$

利回り $y\downarrow$ ⇒ 債券価格 $P\uparrow$

●他の条件が等しいとき、利回り変化に対して…

　　クーポン・レートが高いほど ⇒ 債券価格の変化率が小さい
　　　　　　　　　　　　（ただし変化額は大きい）

　　クーポン・レートが低いほど ⇒ 債券価格の変化率が大きい
　　　　　　　　　　　　（ただし変化額は小さい）

●他の条件が等しいとき、利回り変化に対して…

　　残存期間が長いほど ⇒ 債券価格の変化が大きい

　　残存期間が短いほど ⇒ 債券価格の変化が小さい

Point ② 債券価格と残存期間の関係

●クーポン・レート ＞ 利回り

　　　　残存期間が長いほど ⇒ 債券価格は高くなる

●クーポン・レート ＝ 利回り（パー・イールド）

　　　　残存期間が変化しても ⇒ 債券価格は変化しない

　　　　　　　債券価格 ＝ 償還価格

●クーポン・レート ＜ 利回り

　　　　残存期間が長いほど ⇒ 債券価格は低くなる

第2章 債券分析

7 デュレーションとコンベクシティ

Point ① マコーレー・デュレーション（D_{mac}：Macaulay Duration）

［意味］

・投資の平均回収期間：債券価格（投資額）を回収するために要する期間を示す尺度

・利回り変化に対する債券価格の弾力性

［前提］

1）イールド・カーブは水平である

2）イールド・カーブの変化は常にパラレルシフトである

3）イールド・カーブのシフトは1度だけである

4）債券価格の変化は金利の変化に対して直線的に起こる

利付債	$D_{mac} = \dfrac{\dfrac{1 \times C}{1+y} + \dfrac{2 \times C}{(1+y)^2} + \cdots + \dfrac{n \times (C+F)}{(1+y)^n}}{P}$ $= \dfrac{\displaystyle\sum_{t=1}^{n} \dfrac{tC}{(1+y)^t} + \dfrac{nF}{(1+y)^n}}{P}$
割引債	$D_{mac} = \dfrac{\dfrac{nF}{(1+y)^n}}{P} = n$

デュレーションの性質

①割引債のマコーレー・デュレーションは残存年数に等しい

②利付債のマコーレー・デュレーションは残存年数以下である

③他の条件が等しい場合には残存年数が長いほどデュレーションは大きい

④他の条件が等しい場合にはクーポン・レートが低いほどデュレーションは大きい

⑤他の条件が等しい場合には満期利回りが低いほどデュレーションは大きい

155

Point ② 利回り変化と債券価格の関係──デュレーションによる近似──

$$\frac{\Delta P}{P} \fallingdotseq -D_{mac} \times \frac{\Delta y}{1+y}$$

図2－7－1　利回り変化と債券価格（デュレーションによる近似）

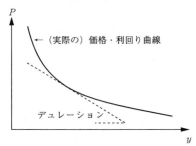

　デュレーション（厳密には金額デュレーション＝D_{mod}×債券価格）は価格・利回り曲線へ引いた接線の傾きに関連する数値であり、この曲線をある利回りにおいて線形近似させたものに対応する。

　利回りと債券価格は反対方向に動く関係にあるから、利回りが上昇すると債券価格は下落し、利回りが低下すると債券価格は上昇する。またデュレーションが大きいほど利回り変化に対する債券価格の変化の程度は大きい。したがって、投資に際して有利な債券とは利回り上昇時にはデュレーションの小さな債券、利回り低下時にはデュレーションの大きな債券ということになる。

Point ③ 修正デュレーション（D_{mod}）

$$D_{mod} = \frac{D_{mac}}{1+y}$$

これから、利回り変化と債券価格の関係は

$$\boxed{\frac{\Delta P}{P} \fallingdotseq -D_{mod} \times \Delta y}$$

で表される。

　この式からも分かるように、修正デュレーションは実際に利回りが1％変化した場合に債券価格が何％変化を示す数値である。

第2章　債券分析

Point ④　イミュニゼーション（Immunization）

　パッシブ戦略のひとつで、債券ポートフォリオの価値を金利変化の影響から**免疫化（Immunize）**させる戦略である。投資計画期間とデュレーションが一致するように債券ポートフォリオを構築する。

- ・金利上昇の場合⇒キャピタルロスを再投資収益の増加で相殺
- ・金利低下の場合⇒再投資収益の減少をキャピタルゲインで相殺

　以上のように、ポートフォリオの価値は金利変化の影響を受けることなく一定となり、利回りを確定させることができる。

　しかし、こうしたイミュニゼーション戦略は以下のような理由から必ずしもうまく機能しない。

- ・デュレーションはイールド・カーブが水平でパラレルシフトすることを前提としているが、利回りの期間構造でみたように現実にはこの仮定は無理がある。
- ・債券にはデフォルト・リスクや繰上償還リスク等もあり、これらのリスクが発生した場合にはイミュニゼーションは機能しない。

Point ⑤　コンベクシティ（*BC*：Bond Convexity）

　デュレーションは利回り変化に伴う債券価格の変化を線形近似させたものであるため、利回り水準の大きな変動に対しては有効性が落ちる（誤差が大きい）。そこで実際の債券価格の曲がり具合を考慮したコンベクシティを加え、推定精度を上げる（誤差を縮める）。

利付債	$BC = \dfrac{\displaystyle\sum_{t=1}^{n} \dfrac{t(t+1)C}{(1+y)^t} + \dfrac{n(n+1)F}{(1+y)^n}}{P} \times \dfrac{1}{(1+y)^2}$
割引債	$BC = \dfrac{\dfrac{n(n+1)F}{(1+y)^n}}{P} \times \dfrac{1}{(1+y)^2} = n(n+1) \times \dfrac{1}{(1+y)^2}$

Point 6 利回り変化と債券価格の関係
―― デュレーション・コンベクシティによる近似 ――

$$\frac{\Delta P}{P} \fallingdotseq -D_{mac} \times \frac{\Delta y}{1+y} + \frac{1}{2} \times BC \times (\Delta y)^2 = -D_{mod} \times \Delta y + \frac{1}{2} \times BC \times (\Delta y)^2$$

図2-7-2 利回り変化と債券価格（デュレーション・コンベクシティによる近似）

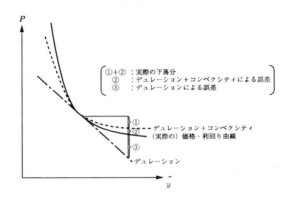

 以上よりデュレーションが同じであれば、コンベクシティの大きい債券の方が有利といわれている。

例題16

次のような2種類の債券があり、現在、どちらも複利最終利回り4.00％で取引されている。以下の設問に解答せよ。

	債券A	債券B
額面	100.00円	100.00円
クーポン・レート	6.00％	5.00％
利払い	年1回	年1回
残存期間	3年	4年
市場価格	？？	？？
マコーレー・デュレーション	？？	？？

問1　債券A、Bの市場価格を計算せよ。

問2　債券A、Bのマコーレー・デュレーションを計算せよ。

問3　デュレーションを使って、利回りが3.00％に下落した場合の債券A、Bの市場価格および価格変化率を計算せよ。

第 2 章　債券分析

問4　債券A、Bのコンベクシティを計算せよ。

問5　デュレーションとコンベクシティを使って、利回りが3.00%に下落した場合の債券A、Bの市場価格および価格変化率を計算せよ。

問6　金利は先行き低下すると予想されている。以上の計算結果から、どちらの債券に投資するのが有利と考えられるか。

解答　▶

問1　債券A　　105.55円　　　　債券B　　　103.63円

問2　債券A　　2.84年　　　　　債券B　　　3.73年

問3　市場価格：債券A　108.43円　　　債券B　107.35円

　　　価格変化率：債券A　＋2.73%　　　債券B　＋3.59%

問4　債券A　　10.30　　　　　　債券B　　16.82

問5　市場価格：債券A　　108.48円　　　債券B　107.43円

　　　価格変化率：債券A　＋2.78%　　　　債券B　＋3.67%

問6　債券B

解　説

問1　債券A　$P_A = \dfrac{6}{1.04} + \dfrac{6}{1.04^2} + \dfrac{106}{1.04^3} = 105.5501\cdots$

　　　　　　≈ 105.55円

　　　債券B　$P_B = \dfrac{5}{1.04} + \dfrac{5}{1.04^2} + \dfrac{5}{1.04^3} + \dfrac{105}{1.04^4} = 103.6298\cdots$

　　　　　　≈ 103.63円

問2　$D_{mac} = \dfrac{\displaystyle\sum_{t=1}^{n} \dfrac{tC}{(1+y)^t} + \dfrac{nF}{(1+y)^n}}{P}$

　　　債券A　$D_A = \dfrac{\dfrac{1\times6}{1.04} + \dfrac{2\times6}{1.04^2} + \dfrac{3\times106}{1.04^3}}{105.55} = 2.83813\cdots$

　　　　　　≈ 2.84年

159

債券B　$D_B = \dfrac{\dfrac{1 \times 5}{1.04} + \dfrac{2 \times 5}{1.04^2} + \dfrac{3 \times 5}{1.04^3} + \dfrac{4 \times 105}{1.04^4}}{103.63} = 3.72870\cdots$

≈ 3.73年

問3　$\dfrac{\Delta P}{P} = -D_{mac} \times \dfrac{\Delta y}{1+y}$

債券A　$\dfrac{\Delta P_A}{P_A} = -2.84 \times \dfrac{-0.01}{1+0.04} = +0.027307\cdots$

$\approx +2.73\%$

$P_A = 105.55 \times (1+0.0273) = 108.4315\cdots$

≈ 108.43円

債券B　$\dfrac{\Delta P_B}{P_B} = -3.73 \times \dfrac{-0.01}{1+0.04} = +0.035865\cdots$

$\approx +3.59\%$

$P_B = 103.63 \times (1+0.0359) = 107.3503\cdots$

≈ 107.35円

問4
$$BC = \dfrac{\displaystyle\sum_{t=1}^{n} \dfrac{t(t+1)C}{(1+y)^t} + \dfrac{n(n+1)F}{(1+y)^n}}{P} \times \dfrac{1}{(1+y)^2}$$

債券A　$BC_A = \dfrac{\dfrac{1 \times (1+1) \times 6}{1.04} + \dfrac{2 \times (2+1) \times 6}{1.04^2} + \dfrac{3 \times (3+1) \times 106}{1.04^3}}{105.55}$

$\times \dfrac{1}{1.04^2}$

$= 10.2977\cdots$

≈ 10.30

第 2 章　債券分析

債券B　$BC_B = \dfrac{\dfrac{1\times2\times5}{1.04}+\dfrac{2\times3\times5}{1.04^2}+\dfrac{3\times4\times5}{1.04^3}+\dfrac{4\times5\times105}{1.04^4}}{103.63}\times\dfrac{1}{1.04^2}$

$= 16.82437$

≈ 16.82

問5　$\dfrac{\Delta P}{P} = -D_{mac}\times\dfrac{\Delta y}{1+y}+\dfrac{1}{2}\times BC\times\Delta y^2$

債券A　$\dfrac{\Delta P_A}{P_A} = -2.84\times\dfrac{-0.01}{1+0.04}+\dfrac{1}{2}\times10.30\times(-0.01)^2$

$\approx +0.027307+0.000515 = +0.027822$

$\approx +2.78\%$

$P_A = 105.55\times(1+0.0278) = 108.4842\cdots$

$\approx 108.48円$

債券B　$\dfrac{\Delta P_B}{P_B} = -3.73\times\dfrac{-0.01}{1+0.04}+\dfrac{1}{2}\times16.82\times(-0.01)^2$

$\approx +0.035865+0.000841 = +0.036706$

$\approx +3.67\%$

$P_B = 103.63\times(1+0.0367) = 107.4332\cdots$

$\approx 107.43円$

問6　債券価格と利回りは反対方向に動き、利回りが低下する局面では債券価格は上昇する。デュレーションは利回り変化に対する債券価格の弾力性を表し、利回り低下局面では、デュレーションの大きい債券の方がより大きなキャピタルゲインを得られるので有利である。利回り変化に対する債券価格の変化は曲線で描写されるが、デュレーションはこれを線形近似させているため、実際の債券価格を必ず過小評価してしまう。コンベクシティは曲線の曲がり具合を考慮したものであるため、デュレー

ションによる債券価格の誤差を調整している。したがって、デュレーションが同じであれば、コンベクシティの大きい債券の方が有利となる。債券Bの方がデュレーション、コンベクシティともに大きく、金利低下局面では債券Bが有利となる。

《2009（秋）. 4. I. 5》

例題17　クーポン2.00％、額面100円、残存期間10年、年1回利払いの債券の、現在の最終利回りは1.90％であり、債券価格等は図表1のように計算されている。これを前提にすると最終利回りがいま直ちに、1.80％に低下したときの債券価格の変化幅はいくらか。

図表1　債券のデータ

債券価格	最終利回り	修正デュレーション
100.903円	1.90％	8.996

A　－0.298円

B　－0.118円

C　　0.501円

D　　0.908円

E　　1.218円

解答　▶　D

162

第 2 章　債券分析

> 解　説

　図表 1 には修正デュレーションが与えられているので、以下の近似計算式から求める「債券価格の変化幅」なので、ΔPについて計算する。また利回り変化$\Delta y = 0.018 - 0.019$である。

$$\frac{\Delta P}{P} \approx -D_{mod} \times \Delta y$$

$$\Delta P \approx -D_{mod} \times \Delta y \times P$$

$$= -8.996 \times (0.018 - 0.019) \times 100.903$$

$$= 0.907723388$$

$$\approx 0.908$$

　ただし、P：債券価格、ΔP：債券価格の変化、

　　　　D_{mod}：修正デュレーション。

《2009（秋）. 4. I. 6》

例題18

　例題17の条件に加え、この債券のコンベクシティが図表 2 のように示されている。これを前提にすると最終利回りが現在の1.90%から、いま直ちに1.80%に低下したときの債券価格の変化幅は、コンベクシティの効果により例題17といくらの相違があるか。

図表 2　債券のデータ

債券価格	最終利回り	修正デュレーション	コンベクシティ
100.903円	1.90%	8.996	94.241

A　−0.00262円

B　−0.00185円

C　0.00475円

D　0.00908円

E　0.02118円

解答 ▶　C

解　説

デュレーション＆コンベクシティ（BC）による債券価格変化率の近似式は以下の通り。

$$\frac{\Delta P}{P} \approx -D_{mod} \times \Delta y + \frac{1}{2} \times BC \times (\Delta y)^2$$

「コンベクシティ効果」による相違は以下のように計算できる。

$$\left[\left\{-D_{mod} \times \Delta y + \frac{1}{2} \times BC \times (\Delta y)^2\right\} - \left(-D_{mod} \times \Delta y\right)\right] \times P$$

$$= \left\{\frac{1}{2} \times BC \times (\Delta y)^2\right\} \times P$$

$$= \left\{\frac{1}{2} \times 94.241 \times (0.018 - 0.019)^2\right\} \times 100.903$$

$$= 0.004754599\ldots$$

$$\approx 0.00475$$

例題19

《2017（春）. 4 . Ⅲ》

現在、以下の利付債（年 1 回利払い）が図表の条件で取引されている。いずれも利払い直後、価格は額面100円当たり、信用リスクはないものとする。

図表　債券の属性

銘柄	残存年数	クーポン（%）	価格（円）	複利最終利回り（%）	修正デュレーション	コンベクシティ
債券X	1年	0.30	100.05	0.25	0.998	1.990
債券Y	5年	0.50	97.48	1.02	4.900	29.004
債券Z	10年	1.20	98.88	1.32	9.356	99.746

164

第 2 章　債券分析

問 1　債券 X と債券 Z を組み合わせて、債券 Y と同じ修正デュレーションのポートフォリオ P を作ったとき、債券 X の投資比率はいくらですか。

A　35.6%

B　49.8%

C　53.3%

D　62.2%

E　70.6%

問 2　問 1 で作ったポートフォリオ P の複利最終利回りはいくらですか。

A　0.35%

B　0.50%

C　0.68%

D　0.75%

E　1.15%

問 3　問 1 で作ったポートフォリオ P のコンベクシティはいくらですか。

A　　3.995

B　29.004

C　47.642

D　68.005

E　72.152

問 4　問 1 で作ったポートフォリオ P と債券 Y のリターンに関する次の記述のうち、<u>正しくない</u>ものはどれですか。

A　すべての債券の利回りが直ちに同一幅で大きく上昇した場合には、ポートフォリオ P の方が債券 Y よりもリターン（価格変化率）が高くなる。

B　すべての債券の利回りが直ちに同一幅で大きく低下した場合には、ポートフォリオ P の方が債券 Y よりもリターン（価格変化率）が高くなる。

C　すべての債券の利回りが変化しないで 1 年経過した場合には、ポートフォリオ P の方が債券 Y よりもリターンが高くなる。

D　すべての債券の利回りが変化しないで 1 年経過した場合には、債券 Y の方がポートフォリオ P よりもリターンが高くなる。

165

解答 ▶　　問1　C　　問2　D　　問3　C　　問4　C

解　説

　　短期債と長期債だけ保有するポートフォリオをバーベル（ダンベル）型、保有債券の残存年限を1つに集中するポートフォリオをブレット型という。債券Xと債券ZのポートフォリオPはバーベル、債券Yのみはブレットである。通常の順イールドの場合、利回りはブレットが高く、コンベクシティはバーベルが大きくなる傾向にある。

問1　　$0.998 \times x + 9.356 \times (1-x) = 4.900$　　$x = 0.5331418... \approx 53.3\%$

問2　　$0.25\% \times 0.533 + 1.32\% \times (1-0.533) = 0.74969... \approx 0.75\%$

問3　　$1.990 \times 0.533 + 99.746 \times (1-0.533) = 47.642052... \approx 47.642$

問4　　金利シナリオとリターンの関係は以下の通り。

シナリオ①：すべての債券の利回りの水準が同じ幅で大きく変化する（選択肢A・B）

→修正デュレーションが同じなので利回りの上昇・低下にかかわらずコンベクシティの大きいポートフォリオPのリターンが高くなる。よって、AとBは正しい。

シナリオ②：すべての債券の利回りが変化しない（選択肢C・D）

→いずれの債券も現在の複利最終利回りがそのまま1年間のリターンとなる。

→現在の最終利回りの高い債券Yのリターンが高くなる。よって、Dは正しく、Cが「正しくない」。

第 2 章　債券分析

付 表 1　複 利 終 価 表

$$FVCF_{r,n} = (1+r)^n$$

年数 (n)	年 当 た り 利 率 (r)												
	1%	2%	3%	4%	5%	6%	7%	8%	9%	10%	12%	15%	20%
1	1.010	1.020	1.030	1.040	1.050	1.060	1.070	1.080	1.090	1.100	1.120	1.150	1.200
2	1.020	1.040	1.061	1.082	1.103	1.124	1.145	1.166	1.188	1.210	1.254	1.323	1.440
3	1.030	1.061	1.093	1.125	1.158	1.191	1.225	1.260	1.295	1.331	1.405	1.521	1.728
4	1.041	1.082	1.126	1.170	1.216	1.262	1.311	1.360	1.412	1.464	1.574	1.749	2.074
5	1.051	1.104	1.159	1.217	1.276	1.338	1.403	1.469	1.539	1.611	1.762	2.011	2.488
6	1.062	1.126	1.194	1.265	1.340	1.419	1.501	1.587	1.677	1.772	1.974	2.313	2.986
7	1.072	1.149	1.230	1.316	1.407	1.504	1.606	1.714	1.828	1.949	2.211	2.660	3.583
8	1.083	1.172	1.267	1.369	1.477	1.594	1.718	1.851	1.993	2.144	2.476	3.059	4.300
9	1.094	1.195	1.305	1.423	1.551	1.689	1.838	1.999	2.172	2.358	2.773	3.518	5.160
10	1.105	1.219	1.344	1.480	1.629	1.791	1.967	2.159	2.367	2.594	3.106	4.046	6.192
11	1.116	1.243	1.384	1.539	1.710	1.898	2.105	2.332	2.580	2.853	3.479	4.652	7.430
12	1.127	1.268	1.426	1.601	1.796	2.012	2.252	2.518	2.813	3.138	3.896	5.350	8.916
13	1.138	1.294	1.469	1.665	1.886	2.133	2.410	2.720	3.066	3.452	4.363	6.153	10.699
14	1.149	1.319	1.513	1.732	1.980	2.261	2.579	2.937	3.342	3.797	4.887	7.076	12.839
15	1.161	1.346	1.558	1.801	2.079	2.397	2.759	3.172	3.642	4.177	5.474	8.137	15.407
16	1.173	1.373	1.605	1.873	2.183	2.540	2.952	3.426	3.970	4.595	6.130	9.358	18.488
17	1.184	1.400	1.653	1.948	2.292	2.693	3.159	3.700	4.328	5.054	6.866	10.761	22.186
18	1.196	1.428	1.702	2.026	2.407	2.854	3.380	3.996	4.717	5.560	7.690	12.375	26.623
19	1.208	1.457	1.754	2.107	2.527	3.026	3.617	4.316	5.142	6.116	8.613	14.232	31.948
20	1.220	1.486	1.806	2.191	2.653	3.207	3.870	4.661	5.604	6.727	9.646	16.367	38.338
25	1.282	1.641	2.094	2.666	3.386	4.292	5.427	6.848	8.623	10.835	17.000	32.919	95.396
30	1.348	1.811	2.427	3.243	4.322	5.743	7.612	10.063	13.268	17.449	29.960	66.212	237.376

付 表 2　複 利 現 価 表

$$PVCF_{r,n} = (1+r)^{-n}$$

年数 (n)	年 当 た り 利 率 (r)												
	1%	2%	3%	4%	5%	6%	7%	8%	9%	10%	12%	15%	20%
1	0.990	0.980	0.971	0.962	0.952	0.943	0.935	0.926	0.917	0.909	0.893	0.870	0.833
2	0.980	0.961	0.943	0.925	0.907	0.890	0.873	0.857	0.842	0.826	0.797	0.756	0.694
3	0.971	0.942	0.915	0.889	0.864	0.840	0.816	0.794	0.772	0.751	0.712	0.658	0.579
4	0.961	0.924	0.888	0.855	0.823	0.792	0.763	0.735	0.708	0.683	0.636	0.572	0.482
5	0.951	0.906	0.863	0.822	0.784	0.747	0.713	0.681	0.650	0.621	0.567	0.497	0.402
6	0.942	0.888	0.837	0.790	0.746	0.705	0.666	0.630	0.596	0.564	0.507	0.432	0.335
7	0.933	0.871	0.813	0.760	0.711	0.665	0.623	0.583	0.547	0.513	0.452	0.376	0.279
8	0.923	0.853	0.789	0.731	0.677	0.627	0.582	0.540	0.502	0.467	0.404	0.327	0.233
9	0.914	0.837	0.766	0.703	0.645	0.592	0.544	0.500	0.460	0.424	0.361	0.284	0.194
10	0.905	0.820	0.744	0.676	0.614	0.558	0.508	0.463	0.422	0.386	0.322	0.247	0.162
11	0.896	0.804	0.722	0.650	0.585	0.527	0.475	0.429	0.388	0.350	0.287	0.215	0.135
12	0.887	0.788	0.701	0.625	0.557	0.497	0.444	0.397	0.356	0.319	0.257	0.187	0.112
13	0.879	0.773	0.681	0.601	0.530	0.469	0.415	0.368	0.326	0.290	0.229	0.163	0.093
14	0.870	0.758	0.661	0.577	0.505	0.442	0.388	0.340	0.299	0.263	0.205	0.141	0.078
15	0.861	0.743	0.642	0.555	0.481	0.417	0.362	0.315	0.275	0.239	0.183	0.123	0.065
16	0.853	0.728	0.623	0.534	0.458	0.394	0.339	0.292	0.252	0.218	0.163	0.107	0.054
17	0.844	0.714	0.605	0.513	0.436	0.371	0.317	0.270	0.231	0.198	0.146	0.093	0.045
18	0.836	0.700	0.587	0.494	0.416	0.350	0.296	0.250	0.212	0.180	0.130	0.081	0.038
19	0.828	0.686	0.570	0.475	0.396	0.331	0.277	0.232	0.194	0.164	0.116	0.070	0.031
20	0.820	0.673	0.554	0.456	0.377	0.312	0.258	0.215	0.178	0.149	0.104	0.061	0.026
25	0.780	0.610	0.478	0.375	0.295	0.233	0.184	0.146	0.116	0.092	0.059	0.030	0.010
30	0.742	0.552	0.412	0.308	0.231	0.174	0.131	0.099	0.075	0.057	0.033	0.015	0.004

付 表 3 年 金 終 価 表

$$FVAF_{r,n} = \frac{(1+r)^n - 1}{r}$$

年数 (n)	年 当 た り 利 率 (r)												
	1%	2%	3%	4%	5%	6%	7%	8%	9%	10%	12%	15%	20%
1	1.000	1.000	1.000	1.000	1.000	1.000	1.000	1.000	1.000	1.000	1.000	1.000	1.000
2	2.010	2.020	2.030	2.040	2.050	2.060	2.070	2.080	2.090	2.100	2.120	2.150	2.200
3	3.030	3.060	3.091	3.122	3.153	3.184	3.215	3.246	3.278	3.310	3.374	3.473	3.640
4	4.060	4.122	4.184	4.246	4.310	4.375	4.440	4.506	4.573	4.641	4.779	4.993	5.368
5	5.101	5.204	5.309	5.416	5.526	5.637	5.751	5.867	5.985	6.105	6.353	6.742	7.442
6	6.152	6.308	6.468	6.633	6.802	6.975	7.153	7.336	7.523	7.716	8.115	8.754	9.930
7	7.214	7.434	7.662	7.898	8.142	8.394	8.654	8.923	9.200	9.487	10.089	11.067	12.916
8	8.286	8.583	8.892	9.214	9.549	9.897	10.260	10.637	11.028	11.436	12.300	13.727	16.499
9	9.369	9.755	10.159	10.583	11.027	11.491	11.978	12.488	13.021	13.579	14.776	16.786	20.799
10	10.462	10.950	11.464	12.006	12.578	13.181	13.816	14.487	15.193	15.937	17.549	20.304	25.959
11	11.567	12.169	12.808	13.486	14.207	14.972	15.784	16.645	17.560	18.531	20.655	24.349	32.150
12	12.683	13.412	14.192	15.026	15.917	16.870	17.888	18.977	20.141	21.384	24.133	29.002	39.581
13	13.809	14.680	15.618	16.627	17.713	18.882	20.141	21.495	22.953	24.523	28.029	34.352	48.497
14	14.947	15.974	17.086	18.292	19.599	21.015	22.550	24.215	26.019	27.975	32.393	40.505	59.196
15	16.097	17.293	18.599	20.024	21.579	23.276	25.129	27.152	29.361	31.772	37.280	47.580	72.035
16	17.258	18.639	20.157	21.825	23.657	25.673	27.888	30.324	33.003	35.950	42.753	55.717	87.442
17	18.430	20.012	21.762	23.698	25.840	28.213	30.840	33.750	36.974	40.545	48.884	65.075	105.931
18	19.615	21.412	23.414	25.645	28.132	30.906	33.999	37.450	41.301	45.599	55.750	75.836	128.117
19	20.811	22.841	25.117	27.671	30.539	33.760	37.379	41.446	46.018	51.159	63.440	88.212	154.740
20	22.019	24.297	26.870	29.778	33.066	36.786	40.995	45.762	51.160	57.275	72.052	102.444	186.688
25	28.243	32.030	36.459	41.646	47.727	54.865	63.249	73.106	84.701	98.347	133.334	212.793	471.981
30	34.785	40.568	47.575	56.085	66.439	79.058	94.461	113.283	136.308	164.494	241.333	434.745	1181.882

付 表 4 年 金 現 価 表

$$PVAF_{r,n} = \frac{1-(1+r)^{-n}}{r}$$

年数 (n)	年 当 た り 利 率 (r)												
	1%	2%	3%	4%	5%	6%	7%	8%	9%	10%	12%	15%	20%
1	0.990	0.980	0.971	0.962	0.952	0.943	0.935	0.926	0.917	0.909	0.893	0.870	0.833
2	1.970	1.942	1.913	1.886	1.859	1.833	1.808	1.783	1.759	1.736	1.690	1.626	1.528
3	2.941	2.884	2.829	2.775	2.723	2.673	2.624	2.577	2.531	2.487	2.402	2.283	2.106
4	3.902	3.808	3.717	3.630	3.546	3.465	3.387	3.312	3.240	3.170	3.037	2.855	2.589
5	4.853	4.713	4.580	4.452	4.329	4.212	4.100	3.993	3.890	3.791	3.605	3.352	2.991
6	5.795	5.601	5.417	5.242	5.076	4.917	4.767	4.623	4.486	4.355	4.111	3.784	3.326
7	6.728	6.472	6.230	6.002	5.786	5.582	5.389	5.206	5.033	4.868	4.564	4.160	3.605
8	7.652	7.325	7.020	6.733	6.463	6.210	5.971	5.747	5.535	5.335	4.968	4.487	3.837
9	8.566	8.162	7.786	7.435	7.108	6.802	6.515	6.247	5.995	5.759	5.328	4.772	4.031
10	9.471	8.983	8.530	8.111	7.722	7.360	7.024	6.710	6.418	6.145	5.650	5.019	4.192
11	10.368	9.787	9.253	8.760	8.306	7.887	7.499	7.139	6.805	6.495	5.938	5.234	4.327
12	11.255	10.575	9.954	9.385	8.863	8.384	7.943	7.536	7.161	6.814	6.194	5.421	4.439
13	12.134	11.348	10.635	9.986	9.394	8.853	8.358	7.904	7.487	7.103	6.424	5.583	4.533
14	13.004	12.106	11.296	10.563	9.899	9.295	8.745	8.244	7.786	7.367	6.628	5.724	4.611
15	13.865	12.849	11.938	11.118	10.380	9.712	9.108	8.559	8.061	7.606	6.811	5.847	4.675
16	14.718	13.578	12.561	11.652	10.838	10.106	9.447	8.851	8.313	7.824	6.974	5.954	4.730
17	15.562	14.292	13.166	12.166	11.274	10.477	9.763	9.122	8.544	8.022	7.120	6.047	4.775
18	16.398	14.992	13.754	12.659	11.690	10.828	10.059	9.372	8.756	8.201	7.250	6.128	4.812
19	17.226	15.678	14.324	13.134	12.085	11.158	10.336	9.604	8.950	8.365	7.366	6.198	4.843
20	18.046	16.351	14.877	13.590	12.462	11.470	10.594	9.818	9.129	8.514	7.469	6.259	4.870
25	22.023	19.523	17.413	15.622	14.094	12.783	11.654	10.675	9.823	9.077	7.843	6.464	4.948
30	25.808	22.396	19.600	17.292	15.372	13.765	12.409	11.258	10.274	9.427	8.055	6.566	4.979

第3章

ファンダメンタル分析

1．傾向と対策 ……………………………………170
2．ポイント整理と実戦力の養成 ……………173
    1　産業分析／173
    2　収益性の分析、株式評価のための
    　　財務分析／193
    3　財務安全性分析／199
    4　キャッシュ・フローを用いた分析／205
    5　1株当たり指標およびサステイナブル
    　　成長率／213

1. 傾向と対策

　株式や社債に投資する際には、株式であれば将来どの程度の配当金が受け取れるか、株価が上昇してキャピタルゲインが得られるかどうか、債券であればデフォルトリスクがないか等を検討するであろう。そうした検討を行うためには、その発行会社の現在までの企業業績を評価し、さらに将来の企業業績を予想することが不可欠である。企業業績は、その企業固有の要因のみならず、マクロ経済や産業といった企業環境の影響も受けるため、こうした企業を取り巻く環境（以下では「産業分析」と呼んでいる）や企業固有の要因の分析、すなわち、ファンダメンタル分析が必要となる。

　産業分析では、マクロ経済環境については景気動向指数について、また、産業環境については産業のライフサイクル理論、代表的な経営戦略論（例えば、ポーターの戦略論など）の考え方を理解しておくことが必要となる。

　また、企業固有の要因の分析では、収益性分析（ROA、ROEの定義や両者の関係、ROEのデュポンシステムによる3指標分解）や財務安全性分析（インタレスト・カバレッジ・レシオ、固定長期適合率など諸指標の定義）について理解しておくとともに、キャッシュフロー分析（キャッシュフローの分類等）を整理しておきたい。また、この分野は株式分析の分野と密接であり定率成長配当割引モデルの配当成長率としても用いられるサステイナブル成長率についても理解しておく必要がある。

　ところで、株式にせよ債券にせよ個別銘柄の投資評価を行う「アナリスト」は、仕事柄B/SやP/Lをはじめとする財務諸表を、穴があくほど眺めていることが多い。財務諸表と企業へのヒアリングを通じ、株式アナリストであれば収益性・成長性を中心に、債券のクレジット・アナリストであれば財務安全性を中心に分析を行う。この意味で、ファンダメンタル分析は比較的取り組みやすい分野かもしれない。ただ試験では数字だらけの財務諸表からデータを拾って計算しなければならず、限られた時間ではこれが意外と厄介である。落ち着いて正確にデータを拾う、この分野の最大の注意点かもしれない。

170

第 3 章　ファンダメンタル分析

総まとめテキストの項目と過去の出題例

「総まとめ」の項目	過去の出題例	重要度
産業分析	2017年秋・第 2 問・Ⅰ問 1 ～問 4 2018年春・第 2 問・Ⅰ問 1 2018年秋・第 2 問・Ⅰ問 1 、問 2 　　　　　　　　　　Ⅲ問 3 2019年春・第 2 問・Ⅰ問 1 、問 2 2019年秋・第 2 問・Ⅰ問 1 、問 2	A
収益性の分析、株式評価のための財務分析	2017年秋・第 2 問・Ⅰ問 5 　　　　　　　　　　Ⅱ問 3 　　　　　　　　　　Ⅲ問 1 ～問 4 2018年春・第 2 問・Ⅰ問 2 、問 4 　　　　　　　　　　Ⅱ問 1 、問 4 　　　　　　　　　　Ⅲ問 1 、問 4 2018年秋・第 2 問・Ⅰ問 3 ～問 6 　　　　　　　　　　Ⅱ問 1 、問 2 、問 4 　　　　　　　　　　Ⅲ問 1 、問 2 　　　　　　第 3 問・Ⅱ問 1 2019年春・第 2 問・Ⅰ問 3 　　　　　　　　　　Ⅱ問 1 、問 2 、問 5 　　　　　　　　　　Ⅲ問 1 、問 2 、問 4 2019年秋・第 2 問・Ⅰ問 3 、問 4 　　　　　　　　　　Ⅲ問 2 、問 4	A
財務安全性分析	2017年秋・第 2 問・Ⅱ問 1 、問 2 2018年春・第 2 問・Ⅱ問 2 、問 3 　　　　　　　　　　Ⅲ問 2 、問 5 2018年秋・第 2 問・Ⅱ問 3 、問 4 2019年春・第 2 問・Ⅱ問 3 　　　　　　　　　　Ⅲ問 3 、問 4 2019年秋・第 2 問・Ⅱ問 2 　　　　　　　　　　Ⅲ問 3	A
キャッシュ・フローを用いた分析	2017年秋・第 2 問・Ⅰ問 6 、問 7 2018年春・第 2 問・Ⅲ問 3 ～問 5 2018年秋・第 2 問・Ⅲ問 4 、問 5 2019年春・第 2 問・Ⅰ問 6 2019年秋・第 2 問・Ⅱ問 1 、問 3 、問 4	A

171

1株当たり指標およびサステイナブル成長率	2017年秋・第3問・Ⅱ問1 Ⅲ問1、問2、問4 2018年春・第2問・Ⅰ問3、問5、問6 第3問・Ⅰ問2 Ⅱ問1 2018年秋・第3問・Ⅰ問2 Ⅱ問1、問2 Ⅲ問4 2019年春・第2問・Ⅰ問4 第3問・Ⅱ問2 Ⅲ問3 2019年秋・第2問・Ⅲ問2	A

第3章　ファンダメンタル分析

2. ポイント整理と実戦力の養成

1　産業分析

　ファンダメンタル分析では定量分析と定性分析を組み合わせて行う必要がある。財務諸表からの定量分析は過去の企業活動を分析したに過ぎず、企業の将来を予想するためには企業の属する業界の国内外の動向や、財務諸表では見えてこない業界内でのその企業の強みや弱みを捉えておく必要がある。ここではまず、企業業績に外部から影響を与える経済指標として景気動向指数を取り上げる。次に経営学的分析手法として、産業のライフサイクル理論、ポーターの競争戦略論などを取り上げ、その後にセグメント情報とセクター・アロケーションについて取り上げる。

Point ① 景気動向指数

　景気局面の判断や予測や景気転換点を判定するのにDI（diffusion index、ディフュージョン・インデックス）やCI（composite index、コンポジット・インデックス）が用いられる。DIは景気に敏感な指標を選び出し、そのうち上昇している指標の割合を表す。

　しかし、DIでは景気が上向いているか下向いているかという景気変動の方向はわかるが、変動の大きさを直接には示さないという欠点がある。そこで、景気の強弱あるいは量感・スピード感をつかむための指標としてCIがある。CIは、DIと同じ系列を採用し、その採用系列の変化率を合成して作られたものである。

　一般に指数には、景気に先行して動く先行指数、ほぼ一致して動く一致指数、遅れて動く遅行指数がある。先行指数は一致指数に数ヵ月先行するため景気の動きの予測に、遅行指数は一致指数に数ヵ月から半年程度遅行するので景気の転換点や局面の確認に利用される。ただし、景気の局面や転換点はDIと合わせて判断することが望ましい。

　2020年7月より、内閣府の景気動向指数に採用されている系列は次の通りである。

173

景気動向指数採用系列

		系 列 名
先行系列	1	最終需要財在庫率指数（逆）
	2	鉱工業用生産財在庫率指数（逆）
	3	新規求人数（除学卒）
	4	実質機械受注（製造業）
	5	新設住宅着工床面積
	6	消費者態度指数
	7	日経商品指数（42種総合）
	8	マネーストック（Ｍ２、前年同月比）
	9	東証株価指数
	10	投資環境指数（製造業）
	11	中小企業売上げ見通しD.I.
一致系列	1	生産指数（鉱工業）
	2	鉱工業用生産財出荷指数
	3	耐久消費財出荷指数
	4	所定外労働時間指数（調査産業計）
	5	投資財出荷指数（除輸送機械）
	6	商業販売額（小売業、前年同月比）
	7	商業販売額（卸売業、前年同月比）
	8	営業利益（全産業）
	9	有効求人倍率（除学卒）
	10	輸出数量指数
遅行系列	1	第３次産業活動指数（対事業所サービス業）
	2	常用雇用指数（調査産業計、前年同月比）
	3	実質法人企業設備投資（全産業）
	4	家計消費支出（勤労者世帯、名目、前年同月比）
	5	法人税収入
	6	完全失業率（逆）
	7	きまって支給する給与 （製造業、名目）
	8	消費者物価指数（生鮮食品を除く総合、前年同月比）
	9	最終需要財在庫指数

（出所）内閣府HPより作成。

　なお、2021年１月分速報（同年３月上旬公表予定）から、一致系列と先行系列を以下のように変更する。

・一致系列…所定外労働時間指数（調査産業計）を労働投入量指数（総実労働時間指数（調査産業計）×非農林業雇用者数）に変更（企業の雇用・

第3章 ファンダメンタル分析

労働時間調整の動きをより総体的にとらえるため)。
・先行系列…消費者態度指数を消費者態度指数(総世帯、原数値)から消費者態度指数(二人以上世帯、季調値)に変更(季節要因による変動を取り除くため)。

例題1　《2014(春).2.Ⅰ.1》
景気循環を測定する指数に関する次の記述のうち、正しくないものはどれか。

A　DI(diffusion index)とは、先行指数と一致指数の乖離を示す指数で、先行指数と一致指数の差として計測される。
B　CI(composite index)には先行指数・一致指数・遅行指数の3つがあり、景気の現状把握や予測に利用されている。
C　CIによる景気循環の区分は、一致指数が上昇している時が景気の拡張局面、低下している時が後退局面とすることが一般的である。
D　先行指数・一致指数・遅行指数などから総合的に判断し、内閣府が景気転換点(景気の山・谷)を示す景気基準日付を公表している。

解答　　A

解説

DIは景気に敏感な指標を選び出し、そのうち上昇している指標の割合を表す。

Point 2　産業のライフサイクル理論

　産業のライフサイクル理論（industry life-cycle theory）は、ある企業の属する産業が成長段階にあるのか成熟段階にあるのかを判断するのに有効な方法である。産業のライフサイクルはその発展にあわせて次のように、①勃興期（emergence stage）、②成長期（growth stage）、③成熟期（maturity stage）、④衰退期（decline stage）の4段階に分けられる。

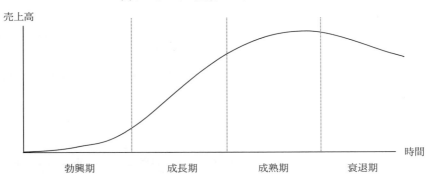

図3-1-1　産業のライフサイクル

① 勃興期

　新技術や新製品が生み出された段階である。市場規模も小さく、技術、市場、組織、戦略は不確実であり、多くの企業が猛烈な競争を繰り返し、どの企業が勝者となるか敗者となるかまだわからない。

② 成長期

　技術、組織や戦略について合意がなされ、競争の中心は生産・流通になる。市場規模が急拡大し、新規参入と撤退が絶え間なく起こる。製品の供給が増え、価格も低下するが、需要の拡大に応じて企業の収益は増加する。企業は市場規模やシェアの拡大戦略を講じる。

③ 成熟期

　市場規模やシェアは安定的に推移する。製品は大量に供給され、特定のブランドが確立する。

第3章　ファンダメンタル分析

④　衰退期

　需要が低下し、多くの企業が産業から撤退して、一部の残った企業が収益を得る。

例題 2　《2012（春）. 2. I. 2》
　産業のライフサイクルに関する次の記述のうち、正しいものはどれか。

A　産業のライフサイクルには勃興期、成長期、成熟期、衰退期があるが、企業にとって求められる戦略立案は常に同じである。
B　勃興期には市場規模も小さく不確実であるが、成長期は市場規模やシェアは安定的に推移するため、競争優位の維持が重要である。
C　衰退期になると大量の製品が供給され、特定のブランドが確立し、需要の拡大が続くので、残った企業は安定した収益を得ることができる。
D　ライフサイクルの時間は産業によって異なるので、技術革新の絶え間ない産業や顧客嗜好の変化の早い産業はライフサイクルが短くなる。

解答　▶　D

解　説

　A　正しくない。産業のライフサイクルによって、売り手や買い手の役割が異なるので、それに応じた戦略立案が必要となる。
　B　正しくない。成長期には市場規模が急拡大するため、企業は市場規模やシェアの拡大戦略を講じる。
　C　正しくない。衰退期になると需要は縮小する。
　D　正しい。

Point ③ ポーターの競争戦略論

(1) 5つの要因

ポーターの競争戦略論では、業界の収益性に影響する5つの競争要因として、①新規参入の脅威、②市場内競争、③代替品と補完品、④買い手の交渉力、⑤売り手の交渉力が挙げられている。これら5つの力に基づいて収益性を分析する方法をファイブ・フォース分析という。

① 新規参入の脅威

新規参入の脅威は、主に次のような参入障壁に大きく依存する。

- 規模の経済性（一定期間当たりの絶対生産量が増えるほど、製品の単位当たりコストは下がること）が働くこと
- 他社に真似できないような製品の差別化ができること
- 競争するのに巨額の資金を要すること
- 仕入れ先を変更するときにかかる一時的なコストが大きいこと
- 流通チャネルが確保できること
- 規模とは無関係なコスト面（特許、経験など）での優位性が既存企業にあること
- 政府の規制があること

② 市場内競争

既存企業同士の競争は市場シェアの獲得競争になりやすく、次のような場合競争が激化しやすい。

- 競争する企業数が多い、あるいは企業規模が類似していること
- 産業の成長が遅いこと
- 固定コストまたは在庫コストが高いこと
- 製品差別化がされていない、あるいは買い手を変更するコストが低いこと
- 生産能力の増強が小規模毎にはできないこと
- 競争企業間の戦略、企業体質などが多様化していること
- 戦略がうまくいき、その分野で成功すると大きな成果が得られること

第 3 章　ファンダメンタル分析

・撤退障壁が高いこと

③　代替品と補完品

　　ある産業内の企業は全て、代替品を生産する他の産業と広い意味での競争をしている。代替品があると当該企業は高い価格設定ができなくなり、産業の潜在的利益は抑制される。一方、補完品というものもある。ゲームとゲーム機のような関係がそれにあたり、利益の増加をもたらす。

④　買い手（業界の顧客）の交渉力

　　買い手の交渉力が強い場合として、次のようなケースがある。

・買い手が集中化したりして、売り手の販売数量に大きな割合を占める

・取引先を変えるコストが低い

・買い手が部品の内製化など川上統合に乗り出す姿勢を示す

⑤　売り手（業界への供給業者）の交渉力

　　供給業者の交渉力が強い場合として、次のようなケースがある。

・供給業者の属する産業が少数の企業に支配され、買い手産業よりも集中化が進んでいる

・その買い手産業が供給業者にとって重要な顧客でない

・供給業者の製品が、買い手業者にとってなくてはならない重要な仕入れ品である

・供給業者の製品が差別化された製品で、他の製品に変更すると買い手のコスト増になる

179

(2)　競争優位を築く 3 つの基本戦略

競争優位の源泉

		低コスト	差別化
競争の範囲（対象）	広い	コスト・リーダーシップ戦略	差別化戦略
	狭い	集中化戦略	
		コスト集中	差別化集中

名　称	内　容	リ　ス　ク
①コスト・リーダーシップ戦略	比較的広い業務範囲にわたって、**最も低いコストを実現する**ことによって、競合企業に対して競争力を確保し、シェアの拡大を追及する経営戦略のこと。	ⅰ）低コストの面で新規参入企業や追随企業に追いつかれる。 ⅱ）コストに注意を払いすぎたため、市場の要求の変化を見逃す。 ⅲ）テクノロジーの変化で過去の投資などの価値がなくなる。
②差別化戦略	比較的汎用的な製品やサービスなどを**差別化**することによって、付加価値を高め、採算の向上を通じて収益力の維持・改善を図る戦略のこと。	ⅰ）低コスト戦略企業との価格差が、ブランドロイヤルティを上回るほど大きくなる。 ⅱ）顧客が洗練され、今までの差別化要因への顧客ニーズが落ち込む。 ⅲ）盛んに模倣され、他社商品との差別化が図れなくなる。
③集中化戦略	特定の顧客層や市場、販売チャネルなどに集中する戦略。 ⅰ）コスト集中・・・特定の分野でコスト競争力を強化し、高収益をねらう。 ⅱ）差別化集中・・・特定の分野で差別化することで製品の付加価値を高めて採算を向上させ、収益力の維持・改善を図る。	ⅰ）集中化により実現したコスト優位性や差別化が、広い範囲を相手にする企業に席巻される。 ⅱ）戦略目標と市場全体との間で要求される製品やサービスの差異が小さくなる。 ⅲ）戦略目標の中にさらに小さな市場を発見した競合企業に取って代わられる。

第 3 章　ファンダメンタル分析

例題 3　《2011（秋）.2.Ⅰ.1》
　ポーターの競争戦略理論に関する次の記述のうち、正しいものはどれか。

A　価格競争の厳しい方から順番に、市場構造の特色は完全競争、寡占、独占となる。
B　製品の差別化が十分でなくても、市場が寡占化する過程で価格競争に陥ることはない。
C　参入障壁が低いほど新規参入は少ない。
D　市場を細分化し、特定市場に特化する経営戦略を差別化戦略と呼ぶ。

解答　▶　A

解　説

A　正しい。
B　正しくない。製品の差別化が十分でない場合、市場の寡占化の過程で価格競争に陥りやすい。
C　正しくない。参入障壁が低いほど新規参入が容易である。
D　正しくない。これは集中化戦略に関する記述である。

例題4 《2014(秋).2.Ⅰ.1》
ポーターの競争理論に関する次の記述のうち、<u>正しくない</u>ものはどれか。

A　市場が停滞している場合は、製品の差別化が十分でなければ価格競争に陥りやすい。
B　買い手のスイッチングコストが高い場合は、価格競争は激化する傾向が見られる。
C　差別化戦略を採用する企業は、ブランドなどにより競争優位の確立、維持を図る。
D　ニッチな市場に特化した製品を提供することは集中化戦略の1つである。

解答 B

解説

買い手のスイッチングコストが低い場合には価格引下げによってシェア拡大ができるため価格競争が激化するが、それが高い場合は価格が比較的安定する。

第3章　ファンダメンタル分析

Point ④　最近の経営戦略論

ここでは、最近の経営戦略論に関する用語を説明する。

ポジション （position）	業界内に占める位置の優位。産業構造、業界の多様性、ネットワークから生じる。
ケイパビリティ （capabilities）	その企業の他社よりも優れた能力。
バリューネット （value net）	売り手、競合他社、買い手、補完品のサプライヤーが競争よりも協調し、業界を成長させることにより、利益を得ようとする可能性がある。
リソース・ベースト・ビュー （resource based view）	経営資源に着目した企業観で、財務資本、物的資本、人的資本、組織資本に分類する。ポーターの戦略論では外部要因を重視するのに対して、リソース・ベースト・ビューでは企業の内部要因を重視する。
バリューチェーン分析 （value-chain analysis）	1つ、またはいくつかの活動の組合せの中で、経営資源の強みや弱みを分析し、競争優位を生み出す経営資源やケイパビリティを特定するもの。
SWOT分析	企業の競争戦略を強み（Strengths）、弱み（Weaknesses）、機会（Opportunities）、脅威（Threats）の4種類から分析する。強みと弱みは企業の内部環境要因であり、経営資源やケイパビリティから生じる。一方、機会と脅威は外部環境要因であり、機会は企業に競争優位のポジションや優れた業績をもたらすが、逆に脅威は競争優位や業績にネガティブな影響を与える。
VRIO分析	経営資源やケイパビリティが強みであるかを評価するためにバーニー（Barney）が提唱した手法。Value（経済価値）、Rarity（希少性）、Inimitability（模倣困難性）、Organization（組織）の4つを評価軸とし、それらを備える経営資源やケイパビリティは競争優位を持つとされる。

	次の4つの外部環境の変化が企業に及ぼす影響を分析する手法。
PEST分析	政治的要因（Political）：政治制度、政治状況、法令など 経済的要因（Economic）：経済動向、景気変動、産業のライフサイクル、貿易、為替、金利、資本市場や商品市場の動向など 社会的要因（Social）：人口動態、ライフスタイル、習慣や慣習、トレンド、宗教、文化など 技術的要因（Technological）：設計、生産や流通などの技術革新や新技術など これらの要因に法的（Legal）、環境的（Environmental）な要因を加えたPESTLE分析という手法もある。

例題5

《2011（秋）.2.Ⅰ.2》

経営戦略論において、有効なフレームワークとして近年利用されているSWOT分析に関する次の記述のうち、正しいものはどれか。

A 強み（Strengths）、弱み（Weaknesses）、機会（Opportunities）、脅威（Threats）の4種の要因から企業を分析する枠組みで、外部環境だけを重視する。

B SWOT分析では、内部環境要因がすべてであり、企業のケイパビリティの源泉について分析する枠組みである。

C SWOT分析は、外部環境と、リソース・ベースト・ビューの重視する内部要因の両方を取り込む枠組みになっている。

D SWOT分析では、企業のケイパビリティやポジションを考慮に入れていない。

解答 ▶ C

解 説

A 正しくない。外部環境だけでなく、内部環境も重視している。

184

第3章　ファンダメンタル分析

B　正しくない。内部環境だけでなく、外部環境も重視している。

C　正しい。

D　正しくない。ケイパビリティやポジションを重視している。

《2014（秋）. 2. I. 2》

例題6
　SWOT 分析に関する次の記述のうち、正しくないものはどれか。

A　SWOT分析は、企業の競争戦略を分析する有効な手法である。

B　強み（Strengths）及び弱み（Weaknesses）は内部環境要因である。

C　機会（Opportunities）は、競合他社に対して経営資源やケイパビリティの点で優位にあることを示している。

D　脅威（Threats）は、企業の競争優位や業績にネガティブな影響を与える要因である。

解答　▷　C

解　説

　機会は外部環境要因であり、企業に競争優位のポジションや優れた業績をもたらす。

《2018（春）. 2. I. 1》

例題7
　経営資源やケイパビリティが強みであるかを評価するために Barney によって提唱された VRIO 分析の評価軸として、正しくないものはどれか。

A　Value（経済価値）

B　Rarity（希少性）

C　Integrity（誠実性）

185

D　Organization（組織）

解答　▶　C

解　説

　Barney によって提唱された VRIO 分析の評価軸は、Value（経済価値）、Rarity（希少性）、Inimitability（模倣困難性）、Organization（組織）の 4 つ。よって、選択肢 C の誠実性（Integrity）が正しくない。

Point ⑤　セグメント情報

　2010年 4 月より、セグメント情報の開示基準には**マネジメント・アプローチ**が採用されている。マネジメント・アプローチでは、企業の事業セグメントに資源を配分し業績を評価する最高経営意思決定機関が、意思決定に使用する情報を基に営業単位別セグメント（operating segment）の情報を開示する。一方、今までの、事業の種類別、所在地別等のセグメント情報は補完情報と位置づけられた。

事業セグメントの決定

　事業セグメントの定義を行う。事業セグメントは企業の構成単位のうち、

　a．収益を稼得し、費用が発生する事業活動に関わる

　b．企業の最高経営意思決定機関が、当該構成単位に配分すべき資源に関する意思決定を行い、また、その業績を評価するために、その経営成績を定期的に検討する

　c．分離された財務情報を入手できる

の要件を全て満たすものである。ただし、現時点において収益を稼得していない新規事業が事業セグメントとなることがある一方、本社部門など企業の一部であっても、収益を稼得しないような構成単位は事業セグメントにはならない。

第3章　ファンダメンタル分析

報告セグメントへの集約

報告セグメントを細分化しすぎるのは好ましくないので、一定の基準で事業セグメントを集約する。

　a．以下の集約基準を全て満たしている場合には、該当する複数の事業セグメントを集約して報告セグメントとすることができる。

　　　①　事業セグメントを集約することが、基本原則（財務諸表利用者が事業活動内容や経営環境を理解、評価できるように適切な情報を提供する等）と整合的である

　　　②　事業セグメントの経済的特徴が概ね類似している

　　　③　製品やサービスの内容、製品の製造方法等やサービスの提供方法、製品やサービスを販売する市場や顧客の種類、製品やサービスの販売方法、業種に特有の規制環境の全てが概ね類似する

　b．集約された事業セグメントを含めて、その事業セグメントが量的基準である以下のいずれかを満たしている場合には、そのセグメントを報告セグメントとする。

　　　①　売上高が全ての事業セグメントの売上高の合計額の10%以上

　　　②　利益または損失の絶対額が、利益の生じている全ての事業セグメントの利益の合計額または損失の生じている全ての事業セグメントの損失の合計額の絶対値の、いずれか大きい方の10%以上

　　　③　資産が全ての事業セグメントの合計額の10%以上

　c．量的基準を満たしていないもので、経済的特徴が概ね類似し、a．③の事業セグメントを集約するにあたって考慮すべき要素の過半数が概ね類似する場合、それらは結合して報告できる。

　d．報告セグメントの外部顧客への売上高が損益計算書の売上高の75%以上になるまで、報告セグメントとする事業セグメントを追加する。

　e．上のdにおいて売上高の75%に達した場合、残りの事業セグメントは「その他」として開示できる。

セグメント情報の開示項目

開示事項は次の通りである。

a．報告セグメントの概要

b．報告セグメントの利益（または損失）、資産、負債及びその他の重要な項目の額とその測定方法に関する事項

c．上のbにある開示項目の合計額とこれに対応する財務諸表計上額との間の差異調整に関する事項

それに加え、関連情報等として製品およびサービスに関する情報（製品・サービス区分別の売上高の開示）、地域に関する情報（国内・海外別の売上高及び有形固定資産の開示）、主要な顧客に関する情報（顧客の名称及び売上高等の開示）、固定資産の減損損失に関する情報（報告セグメント別）、のれん（報告セグメント別）を示すことが求められている。

報告セグメントの利益（又は損失）、資産及び負債等に関する情報 　　　　（単位：百万円）

	事業A	事業B	事業C	その他事業	調整額	連結財務諸表計上額
売上高						
外部顧客への売上高	×××	×××	×××	×××	－	×××
セグメント間の内部売上高又は振替高	×××	×××	×××	×××	△×××	×××
計	×××	×××	×××	×××	△×××	×××
セグメント利益	×××	×××	×××	×××	△×××	×××
セグメント資産	×××	×××	×××	×××	×××	×××
セグメント負債	×××	×××	×××	×××	×××	×××
その他の項目						
減価償却費	×××	×××	×××	×××	×××	×××
有形固定資産及び無形固定資産の増加額	×××	×××	×××	×××	×××	×××

第3章　ファンダメンタル分析

報告セグメントの利益（又は損失）、資産及び負債等に関する情報　　　（単位：百万円）

	報告セグメント				その他	合計
	日本	北米	アジア	計		
売上高						
外部顧客への売上高	×××	×××	×××	×××	×××	×××
セグメント間の内部売上高又は振替高	×××	×××	×××	×××	×××	×××
計	×××	×××	×××	×××	×××	×××
セグメント利益	×××	×××	×××	×××	×××	×××
セグメント資産	×××	×××	×××	×××	×××	×××
セグメント負債	×××	×××	×××	×××	×××	×××
その他の項目						
減価償却費	×××	×××	×××	×××	×××	×××
のれんの償却額	×××	×××	×××	×××	×××	×××
受取利息	×××	×××	×××	×××	×××	×××
支払利息	×××	×××	×××	×××	×××	×××
持分法投資利益又は損失（△）	×××	×××	×××	×××	×××	×××
特別利益	×××	×××	×××	×××	×××	×××
特別損失	×××	×××	×××	×××	×××	×××
（減損損失）	×××	×××	×××	×××	×××	×××
持分法適用会社への投資額	×××	×××	×××	×××	×××	×××
有形固定資産及び無形固定資産の増加額	×××	×××	×××	×××	×××	×××

《2013（春）.2.Ⅰ.2》

例題8　　会計基準に従って開示されたセグメント情報に関する次の記述のうち、正しいものはどれか。

A　セグメント情報は、マネジメント・アプローチではなく、取引所による事業セグメントの定義に基づいて開示される。

B　事業セグメントとは、企業の意思決定に従って経営資源が配分され、収益・費用が生じ、分離された財務情報が入手できるものである。

C　売上高、利益、資産で10%以上の量的基準に満たないセグメントは、報告セ

グメントとして開示してはならない。

D　報告セグメントの外部顧客への売上高の合計額が75％未満の場合は、それ以上セグメントを追加する必要はない。

解答　▶　　B

解　説

A　正しくない。開示はマネジメント・アプローチによる。

B　正しい。

C　正しくない。開示することは妨げない。

D　正しくない。売上高の合計額に75％以上が含まれるまで、事業セグメントを追加して識別しなければならない。

Point ⑥　セクター・アロケーション

(1)　セクター間の相対比較の方法

セクター間の相対比較を行うのには、以下の2通りの方法がある。

【トップダウンアプローチ（top-down approach）】

トップダウンアプローチは、経済成長率や、為替、金利、企業業績動向等のマクロ経済動向を予測、分析し、その結果を基に資産配分（アセット・アロケーション asset allocation）、セクター・アロケーション、銘柄選択という順番で、ポートフォリオを構築していく方法である。

【ボトムアップアプローチ（bottom-up approach）】

ボトムアップアプローチは、個別企業の業績動向を予測、分析し、それを積み上げてポートフォリオを構築していく方法である。なお、グローバルな競争にさらされているセクターでは、国際比較分析を行う必要がある。

第3章　ファンダメンタル分析

(2)　セクター・アロケーションの基本

　　資産運用を行う場合、評価の基準となる市場の収益率が必要で、それを**ベ
ンチマーク**（benchmark）と呼ぶ。資産運用戦略にはアクティブ運用とパッ
シブ運用の2通りあり、パッシブ運用がベンチマークと同等な収益率の獲得
を目標とするのに対して、アクティブ運用はそれを上回る収益率を獲得する
ことを目標にしている。アクティブ運用では、ベンチマークの収益率を上回
ると予測するセクターのウェイトを上げ、ベンチマークの収益率を下回ると
予測するセクターのウェイトを下げることでベンチマークを上回る収益率の
獲得を目指す。

①　景気底入れ局面

・外需主導の景気回復を予想…外需関連セクターの投資ウェイトを高める。

・内需主導の景気回復を予想…内需関連セクターの投資ウェイトを高める。

・耐久消費財需要の高まりを予想…輸送用機器、住宅、電気機器等のセク
ターの投資ウェイトを高める。

②　景気拡大局面

　　素材セクター、耐久消費財などの景気敏感セクター、市場ポートフォリ
オと連動性の高い（高ベータ）セクター、財務レバレッジ（有利子負債比
率）の高いセクターのウェイトを高める。

③　景気後退局面

　　景気変動の影響を受けにくいディフェンシブセクター（食品、薬品、家
庭用品などの非耐久消費財）、市場ポートフォリオとの連動性の低い（低
ベータ）セクターの投資ウェイトを高める。

④　景気対策がとられる場合

　　財政政策や金融政策がとられるならば、その政策に関連するセクターへ
の影響を分析する。

例題9 《2010（春）.2.Ⅰ.3》
セクターアロケーションに関する次の記述のうち、正しいものはどれか。

A 金融緩和局面では、公共セクターへの投資比率を高める。
B 景気の後退局面では、耐久消費財関連セクターへの投資比率を高める。
C 景気の後退局面では、素材セクターへの投資比率を高める。
D 景気の拡大局面では、ベータ値の低いセクターへの投資比率を高める。

解答 ▶ A

解説

A 正しい。金融緩和局面で、金利低下が持続する場合には、その恩恵を受ける公共セクターへの投資比率を高める。
B 正しくない。景気後退局面では、景気変動の影響を受けにくいディフェンシブセクター（食品、薬品、家庭用品などの非耐久消費財）、市場ポートフォリオとの連動性の低い（ベータ値の低い）セクターの投資比率を高める。
C 正しくない。選択肢B参照。
D 正しくない。景気の拡大局面では、素材セクター、耐久消費財などの景気に敏感なセクター、市場ポートフォリオと連動性の高い（ベータ値の高い）セクター、財務レバレッジ（有利子負債比率）の高いセクターなどの投資比率を高める。

第3章　ファンダメンタル分析

2　収益性の分析、株式評価のための財務分析

Point ① ROA（総資本事業利益率）

$$\text{ROA} = \frac{事業利益}{総資本}$$

$$= \frac{営業利益＋受取利息・配当金＋持分法投資損益}{総資本}$$

Point ② ROE（自己資本利益率）

$$\text{ROE} = \frac{税引後当期純利益}{自己資本}$$

＊自己資本＝純資産－新株予約権－非支配株主持分

＊税引後当期純利益には、連結財務諸表の場合「親会社株主に帰属する当期純利益」を用いる。

Point ③ ROEの3指標分解（デュポン・システム）

$$\text{ROE} = \frac{税引後当期純利益}{売上高} \times \frac{売上高}{総資本} \times \frac{総資本}{自己資本}$$

（売上高利益率）　（総資本回転率）（財務レバレッジ）

Point ④ ROAとROEの関係

$$\text{ROE} = \left[\text{ROA} + (\text{ROA} - i) \times \frac{D}{E}\right] \times (1 - t)$$

財務レバレッジ

D：負債

E：自己資本

i：負債利子率

t：法人税率

- $\text{ROA} > i \Rightarrow \dfrac{D}{E}$ が高いほどROEは高くなる

- $\text{ROA} < i \Rightarrow \dfrac{D}{E}$ が高いほどROEは低くなる

$$\sigma_{\text{ROE}} = \sigma_{\text{ROA}} \times \left(1 + \dfrac{D}{E}\right)(1-t)$$

- $\dfrac{D}{E} \uparrow \Rightarrow \sigma_{\text{ROE}} \uparrow$ ：財務レバレッジ（負債比率）が高いほどROEの変動（財務リスク）は大きくなる
  →財務レバレッジ効果

例題10

《2019（秋）.2.Ⅰ.3》

ROA（総資本事業利益率）に関する次の記述のうち、正しいものはどれか。

A　売上高事業利益率を、総資産回転率で割ったもの。

B　売上高と事業利益が一定の場合、総資産回転率を維持したまま、財務レバレッジを高めるとROAは高くなる。

C　法人税率が低いほど、ROAは高くなる。

D　営業利益と金融収益の合計を、総資産の期首・期末平均で割ったものである。

解答　　D

解　説

$$\text{ROA（総資本事業利益率）} = \frac{\text{事業利益}}{\text{総資産（平均値）}}$$

$$= \underbrace{\frac{\text{事業利益}}{\text{売上高}}}_{\text{売上高事業利益率}} \times \underbrace{\frac{\text{売上高}}{\text{総資産（平均値）}}}_{\text{総資産回転率}}$$

ここで、事業利益＝営業利益＋受取利息配当金＋持分法投資損益

金融収益

A 正しくない。ROA は、売上高事業利益率に総資産回転率をかけたものである。

B 正しくない。財務レバレッジは ROA と無関係である。

C 正しくない。事業利益は税引前の利益なので、法人税率は ROA と無関係である。

D 正しい。ROA は営業利益と金融収益の合計を総資産の期首・期末平均で割ったものである。

例題11

《2011（秋）.2.Ⅰ.4》

ROA が20％、負債利子率が8％、負債比率（負債÷自己資本）が2倍のとき、ROE（税引前）はいくらですか。

A 12％

B 16％

C 24％

D 40％

E 44％

解答 ▶ E

> **解 説**

$$\text{ROE（税引前）} = \text{ROA} + （\text{ROA} - i） \times \frac{D}{E}$$

ただし、E：自己資本、D：負債、i：負債利子率

より、この式に各数値を当てはめて計算する。

$$\text{ROE（税引前）} = 20\% + （20\% - 8\%） \times 2 = 44\%$$

注）この問題では、税引前のROEの計算が要求されている。

例題12

《2014（春）. 2. Ⅰ. 4》

ROAが6.8%、負債が4,600億円、自己資本が5,400億円、金融費用が80億円、税率が40%のとき、ROE（税引後）はいくらですか。

A 4.47%

B 5.57%

C 6.67%

D 7.77%

E 8.87%

解答 ▶ C

> **解 説**

$$\text{ROE（税引後）} = \left\{ \text{ROA} + （\text{ROA} - i） \times \frac{D}{E} \right\} \times （1 - T）$$

ただし、E：自己資本、D：負債、i：負債利子率、T：税率。

より、この式に各数値を当てはめて計算する。

$$\text{ROE（税引後）} = \left\{ 6.8\% + \left(6.8\% - \frac{80}{4,600} \right) \times \frac{4,600}{5,400} \right\}$$
$$\times （1 - 0.4） \approx 6.67\%$$

第3章　ファンダメンタル分析

Point ⑤　その他の指標

(1)　売上高利益率

売上高利益率は、売上高に対して利益がどれだけ上がったかという比率であり、収益力を表す指標である。分子の利益に何をとるかによって、次のような利益率がある。

$$売上高総利益率 = \frac{売上総利益}{売上高}（粗利益率ともいう）$$

$$売上高営業利益率 = \frac{営業利益}{売上高}$$

$$売上高経常利益率 = \frac{経常利益}{売上高}$$

$$売上高当期純利益率 = \frac{当期純利益}{売上高}$$

(2)　回転率

回転率は、売上高を資産で割ったもので、資産の効率性を表す指標である。棚卸資産回転率、売上債権回転率、買入債務回転率等の短期の効率性を測る指標のほかに、総資産回転率や固定資産回転率のような長期の効率性を測る指標もある。

棚卸資産回転率

棚卸資産には、商品、製品、半製品、原材料、仕掛品等が含まれる。棚卸資産回転率が高いほど、商品や製品等が在庫となっている期間が短いことを表す。また、棚卸資産回転率の逆数に365日を掛けたものを棚卸資産回転期間といい、在庫になっている日数を概算する。

$$棚卸資産回転率 = \frac{売上高}{平均棚卸資産}$$

$$棚卸資産回転期間 = \frac{365}{棚卸資産回転率}$$

売上債権回転率

売上債権には、受取手形や売掛金等が含まれる。売上債権回転率が高いほど、売上債権の回収期間が短いことを表す。また、売上債権回転率の逆数に

197

365日を掛けたものを売上債権回転期間という。

$$売上債権回転率＝\frac{売上高}{平均売上債権}$$

$$売上債権回転期間＝\frac{365}{売上債権回転率}$$

買入債務回転率

買入債務には、支払手形や買掛金がある。買入債務回転率が高いほど、買入債務の支払期間が短いことを表す。また、買入債務回転率の逆数に365日を掛けたものを買入債務回転期間という。

$$買入債務回転率＝\frac{売上高}{平均買入債務}$$

$$買入債務回転期間＝\frac{365}{買入債務回転率}$$

(3) 長期の効率性指標

資本投下の長期効率性を測る指標として、次の総資産回転率や固定資産回転率がある。

$$総資産回転率＝\frac{売上高}{平均総資産}$$

$$固定資産回転率＝\frac{売上高}{平均固定資産}$$

第3章　ファンダメンタル分析

3　財務安全性分析

　企業の収益力を維持するためには財務的安全性が確保されていなければならない。この安全性とは、企業の支払債務と弁済手段との適合の程度をいう。つまり、安全性は収益性以前に企業の存続そのものに関わる問題であり、その意味で重視される。なお、↑は高いほど安全性が高いことを表し、↓は低いほど安全性が高いことを表す。

＜覚えておきたい主な比率＞

① 流動比率

$$\frac{流動資産}{流動負債}\times100\%\uparrow$$

　この比率は、流動資産を処分したときに、それにより流動負債を担保しうるかどうかを見ようとするもので短期的な債務返済能力を表す。

② 当座比率

$$当座比率=\frac{当座資産（現金預金＋売上債権＋有価証券－貸倒引当金）}{流動負債}\times100\%\uparrow$$

　当座比率は、流動資産の中でも特に換金性の高い当座資産のみを支払手段として、支払能力を見ようとする指標であり、この比率が高いほどよい。

　なお、流動比率と同様、入金と支払のタイミングは判明しない。

③ 固定比率

$$\frac{固定資産}{自己資本}\times100\%\downarrow$$

　固定資産が、返済を要しない自己資本でまかなわれているかどうかを見る指標である。

④ 固定長期適合率

$$\frac{固定資産}{自己資本＋非支配株主持分＋固定負債}\times100\%\downarrow$$

　固定長期適合率は、固定資産に対応させる資金を自己資本に限定せず、短期的な返済を要しない固定負債等も含めて検討しようとするものである。

199

⑤　**負債比率**

$$\frac{負債}{自己資本}\times100\%\downarrow$$

　負債比率は、負債を自己資本で除したもので、この比率が低いほど他人資本に対する担保力があると考えられる。

⑥　**自己資本比率**

$$\frac{自己資本}{総資本}\times100\%\uparrow$$

　自己資本比率は使用総資本に占める自己資本の割合を示すもので、この比率が高いほど他人資本の返済がよりいっそう保証されて、安全性が高いと考えられる。

⑦　**インタレスト・カバレッジ・レシオ**

$$\frac{事業利益（営業利益＋受取利息・配当金＋持分法投資損益）}{支払利息・割引料}（倍）\uparrow$$

　この比率は、企業の外部負債に対する金融費用の支払能力を見る指標である。

第3章　ファンダメンタル分析

例題13

下記の要約貸借対照表（期末数値）、要約損益計算書、及びその
他のデータの各数値から下に掲げる各指標を求めなさい。

（データ）

＜要約貸借対照表＞	前期	今期
流動資産合計	7,170	8,520
現金預金	1,300	1,455
売上債権	2,500	3,005
有価証券	100	100
棚卸資産	3,300	4,000
貸倒引当金	△30	△40
固定資産合計	2,600	2,700
有形固定資産	2,000	2,100
無形固定資産	100	100
投資その他の資産	500	500
流動負債合計	2,000	3,000
買入債務	2,000	3,000
固定負債合計	3,000	3,235
長期借入金	3,000	3,235
自己資本	4,770	4,985
負債・資本合計	9,770	11,220
＜要約損益計算書＞	前期	今期
売上高	3,000	4,500
営業利益	390	560
営業外収益	35	35
受取利息・配当金	20	20
持分法投資損益	15	15
営業外費用	135	165
支払利息	135	165
経常利益	290	430
特別利益／損失	0	0
税引前利益	290	430
税金等	116	172
税引後利益	174	258
＜その他のデータ＞		
減価償却費	30	50

201

(1) 企業の今期の短期静的安全性を示す指標として、①流動比率、②当座比率。

(2) 今期の長期静的安全性を示す指標として、①固定比率、②固定長期適合率、③負債比率、④自己資本比率。

(3) 今期の動的安全性を示す指標として、インタレスト・カバレッジ・レシオ。

解答

(1) 短期静的安全性指標

$$①流動比率 = \frac{流動資産}{流動負債} = \frac{8,520}{3,000} = 284.0\%$$

$$②当座比率 = \frac{当座資産（現金預金＋売上債権＋有価証券－貸倒引当金）}{流動負債}$$

$$= \frac{1,455＋3,005＋100－40}{3,000} \approx 150.67\%$$

(2) 長期静的安全性指標

$$①固定比率 = \frac{固定資産}{自己資本} = \frac{2,700}{4,985} \approx 54.16\%$$

$$②固定長期適合率 = \frac{固定資産}{自己資本＋固定負債}$$

$$= \frac{2,700}{4,985＋3,235} \approx 32.85\%$$

$$③負債比率（D/Eレシオ） = \frac{負債}{自己資本} = \frac{6,235}{4,985} \approx 1.25倍$$

$$④自己資本比率 = \frac{自己資本}{使用総資本}$$

$$= \frac{4,985}{11,220} \approx 44.43\%$$

(3) 動的安全性指標

$$インタレスト・カバレッジ・レシオ = \frac{事業利益}{支払利息}$$

$$= \frac{営業利益＋受取利息・配当金＋持分法投資損益}{支払利息}$$

$$= \frac{560＋20＋15}{165} \approx 3.61倍$$

第3章　ファンダメンタル分析

例題14　《2009（秋）.2.I.7》
財務分析指標に関する次の記述のうち、正しいものはどれか。

A　流動比率は当座比率より厳しく財務安全性を評価する指標である。
B　固定資産回転率は長期的な財務安全性を評価するための指標である。
C　棚卸資産回転率の分母は平均棚卸資産であるが、分子には売上高が用いられる場合と売上原価が用いられる場合がある。
D　自己資本比率の逆数がデット・エクイティ・レシオ（負債比率）になる。

解答　　C

> 解　説

A　正しくない。

$$当座比率＝\frac{当座資産}{流動負債}$$

$$＝\frac{現金及び預金＋受取手形＋売掛金－貸倒引当金＋有価証券}{流動負債}$$

で、流動資産から棚卸資産等を除いた当座資産を分子とするので、当座比率の方が流動比率よりも厳しく財務安全性を評価したものになる。

B　正しくない。

$$固定資産回転率＝\frac{売上高}{平均固定資産}$$

で、資本投下の長期効率性を評価する指標である。

C　正しい。

$$棚卸資産回転率＝\frac{売上高}{平均棚卸資産}$$

売上高には粗利益を含むので、棚卸資産に対しては売上原価を対応させた方が良いという考え方もある。その場合、棚卸資産回転率は売上原価を棚卸資産で除した値になる。

D　正しくない。自己資本比率と負債比率の式は以下の通り。

$$自己資本比率＝\frac{自己資本}{総資本} \qquad 負債比率＝\frac{負債}{自己資本}$$

第3章　ファンダメンタル分析

4　キャッシュ・フローを用いた分析

Point ① キャッシュ・フロー計算書とは

　キャッシュ・フロー計算書は、営業活動から得られたキャッシュ・フローを示す**営業活動によるキャッシュ・フロー**、投資活動によるキャッシュ・フローを示す**投資活動によるキャッシュ・フロー**、資金調達等によるキャッシュ・フローを示す**財務活動によるキャッシュ・フロー**に分けられる。

Point ② キャッシュ・フローの区分

(1)　営業活動によるキャッシュフロー

　　営業活動は、物品の販売やサービスの提供からの現金収入や棚卸資産の取得や費用支払いのための仕入先や従業員への現金支出など主たる収益獲得活動による営業損益計算の対象となった取引の現金残高への変動への効果がここに含まれる。

　　営業活動によるキャッシュフローは次のいずれかの方法により表示される。

①　**直接法**：主要な取引ごとにキャッシュフローを総額表示する方法。

②　**間接法**：税金等調整前当期純利益に非資金損益項目、営業活動に係る資産及び負債の増減、「投資活動によるキャッシュフロー」及び「財務活動によるキャッシュフロー」の区分に含まれる損益項目を加減して表示する方法。

(2)　投資活動によるキャッシュ・フロー

　　固定資産の取得及び売却、現金同等物に含まれない短期投資の取得及び売却等によるキャッシュ・フローを記載する。

(3)　財務活動によるキャッシュ・フロー

　　資金の調達及び返済によるキャッシュ・フローを記載する。

205

①シュ・フロー（間接法）営業活動によるキャッ	税金等調整前当期純利益	×××	①営業活動により獲得したキャッシュの増加額（減少額）
	減価償却費	×××	
	売上債権の増減額（△は増加）	△×××	
	棚卸資産の増減額（△は増加）	△×××	
	仕入債務の増減額（△は減少）	×××	
	法人税等の支払額	△×××	
	営業活動によるキャッシュ・フロー	×××	
②シュ・フローによるキャッシュ投資活動	有形固定資産の取得（売却）	△×××（×××）	②将来の営業キャッシュ・フローの増加を目的として行った設備投資などによるキャッシュの減少額（増加額）
	有価証券の取得（売却）	△×××（×××）	
	投資有価証券の取得（売却）	△×××（×××）	
	貸付け（貸付金の回収）	△×××（×××）	
	具体例		
	・持合い株式の売却	×××	
	・事業提携を目的とした株式取得	△×××	
	投資活動によるキャッシュ・フロー	△×××	
③シュ・フローによるキャッシュ財務活動	コマーシャル・ペーパーの増加額（減少額）	×××（△×××）	③不足したキャッシュの調達や、余剰キャッシュによる負債の返済などによるキャッシュの増加額（減少額）
	長短借入金の調達（返済）	×××（△×××）	
	社債の発行（償還）	×××（△×××）	
	具体例		
	・株式の発行	×××	
	・自己株式の取得	△×××	
	財務活動によるキャッシュ・フロー	×××	
現金及び現金同等物の増加額（減少額）		×××（△×××）	
現金及び現金同等物の期首残高		×××	
現金及び現金同等物の期末残高		×××	

Point ③ キャッシュ・フローを用いた企業財務分析

　企業の「キャッシュ」の動態は、キャッシュ・フロー計算書によって把握可能である。しかし、連結キャッシュ・フロー計算書の作成が義務付けられたのは2000年3月期からであり、それ以前の数値が未知であるといった理由などから、実際の企業分析上では、営業キャッシュ・フローおよび投資キャッシュ・フローを、損益計算書および貸借対照表の数値から計算して、過去の時系列的な変化を

第3章　ファンダメンタル分析

捉えたり、将来キャッシュ・フローの予想を行ったりすることが多い。

　フリー・キャッシュ・フローは、必要なキャッシュの支出をすべて行った後に、株主や債権者にとって自由に利用できるという意味である。なお、定義は必ずしも一本化されていないが、営業キャッシュ・フローやフリー・キャッシュ・フローを次のように表す。

＜キャッシュ・フローの定義＞
① 営業キャッシュ・フロー
　　＝当期純利益＋減価償却費－売上債権増減－棚卸資産増減＋仕入債務増減
② フリー・キャッシュ・フロー
　　＝営業キャッシュ・フロー－（設備投資＋有価証券・投資有価証券投資）
または、キャッシュ・フロー計算書から
　　フリー・キャッシュ・フロー＝営業活動によるキャッシュ・フロー
　　　　　　　　　　　　　　　　　＋投資活動によるキャッシュ・フロー

＜フリー・キャッシュ・フロー（以下FCF）がマイナスになる原因＞
１．投資が増加する一方、営業キャッシュ・フローは低迷している。
２．投資は増加していないが、営業キャッシュ・フローが大幅に低迷している。
３．営業キャッシュ・フローは好調だが、それ以上に投資が増加している。

　FCFがマイナスになるのは一概に悪いこととはいえない。しかし、営業キャッシュ・フローは過去に行った投資からの成果（＝キャッシュ）の回収といえ、それが低迷しているとすれば、今後、改善の見通しはあるかといった点に注意する必要がある。同様に、積極的な設備投資によってFCFがマイナスになっているとすれば、その投資がどのくらいの期間で、どのくらいの収益性で回収されるのか、つまり、いつFCFがプラスに転換するのか？　過大投資ではないか？　といった点を検討する必要があるといえるだろう。一方、FCFを持ちすぎている企業については、採算に合わない投資をする危険性や、有望な投資機会が少ない可能性があるので注意が必要である。

　株式価値（＝内在価値、本質的価値）は、企業が将来にわたって生み出すであろうキャッシュ・フローの割引現在価値合計として計算される。したがって、将来キャッシュ・フローをもたらす投資が実現されなければ、株式価値は低下する。

207

キャッシュ・フロー分析は、このような経営の推移を見る上で有用である。

Point ④ キャッシュ・フロー指標

(1) 債務償還年数

$$債務償還年数（年）＝\frac{有利子負債}{営業活動によるキャッシュ・フロー}$$

営業キャッシュ・フローを基準に、有利子負債を何年以内に償還できるかを示す。

(2) 営業キャッシュ・フロー比率

$$営業キャッシュ・フロー比率＝\frac{営業活動によるキャッシュ・フロー}{流動負債}×100\%$$

(3) 営業キャッシュ・フロー負債比率

$$営業キャッシュ・フロー負債比率＝\frac{営業活動によるキャッシュ・フロー}{負債}×100\%$$

第3章　ファンダメンタル分析

例題15　《2005.2.Ⅰ.10》
自社株買いのキャッシュフローへの影響について他の条件を同じとした場合、これに関する次の記述のうち、正しいものはどれか。

A　投資キャッシュフローが減少する。
B　社債の償還と同様の効果がある。
C　短期借入金の増加と同じ効果がある。
D　営業キャッシュフローが増加する。

解答　　B

解説

自社株買いは、財務キャッシュフローを減少させる。

A　正しくない。自社株買いは、投資キャッシュフローの問題ではなく、財務キャッシュフローの減少につながる。
B　正しい。社債の償還は財務キャッシュフローを減少させ、自社株買いと同様の効果を生ずる。
C　正しくない。短期借入金の増加は財務キャッシュフローを増加させる。
D　正しくない。自社株買いは、営業キャッシュフローの問題ではなく、財務キャッシュフローの減少につながる。

例題16 《2014（秋）.2.Ⅰ.10》
キャッシュ・フロー計算書の項目に関する次の記述のうち、正しくないものはどれか。

A　棚卸資産の増加は、営業活動によるキャッシュ・フローを減少させる。
B　貸付による支出は、財務活動によるキャッシュ・フローの減少項目である。
C　減損損失は、営業活動によるキャッシュ・フローの増加項目である。
D　自己株式の取得は、財務活動によるキャッシュ・フローの減少項目である。

解答　B

解説

A　正しい。間接法では、営業活動によるキャッシュ・フローは税金等調整前当期純利益から棚卸資産増加額を減算して表示する。
B　正しくない。貸付による支出は、投資活動によるキャッシュ・フローの減少項目である。
C　正しい。間接法では、営業活動によるキャッシュ・フローは税金等調整前当期純利益に減損損失の額を加算して表示する。
D　正しい。自己株式の取得による支出は、財務活動によるキャッシュ・フローの減少項目である。

第3章　ファンダメンタル分析

例題17　《2011（秋）.2.Ⅰ.5》
フリー・キャッシュフローに関する次の記述のうち、正しいものはどれか。

A　フリー・キャッシュフローは、営業活動の結果として獲得されたキャッシュフローである。
B　成長企業もフリー・キャッシュフローはマイナスになることがある。
C　キャッシュリッチ企業はフリー・キャッシュフローがマイナスになることがない。
D　業績低迷企業はフリー・キャッシュフローがマイナスになる。

解答　B

解説

A　正しくない。フリー・キャッシュフローは営業活動によるキャッシュ・フローと投資活動によるキャッシュ・フローを合計したものである。
B　正しい。フリー・キャッシュフローがマイナスになる成長企業も存在する。
C　正しくない。キャッシュリッチ企業はキャッシュを持ち過ぎている企業（ストック概念）を指し、単年度のフリー・キャッシュフロー（フロー概念）がプラスになるとは限らない。
D　正しくない。業績低迷企業でも営業活動によるキャッシュ・フロー以内に設備投資を抑制するか、資産売却で投資活動によるキャッシュ・フローのマイナスを縮小すれば、フリー・キャッシュフローがプラスになる場合もある。

《2010（春）. 2. Ⅱ. 4》

例題18　A社の×8年会計年度の営業活動によるキャッシュ・フローは3,289百万円、有利子負債は20,268百万円である。債務償還年数はいくらか。

A　2.61年

B　3.23年

C　4.19年

D　6.16年

E　18.82年

解答 ▶ D

解　説

$$債務償還年数 = \frac{有利子負債}{営業活動によるキャッシュ・フロー}$$

$$= \frac{20,268百万円}{3,289百万円} = 6.162\cdots \fallingdotseq 6.16年$$

212

第3章　ファンダメンタル分析

5　1株当たり指標およびサステイナブル成長率

Point ①　1株当たり純資産（BPS：Bookvalue Per Share）

$$BPS = \frac{期末自己資本}{期末発行済株式数（期末自己株式数控除後）}$$

Point ②　1株当たり純利益（EPS：Earnings Per Share）

$$EPS = \frac{税引後当期純利益}{期中平均株式数} = \frac{税引後当期純利益}{期中平均発行済株式数 - 期中平均自己株式数}$$

Point ③　1株当たり指標の調整

　株式分割によって発行済み株式数が変化した場合や、権利行使されていない転換社債（転換社債型新株予約権付社債）やワラント（新株予約権）などの潜在株式がある場合には、1株当たり指標を調整する必要がある。試験対策上は、①株式分割が行われた場合のEPSの修正（遡及修正または時系列修正）、②ワラント、転換社債に係る潜在株式調整後EPSの計算、の2点を押さえる必要がある。

(1)　株式分割に係るEPSの遡及修正

例題19　以下の資料は、ある企業の各年度の発行済み株式数およびEPS、株式数の増加事由を示したものである。この資料に基づき、01年度、02年度、03年度のEPSについて遡及修正を行い、それぞれの修正EPSを計算しなさい。

（資料）

	株式増加事由	株式数（億株）	EPS（円）
01年度		3.0	15.00
02年度	株式分割1→1.6株	4.8	16.00
03年度	公募2億株	6.8	18.00
04年度	株式分割1→1.25株	8.5	20.00

解答 ▶ 　01年度　7.50円　　02年度　12.80円　　03年度　14.40円

解　説

EPSの遡及修正

	株式増加事由	修正係数 （A）	EPS（円） （B）	修正EPS（円） （A）×（B）
01年度		$1 \div 1.25 \div 1.6 = 0.50$	15.00	<u>7.50</u>
02年度	株式分割 1 →1.6株	$1 \div 1.25 = 0.80$	16.00	<u>12.80</u>
03年度	公募 2 億株	$1 \div 1.25 = 0.80$	18.00	<u>14.40</u>
04年度	株式分割 1 →1.25株	1	20.00	20.00

　まず、04年度に 1 株を1.25株に分割する株式分割が行われている。これによりEPSが低下するが、実際には持分シェアに変動はない。したがって、EPS成長率を正しく計算するために、過去に遡って、この株式分割の影響を取り除く必要がある。

　ある株主の04年度の株数を 1 とおいたとき、この株主の03年度、02年度の修正前持分は 1 対1.25の株式分割が行われる前の数値で修正係数は「 1 ÷ 1.25＝0.8」、01年度の修正前持分は、 1 対1.25、 1 対1.6の株式分割が行われる前の数値と考え、修正係数は「 1 ÷1.25÷1.6＝0.5」となる。この修正係数をEPSに掛ければ、株式分割の影響を控除した修正EPSが求められる。これを、EPS（あるいは株数）の遡及修正という。

　なお、公募増資は、既存株主の持分シェアを変動させる（例えば希薄化）ので、調整は行わない。

第3章　ファンダメンタル分析

(2)　潜在株式調整後EPS

　　ワラント（新株予約権）や転換社債（convertible bond、CB）のように、その保有者が普通株式を取得することができる権利が付与された証券や契約を潜在株式と呼ぶ。潜在株式が存在する場合、普通株式が新たに発行されたり普通株式に転換されたりすることにより普通株式数が増加すると、1株当たり当期純利益（EPS）が低下する等、既存株主の利益を害する可能性がある。このように、株式数の増加により既存株主の利益が害されることを希薄化効果と呼ぶ。企業会計基準では、希薄化効果がある場合、潜在株式調整後EPSの開示が必要とされている（逆に、潜在株式が存在しても、潜在株式の行使によりEPSが低下しない場合や1株当たり当期純損失の場合には、潜在株式調整後EPSは開示しない）。

　　以下では、ワラントや転換社債が存在する場合について、潜在株式調整後EPSの算出方法を具体的に見ることにする。

①　ワラントが存在する場合

　　ワラントとは、その保有者が会社に対してそれを行使したときに、会社から株式の発行を受ける権利をいい、会社法上は「新株予約権」として整理されている。ワラントの行使は、あらかじめ定めた一定期間（行使期間）内に、あらかじめ定めた一定の金額（行使価額）の払込みをすることによって行われる。このため、会社を売り手とする、その会社の株式を対象とするコール・オプションと見ることができる。

　　かつて商法でこの制度が導入された当初は、新株引受権付社債として、ワラント部分を社債から分離できないタイプ（非分離型）のワラント債の発行のみが認められていたが、その後の法改正を経て、ワラント部分を社債から分離できるタイプ（分離型）のワラント債の発行やワラントのみの発行も認められようになり、現在は「新株予約権」としてより一般的に整理されている。なお、非分離型のワラント債は現行法上、新株予約権付社債と称されている。

　　ところで、ワラントが存在する場合、期中平均株価がワラントの行使価

215

格を上回る場合に希薄化効果を有する。希薄化効果がある場合、ワラント
の潜在株式調整後EPSは次のように算出される。

潜在株式調整後EPS：ワラントが存在する場合

$$潜在株式調整後EPS＝\frac{当期純利益}{普通株式の期中平均株式数＋普通株式増加数}$$

ここで、普通株式増加数は、ワラントがすべて行使されたと仮定した場
合の株式増加数（希薄化効果があるワラントが①期首に存在する場合は期
首にすべて行使されたと仮定し、②期中に発行された場合は、発行時にす
べて行使されたと仮定する）から、期中平均株価で株式を買い戻したと仮
定した場合の株式数を差し引いて計算する。また、期中に行使されたワラ
ントがある場合は、その期間に応じて期間按分する。やや別の形で表現す
れば、普通株式増加数は次のように計算することもできる。

$$普通株式増加数＝\frac{期中平均株価－行使価格}{期中平均株価}$$
$$×発行時における普通株式増加数$$

このように、普通株式増加数は「すべて行使されたと仮定した場合の株
式増加数」そのものではなく「期中平均株価で株式を買い戻したと仮定し
た場合の株式数」を引いて計算している点に注意が必要である。ワラント
の場合、権利行使により払込みが行われるため、払込みがなされた部分に
ついては希薄化効果は生じていないと考えられる。仮に払込資金を原資に
期中平均株価で自社株消却を行えば、相当する株式数の増加は抑えられる
ことになるからである。もちろん、時価より低い行使価格で資金を調達し
ているのだから、新たに発行した株式すべては消却できず、株式数は増加
する。この純増分が既存株主の持分低下をもたらすので、これを調整する
必要がある、と理解していることになる。

第3章　ファンダメンタル分析

《2016（春）. 2. Ⅲ. 2》

例題20

　　T社のX2期における親会社株主に帰属する当期純利益は104億円
である。X2期の期中平均株数は145百万株、新株予約権の行使価格
は1,500円、期中平均株価は2,000円、すべて行使した場合の発行株式数は10百
万株とする。T社のX2期の潜在株式調整後1株当たり当期純利益はいくらですか。

A　67.0円

B　68.1円

C　69.3円

D　70.5円

E　71.7円

解答 ▶ 　　D

解 説

　　潜在株式の調整に関して、普通株式増加数は「すべて行使されたと仮定し
た株式増加数」そのものではなく、株式の発行企業が「期中平均株価で株式
を買い戻したと仮定した株式数」を差し引いて計算する。10百万株分がす
べて権利行使されると、1株当たり行使価格1,500円で発行するわけだから
1,500円×10百万株の資金が調達される。これを原資として期中平均株価
2,000円で株式を買い戻すと、買い戻せる株式数は、

$$\frac{1,500円 \times 10百万株}{2,000円} = 7.5百万株$$

である。買い戻されずに残る株式数は10百万株－7.5百万株＝2.5百万株であ
り、これを「普通株式増加数」として計算する。以上をまとめると、

$$普通株式増加数 = 10百万株 - \frac{1,500円}{2,000円} \times 10百万株$$

$$= \frac{2,000円 - 1,500円}{2,000円} \times 10百万株 = 2.5百万株$$

217

という計算になる。

$$潜在株式調整後EPS＝\frac{親会社株主に帰属する当期純利益}{期中平均株式数＋普通株式増加数}$$

$$＝\frac{104億円}{145百万株＋2.5百万株}＝70.5084...\approx 70.5円$$

例題21　A社について、期中平均株価1,800円、税引後当期純利益200億円、発行済株式数5億株、行使価格1,500円の未行使ワラント数1,500万個（すべて行使されたと仮定した場合の普通株式の発行数1,500万株）のデータが与えられたとき、この会社の潜在株式調整後EPSはいくらになりますか。

解答 ▶ 39.80円

解　説

このワラントは権利行使されていないので、期末のワラントの普通株式増加数を計算する。

$$普通株式増加数＝\frac{1,800円－1,500円}{1,800円}×1,500万株$$

$$＝250万株＝0.025億株$$

以上から、ワラントの希薄化効果を考慮した潜在株式調整後EPSを計算する。

$$潜在株式調整後EPS＝200億円÷（5億株＋0.025億株）$$

$$\approx 39.80円$$

例題22　B社の×1年度（×1年1月1日〜×1年12月31日）期首の発行済株式数は200万株であった。

同社は、同年7月1日に、新株予約権（ワラント）を行使価格

第3章　ファンダメンタル分析

150円で40万個発行した（これにより、すべて行使されたと仮定した場合、普通株式の発行数は40万株増加することになる）。このうち、20万株は同年11月1日に権利行使された。また、B社の当期純利益は1億円であった。

　なお、ワラント発行時から期末（×1年7月1日〜×1年12月31日）までの期間の平均株価は250円、ワラント発行時から行使時（×1年7月1日〜×1年10月31日）までの平均株価は200円であった。

　このときB社の潜在株式調整後EPSはいくらですか。ただし、期間按分は月割りで行うこと。

解答　▶　　47.85円

解　説

　まず、期中発行のワラント行使分の増加株数は次の通り。

$$20万株 \times \frac{2}{12} \approx 33,333株$$

よって、

　期中平均株式数＝2,000,000株＋33,333株＝2,033,333株

次に、普通株式増加数を計算する。

期末まで行使されないワラント

$$\frac{250円 - 150円}{250円} \times 20万株 \times \frac{6}{12} = 40,000株$$

行使されたワラントの未行使期間分

$$\frac{200円 - 150円}{200円} \times 20万株 \times \frac{4}{12} \approx 16,667株$$

　普通株式増加数＝40,000株＋16,667株＝56,667株

以上から、潜在株式調整後EPSを計算すると、

$$潜在株式調整後EPS＝\frac{1億円}{2,033,333株 + 56,667株} \approx 47.85円$$

219

② 転換社債が存在する場合

転換社債（CB）は、発行後所定の期間に一定の価格（転換価格という）で発行会社の株式に転換できる権利（転換権）が付いた社債である。転換社債の保有者は、転換権を行使するまでは社債を保有しているため定められた利子の支払いを受けるが、転換権の行使により社債は消滅し株式を保有することになる。会社法上は、転換社債型新株予約権付社債と称されている。

このような転換社債は、転換権の行使により、社債の償還が払込みに当てられるため、

・社債部分が消滅し、利払いがなくなる

・現実的な払込みは行わない

という点で、前項で扱った通常のワラント（債）と異なる。

転換社債が存在する場合、潜在株式調整後EPSは次のように算出される。

潜在株式調整後EPS：転換社債が存在する場合

$$潜在株式調整後EPS＝\frac{当期純利益＋当期純利益調整額}{普通株式の期中平均株式数＋普通株式増加数}$$

転換社債の存在が希薄化効果を有するのは、以上のように計算された潜在株式調整後EPSがEPSを下回る場合であり、この場合には潜在株式調整後EPSを開示しなければならない（逆に、希薄化効果を有しない場合や1株あたり当期純損失の場合には、潜在株式調整後EPSは開示しない）。

転換社債が存在する場合の潜在株式調整後EPSの計算では、分母の普通株式増加数と分子の当期純利益調整額の計算に若干注意する必要がある。

まず、普通株式増加数については、ワラントの場合のように現実の払込みはないので、その点の考慮は必要とせず、**転換権が行使されたと仮定した場合の普通株式増加数（希薄化効果がある転換社債が、(1)期首に存在する場合は、期首にすべて転換されたと仮定した株式数を、(2)期中に発行された場合は、発行時にすべて転換されたと仮定してその期間に応じた株式数）をそのままあてはめればよい。これを転換仮定方式といい、結果として当期に転換社債が存在しなかったとみなすことになる。** なお、転換社債で期

第3章　ファンダメンタル分析

中に転換された部分がある場合には、その期間に応じた株式増加数とする。

　次に、当期純利益調整額については、転換権の行使により社債部分が消滅するため利払費が減少し、当期純利益の増加要因になるため、この項を計算する必要がある。ただし、費用計上された利払費は税額控除の対象となっているため、

　　　当期純利益調整額＝支払利息×（1－法人税率）

で計算する。

例題23　　　C社の発行済み株式総数は5億株で、税引後当期純利益は70億円である。当期末時点で転換価格600円の転換社債（利率2％）が300億円存在する場合、潜在株式調整後EPSはいくらですか。なお、法人税率は40％で計算しなさい。

解答　▷　13.4円

解　説

STEP1：転換社債の転換に伴う当期純利益調整額を計算する。

　　　　　支払利息＝300億円×2％＝6億円

　　　　　当期純利益調整額＝6億円×（1－0.4）＝3.6億円

STEP2：転換社債の潜在株式数を計算する。

　　　　　300億円÷600円＝0.5億株

STEP3：潜在株式調整後EPSを計算する。

$$\frac{70億円＋3.6億円}{5億株＋0.5億株} ≒ 13.4円$$

STEP4：潜在株式調整前EPSを計算する。

　　　　　70億円÷5億株＝14円　＞　13.4円

　　　　したがって、希薄化効果があり、13.4円と開示される。

221

| 例題24 | D社の×1年度（×1年1月1日～×1年12月31日）期首の発行済株式数は200万株、当期純利益は1億円だった。そして同年7月1 |

日、同社は×1年度の支払利息500万円、額面1億円、転換価格250円、すべて転換したときの株式総数40万株（＝1億円÷250円）の転換社債（転換社債型新株予約権付社債）を発行した。このうち、同年11月1日に20万株が株式に転換した。このときの潜在株式調整後EPSはいくらですか。なお、法人税率は40％で計算しなさい。ただし、期間按分は月割りで行うこと。

解答 ▶ 46.82円

解 説

まず、期中発行の転換社債の転換分の増加株数は次の通り。

$$20万株 \times \frac{2}{12} \approx 33,333株$$

したがって、

期中平均株式数＝2,000,000株＋33,333株＝2,033,333株

次に、普通株式増加数を計算する。

期末まで行使されない転換社債

$$20万株 \times \frac{6}{12} = 100,000株$$

転換された転換社債の転換前期間分

$$20万株 \times \frac{4}{12} \approx 66,667株$$

普通株式増加数＝100,000株＋66,667株＝166,667株

次に、当期純利益調整額を計算する。

当期純利益調整額＝500万円×（1－0.4）＝300万円＝0.03億円

$$潜在株式調整後EPS＝\frac{1億円＋0.03億円}{2,033,333株＋166,667株} \approx 46.82円$$

第3章　ファンダメンタル分析

ここで、潜在株式調整前のEPSは、

$$\text{潜在株式調整前EPS} = \frac{1億円}{2,033,333株} \approx 49.18円 > 46.82円$$

なので、希薄化効果があり、46.82円と開示される。

Point ④　サステイナブル成長率

　企業の配当成長率 g をどのように推定すればよいかについてサステイナブル成長率（内部成長率）を紹介する。

　サステイナブル成長率とは、企業が内部留保による自己資本の増加によって達成できる理論的な利益・配当の潜在成長率をいう。

（前提条件）・企業のROEは一定
　　　　　　・配当性向（1株当たり配当金／1株当たり利益）一定

と想定すると、利益の増加額は再投資された内部留保額（税引き利益－配当金額）にROEを掛けた金額になる。これを図に表すと次のようになる。

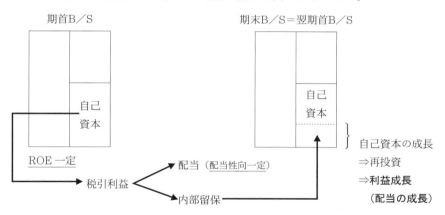

これをもとに、利益成長率を考えると

$$利益成長率 = \frac{翌期の利益増加額}{今年度の利益}$$

$$= \frac{今年度の内部留保 \times ROE}{今年度の利益}$$

$$= 内部留保率 \times ROE$$

この成長率のことをサステイナブル成長率という。

サステイナブル成長率

　　サステイナブル成長率＝内部留保率× ROE

　　　　　　　　　　　　　＝(1−配当性向)× ROE

サステイナブル成長率を計算する際の ROE は

$$\frac{今年度の利益}{\textbf{期首}自己資本}$$

ところで、ROAとROEの関係式は負債利子率をi、税率をt、負債をD、自己資本をEとすると次のように表すことができた。

$$ROE = \left\{ ROA + (ROA - i) \times \frac{D}{E} \right\} (1 - t)$$

ここで、ROAや負債利子率、税率が一定としても、財務レバレッジ（D/Eレシオ）が変化すればROEも変化する。したがって、ROEが一定という条件を充たすには、内部留保の増加（自己資本の増加）に応じて、D/Eレシオを一定に保つよう負債も増加させることを前提に置くことが必要になる。

つまり、このサステイナブル成長率は事業の収益性（ROA）、負債利子率（i）、資本構成（D/Eレシオ）、税率（t）、配当性向のすべてが一定水準を維持し、自己資本はすべて内部留保で調達するという前提のもとで成立する成長率ということになる。

第3章　ファンダメンタル分析

例題25

A社のX1年3月期とX2年3月期の財務データが以下に示されている。これに基づいて以下の設問に解答せよ。

なお、貸借対照表数値は、期首または期末数値を使用すること。

●損益計算書（単位：千円）

	X1／3期	X2／3期
売上高	1,200,000	1,500,000
売上原価	960,000	1,200,000
売上総利益	240,000	300,000
販管費	100,000	120,000
営業利益	140,000	180,000
受取利息・配当金	30,000	30,000
持分法による投資利益	10,000	10,000
支払利息	20,000	20,000
経常利益	160,000	200,000
税金等調整前当期純利益	160,000	200,000
法人税，住民税及び事業税	80,000	100,000
税引後当期純利益	80,000	100,000

●貸借対照表（単位：千円）

総資本	1,200,000	1,392,000
負　債	700,000	812,000
自己資本	500,000	580,000
発行済株式数	2,000,000株	2,000,000株
1株当たり配当金	8円	10円

問1　X1／3期とX2／3期の1株当たり利益（EPS）を計算せよ。

問2　X1／3期とX2／3期の配当性向を計算せよ。

問3　X2／3期のサステイナブル成長率を計算せよ。

問4　X2／3期のデータに基づきROEを計算し、デュポン・システムに従って3指標に分解せよ。

問5　X2／3期のデータに基づきROAを計算せよ。

225

問6 いま、他の条件はX2／3期と同様であるとの前提のもとで、X3／3期の
ROAの標準偏差が20％と予想されたとする。このとき、X3／3期のROE
の標準偏差は何％になると予想されるか計算せよ。

解答 ▶
　問1　X1／3期：40円　　X2／3期：50円
　問2　X1／3期：20.0%　　X2／3期：20.0%
　問3　16%
　問4　ROE：17.241%
　　　　売上高利益率　6.7%　　総資本回転率　1.078回
　　　　財務レバレッジ　2.4倍
　問5　15.805%
　問6　24.0%

解　説

問1　EPS＝ $\dfrac{\text{税引後当期純利益}}{\text{発行済株式総数}}$

　X1／3期：　80,000千円÷2,000,000株＝40円

　X2／3期：100,000千円÷2,000,000株＝50円

問2　配当性向＝ $\dfrac{\text{配当総額}}{\text{税引後当期純利益}}$ ＝ $\dfrac{\text{1株当たり配当金}}{\text{1株当たり利益（EPS）}}$

　X1／3期：8÷40＝0.2＝20.0%

　X2／3期：10÷50＝0.2＝20.0%

問3　サステイナブル成長率＝ROE×(1−配当性向)

　　　　※ROE＝ $\dfrac{\text{税引後当期純利益}}{\text{（期首）自己資本}}$

　　　　　　 ＝ $\dfrac{100,000}{500,000}$ ×(1−0.2)

　　　　　　 ＝0.2×0.8

　　　　　　 ＝0.16＝16%

第3章　ファンダメンタル分析

問4　$\text{ROE} = \dfrac{\text{税引後当期純利益}}{\text{自己資本}}$

$\quad = \dfrac{\text{税引後当期純利益}}{\text{売上高}} \times \dfrac{\text{売上高}}{\text{総資本}} \times \dfrac{\text{総資本}}{\text{自己資本}}$

$\quad$（売上高利益率）（総資本回転率）（財務レバレッジ）

$\quad = \dfrac{100,000}{580,000} = 0.172413\cdots \approx 17.241\%$

$\quad = \dfrac{100,000}{1,500,000} \times \dfrac{1,500,000}{1,392,000} \times \dfrac{1,392,000}{580,000}$

$\quad \approx 0.067 \times 1.078 \times 2.4$

問5　$\text{ROA} = \dfrac{\text{事業利益}}{\text{総　資　本}}$

$\quad = \dfrac{\text{営業利益＋受取利息・配当金＋持分法による投資利益}}{\text{総資本}}$

$\quad = \dfrac{180,000 + 30,000 + 10,000}{1,392,000} = 0.158045\cdots \approx 15.805\%$

問6　$\sigma_{ROE} = \sigma_{ROA} \times \left(1 + \dfrac{D}{E}\right)(1-t)$

$\quad = 20\% \times \left(1 + \dfrac{812,000}{580,000}\right) \times (1-0.5) = 24.0\%$

227

MEMO

第4章

株式分析

1．傾向と対策 ……………………………………230
2．ポイント整理と実戦力の養成 ……………232
  1　株式の投資尺度／232
  2　配当割引モデル（DDM）／236
  3　成長機会の現在価値（PVGO）／244
  4　その他の株式価値算定法／251

1. 傾向と対策

「株式分析」で扱われるトピックは、PER（株価収益率）、PBR（株価純資産倍率）をはじめとする「株式の投資尺度」と、配当割引モデル、残余利益モデル、FCFE割引モデルを三本柱とする「株式価値評価モデル」に大別され、内容は比較的限られている。投資尺度を比較する問題、成長機会の現在価値（PVGO）といった隣接問題は、基本的に株式の投資尺度と株式価値評価モデルに基づいている。

株式の投資尺度については、どのような形であれ株式に関連する分野に携わっていれば、何らかの形で「見覚え・聞き覚え」のあるものが多いだろう。証券アナリスト試験では、それぞれ投資尺度の定義がかなり厳密なので、意味・内容および計算式を今一度確認しておきたいところである。

株式価値評価モデルは、いずれもディスカウント・キャッシュフロー（DCF）に基づくもの。要するに「資産の価値（株価）は、将来もたらされるキャッシュフローの割引現在価値の合計」という考え方であり、割引率にはCAPMを使うというのが定石。また、キャッシュフローが一定率で成長する場合は、サステイナブル成長率を使う。何を「将来のキャッシュフロー」と捉えるかでモデルの成り立ちが少しずつ異なるが、「クリーン・サープラス」のもとでは、どのモデルを用いても株価は等しくなる。

株式価値の評価は、永続企業を前提とするため無限等比級数となるなど、債券などにくらべてストーリー仕立てははるかに複雑なのだが、「評価公式」となるとむしろ至ってシンプルな覚えやすいものとなってしまう。素直な計算問題であれば、見事に単純化された評価公式に問題で与えられた数値を代入するだけ。計算処理も非常に簡単で、誰もが出来てしまい得点に差がつかない。そうなると、素直な計算問題というのはそうそう出なくなり、出題者は受験者に式を変幻自在に操ることを要求してくる。株式分析の最も厄介な「傾向」は、もとの公式そのものは非常にシンプルで覚えやすいのだが、計算問題を解くにあたって、あたかもパズルのように式の操作・展開が必要となる場合が多いことだろう。この式の操作・展開にもある種のパターンがないわけではないが、「試験対策」としてはパターンを体系化するよりも、問題をこなして慣れてしまうのが得策だろう。

第4章　株式分析

総まとめテキストの項目と過去の出題例

「総まとめ」の項目	過去の出題例	重要度
株式の投資収益率	2017年秋・第3問・Ⅱ問2 2018年春・第3問・Ⅱ問3 2019年春・第3問・Ⅰ問2	A
株式の投資尺度	2017年秋・第2問・Ⅱ問4 2018年春・第3問・Ⅰ問6、問7 　　　　　　　　　Ⅲ問1～問3 2018年秋・第3問・Ⅰ問6、問7 　　　　　　　　　Ⅲ問1、問3 2019年春・第2問・Ⅰ問5 　　　　　　　　　Ⅱ問4 　　　　　　第3問・Ⅰ問4、問6、問7 　　　　　　　　　Ⅱ問1、問4 2019年秋・第2問・Ⅰ問5、問6 　　　　　　　　　Ⅲ問1 　　　　　　第3問・Ⅰ問2、問5～問7 　　　　　　　　　Ⅱ問3 　　　　　　　　　Ⅲ問4	A
配当割引モデル （DDM）	2017年秋・第3問・Ⅰ問1～問3 　　　　　　　　　Ⅱ問2、問4 　　　　　　　　　Ⅲ問3 2018年春・第3問・Ⅰ問1、問5 　　　　　　　　　Ⅱ問2、問4 　　　　　　　　　Ⅲ問4 2018年秋・第3問・Ⅰ問1、問3 　　　　　　　　　Ⅲ問2 2019年春・第3問・Ⅰ問2、問5 　　　　　　　　　Ⅱ問3、問4 　　　　　　　　　Ⅲ問1、問2、問4 2019年秋・第3問・Ⅰ問1、問4 　　　　　　　　　Ⅱ問2、問4 　　　　　　　　　Ⅲ問1	A
成長機会の現在価値 （PVGO）	2019年春・第3問・Ⅰ問1 2019年秋・第3問・Ⅰ問1 　　　　　　　　　Ⅲ問2、問3	B
フリー・キャッシュ フロー割引モデル	2017年秋・第3問・Ⅰ問4、問5 2018年春・第3問・Ⅰ問3 2018年秋・第3問・Ⅰ問4 2019年春・第3問・Ⅱ問4	A
残余利益モデル	2017年秋・第3問・Ⅰ問6、問7 2018年春・第3問・Ⅰ問4 2018年秋・第3問・Ⅰ問5 　　　　　　　　　Ⅱ問2～問4 2019年春・第3問・Ⅰ問3 　　　　　　　　　Ⅱ問4 2019年秋・第3問・Ⅰ問3	A

231

2. ポイント整理と実戦力の養成

1 株式の投資尺度

Point ① 株価収益率（PER：Price Earnings Ratio）

$$PER = \frac{株\ 価}{1株当たり利益（EPS）}$$

Point ② 株価純資産倍率（PBR：Price Bookvalue Ratio）

$$PBR = \frac{株\ 価}{1株当たり自己資本（BPS）}$$

Point ③ 株価キャッシュフロー比率（PCFR：Price Cashflow Ratio）

$$PCFR = \frac{株\ 価}{1株当たりキャッシュフロー}$$

＊キャッシュフロー＝税引後当期純利益＋減価償却費

＊会計処理方法の影響を受ける利益ではなく、キャッシュフローとの関係で株価を評価する。

＊とくに国際的な株価評価を行う際に、各国の会計基準の差を取り除いた比較ができるという意味で使用されることが多い。

Point ④ 株価売上高比率（PSR：Price Sales Ratio）

$$株価売上高比率 = \frac{株\ 価}{1株当たり売上高}$$

Point ⑤ 企業価値EBITDA倍率（EV／EBITDA倍率）

$$企業価値EBITDA倍率 = \frac{企業価値}{EBITDA}$$

＊企業価値（EV：Enterprise Value）：有利子負債総額＋株式時価総額－現預金が用いられることが多い。

第4章 株式分析

＊EBITDA（Earnings before Interest, Taxes, Depreciation and Amortization）：国内会計基準では営業利益＋減価償却費、SEC基準では税引前当期純利益＋支払利息＋減価償却費が用いられる。

＊企業価値EBITDA倍率は、企業が生む税引前キャッシュフローとしてEBITDAをとり、その数値をもとに企業価値を判断するものである。EBITDAは償却費を控除する前の利益指標なので、償却方法の影響を受けない。償却方法によって当期純利益の値が変わる場合、PER（株価収益率）はこの影響を受けるが、EBITDAは変わらないので企業価値EBITDA倍率は影響を受けない。

Point ⑥ イールド・スプレッド（yield spread）

yield spread＝長期債利回り－株式益回り

$$＊株式益回り = \frac{1株当たり利益（EPS）}{株\ 価} = \frac{1}{PER}$$

Point ⑦ 配当利回り

$$配当利回り = \frac{1株当たり配当金}{株\ 価}$$

Point ⑧ 配当性向

$$配当性向 = \frac{配当総額}{税引後当期純利益} = \frac{1株当たり配当金}{1株当たり利益（EPS）}$$

233

例題1 《2012（春）.3.I.3》

株式の評価尺度に関する次の記述のうち、正しくないものはどれか。

A 益回りは1株当たりの利益を株価で割った値であり、PERの逆数である。
B 株価が配当割引モデルに従うとき、当該株式のリスクが高くなるとPERは低くなる。
C 株価キャッシュフロー比率は、会計処理方法の影響を受けない。
D 企業価値EBITDA倍率の分子は、有利子負債総額と自己資本簿価の合計値である。

解答 D

解説

A 正しい。株式益回り $= \dfrac{1}{PER} = \dfrac{EPS}{株価}$

B 正しい。株価が配当割引モデルに従うとき、PERは以下のようになる。

$$PER = \dfrac{配当性向}{要求収益率 - 成長率}$$

当該株式のリスクが高くなると要求収益率が高くなるので、PERは低くなる。

C 正しい。株価キャッシュフロー比率（PCFR）は株価を1株当たりキャッシュフローで割ったものであり、「キャッシュフロー」には税引後当期純利益＋減価償却費が用いられることが多い。減価償却費控除前の数値であるため会計処理方法の影響を受けにくいとされる。

D 正しくない。企業価値EBITDA倍率は企業価値をEBITDAで割ったものであり、分子の企業価値には有利子負債総額＋株式時価総額－現預金が用いられることが多い。

第4章 株式分析

《2019（秋）.2.I.5》

例題2 株価が300円、1株当たり配当が15円、1株当たり営業利益が30円、発行済株式数が2億株、親会社株主に帰属する当期純利益が40億円である企業の配当性向はいくらか。

A 　5%

B 　50%

C 　67%

D 　75%

E 　100%

解答　▶　D

解 説

$$配当性向 = \frac{1株当たり配当}{1株当たり当期純利益} = \frac{1株当たり配当 \times 発行済株式数}{1株当たり当期純利益 \times 発行済株式数}$$

$$= \frac{1株当たり配当 \times 発行済株式数}{親会社株主に帰属する当期純利益}$$

$$= \frac{15円 \times 2億株}{40億円} = 75\%$$

2 配当割引モデル（DDM）

配当割引モデルの考え方は、基本的には債券の場合と同じであり、株式保有者にもたらされる将来のキャッシュフローを現在価値に割り引いて株式の価格を導き出す。

債券の場合、キャッシュフローはクーポンおよび償還価格であったが、株式の場合は配当である。また、債券の場合は償還があるが、株式の場合は保有期間が非常に長いと仮定し、無限等比級数を使う。

＊無限等比級数

$$S = \frac{a}{1-r}$$　　a：初項
　　　　　　　　r：公比

Point ① ゼロ成長モデル

$$P_0 = \frac{D}{1+k} + \frac{D}{(1+k)^2} + \frac{D}{(1+k)^3} + \cdots$$

$$= \frac{D}{k}$$

P_0：株価
D　：配当
k　：割引率

Point ② 定率成長モデル

$$P_0 = \frac{D_1}{1+k} + \frac{D_1(1+g)}{(1+k)^2} + \frac{D_1(1+g)^2}{(1+k)^3} + \cdots$$

$$= \sum_{t=1}^{\infty} \frac{D_1(1+g)^{t-1}}{(1+k)^t}$$

$$= \frac{D_1}{k-g} \qquad (0 < g < k)$$

P_0：株価
D_1：１期後の配当
g　：配当成長率
k　：割引率

Point ③ 多段階成長モデル（２段階成長モデル）

１株当たりの配当金が、最初のT年間は毎期 g_1 の率で成長し、その後は g_2 の率で永久に成長すると予想する。

第 4 章　株式分析

$$P_T = \frac{D_T(1+g_2)}{k-g_2} = \frac{D_{T+1}}{k-g_2}$$

$$P_0 = \frac{D_1}{1+k} + \frac{D_1(1+g_1)}{(1+k)^2} + \frac{D_1(1+g_1)^2}{(1+k)^3} + \cdots + \frac{D_1(1+g_1)^{T-1}+P_T}{(1+k)^T}$$

$$(0 < g_2 < k)$$

P_0 ：株価

P_T ：T 期後の株価

D_1 ：1 期後の配当

D_T ：T 期後の配当

g_1 ：最初の配当成長率

g_2 ：T 期後の配当成長率

k ：割引率

Point ④　正味現在価値法（NPV法）

　正味現在価値（NPV）とは、投資が生み出す将来キャッシュフローC_nを事業リスクに見合った適当な割引率 k で割り引いた現在価値V_0から投資額の現在価値 I を差し引いたものをいう。

$$NPV = V_0 - I$$

$$= \left(\frac{C_1}{1+k} + \frac{C_2}{(1+k)^2} + \cdots + \frac{C_T}{(1+k)^T} \right) - I = \sum_{t=1}^{T} \frac{C_t}{(1+k)^t} - I$$

ただし、C_t　：t 期に発生するキャッシュフロー

　　　　V_0　：事業が生み出す将来キャッシュフローの現在価値合計

　　　　I　：投資額の現在価値

　NPVは投資が生み出す将来キャッシュフローの現在価値合計から投資額の現在価値を差し引いたものであるから、これがプラスならこの投資案を採用すべきであることがわかる。

　$NPV > 0$ …投資する。

| 例題3 | 以下の財務データに基づいて、甲社と乙社の配当利回り、株価収益率（PER）、株価純資産倍率（PBR）を計算しなさい。なお、計算結果に端数が生じる場合は、小数第3位を四捨五入すること。 |

	甲社	乙社
売上高	1,600億円	2,000億円
税引後利益	84億円	68億円
自己資本	500億円	820億円
発行済株式数	3億株	4億株
1株当たり配当金（予想）	6円	5円
現在株価	550円	620円

解答 ▶

配当利回り：甲社1.09%、乙社0.81%

株価収益率（PER）：甲社19.64倍、乙社36.47倍

株価純資産倍率（PBR）：甲社3.30倍、乙社3.02倍

解 説

$$\text{配当利回り} = \frac{\text{1株当たり配当金}}{\text{株価}}$$

甲社 $\dfrac{6}{550} \times 100 \approx 1.090 = 1.09\%$

乙社 $\dfrac{5}{620} \times 100 \approx 0.806 = 0.81\%$

$$\text{1株当たり利益（EPS）} = \frac{\text{税引後利益}}{\text{発行済株式数}}$$

甲社 $\dfrac{84}{3} = 28$円

乙社 $\dfrac{68}{4} = 17$円

$$\text{株価収益率（PER）} = \frac{\text{株価}}{\text{1株当たり利益}}$$

甲社 $\dfrac{550}{28} \approx 19.642 = 19.64$倍

乙社 $\dfrac{620}{17} \approx 36.470 = 36.47$倍

第 4 章　株式分析

$$\text{株価純資産倍率（PBR）} = \frac{\text{株価}}{\text{1株当たり純資産}}$$

1株当たり純資産　　　　甲社　$\dfrac{500}{3} \approx 166.666 = 166.67$円

　　　　　　　　　　　　乙社　$\dfrac{820}{4} = 205$円

株価純資産倍率（PBR）　甲社　$\dfrac{550}{166.67} \approx 3.299 = 3.30$倍

　　　　　　　　　　　　乙社　$\dfrac{620}{205} \approx 3.024 = 3.02$倍

例題 4

株式分析に関する以下の設問に解答せよ。

問 1　X1年 3 月末に1,200円であった A 社の株価は、翌 X2年 3 月末（権利落ち後）に1,400円となった。X1年度中の配当（年 1 回）は12円である。また、期末において 1 : 1.05の株式分割が行われた。A 社株の 1 年間の投資収益率はいくらか。

問 2　B 社の 1 株当たりの配当金は 1 年後の今年度期末に10円、来年度以降は年率 4 ％で毎年増配と予想される（ただし中間配当はない）。要求収益率を 6 ％として定率成長配当割引モデルを使って現在の妥当な株価を算定すると、いくらになるか。

問 3　定率成長配当割引モデルによれば、C 社の理論株価は320円である。 1 株当たりの期末予想配当金は10円、配当成長率は年率3.00％であり、無リスク利子率を1.025％とすれば、C 社の要求収益率に含まれるリスク・プレミアムはいくらか。

解答　　　**問 1　23.5%**　　　**問 2　500円**　　　**問 3　5.1%**

239

解 説

問1

$$\frac{12+1,400\times1.05}{1,200} - 1 = 0.235 = 23.5\%$$

問2

定率成長配当割引モデル：株価 $= \dfrac{1\text{期後の配当金}}{\text{要求収益率（割引率）}-\text{配当成長率}}$

株価 $= \dfrac{10}{0.06-0.04} = 500$ 円

問3

$$320 = \frac{10}{k-0.03}$$

$$320(k-0.03) = 10$$

$$k-0.03 = 0.03125$$

$$k = 6.125\%$$

$$6.125 - 1.025 = 5.1\%$$

例題5　LL社の1年後（今期末）の予想配当は5円（中間配当は無し）で、この配当はその後2年間は年率4.0％で成長し、それ以降は2.0％で永久に成長するものと予想される。LL社の市場における適正な評価利率は5.5％とみなされている。2段階成長モデルに従って現在の株価を計算せよ。

解答　148.23円

第4章　株式分析

> ## 解　説
>
> 3年後の株価（P_3）は、次のように計算される。
>
> $$P_3 = \frac{5 \times (1+0.040)^2 \times (1+0.020)}{0.055-0.020} \approx 157.60$$
>
> したがって、現在の株価（P_0）は、
>
> $$P_0 = \frac{5}{1+0.055} + \frac{5 \times (1+0.040)}{(1+0.055)^2}$$
>
> $$+ \frac{5 \times (1+0.040)^2 + 157.60}{(1+0.055)^3} \approx 148.23 \text{（円）}$$

例題6　無借金経営であるX社は余剰資金を使って投資総額1億円の投資プロジェクトA、Bのどちらを採用するか検討している。

プロジェクトAを実行すると、今後毎年520万円のキャッシュフローを生むことがわかっている。

またプロジェクトBを実行すると、初期年度に330万円のキャッシュフローを生み出し、このキャッシュフローが年当たり2％で定率成長していくことがわかっている。

この投資家の要求期待収益率は5％であると仮定してこの二つの投資案の正味現在価値（NPV）を求めることで、どちらの投資案を採用するか検討しなさい。また減価償却費、更新費用、投資に伴う増加運転資本はゼロであるとする。

解答▷
A案　400万円
B案　1,000万円
∴B案を採用する。

241

解　説

まず無借金経営であるため割引率は株主の要求収益率に等しく5％である。

A案について正味現在価値を求める。

$$NPV_A = -10,000 + \frac{520}{1+0.05} + \frac{520}{(1+0.05)^2} + \cdots + \frac{520}{(1+0.05)^n} + \cdots$$

$$= -10,000 + \frac{520}{0.05}$$

$$\underline{= 400万円}$$

同様にB案について正味現在価値を求める。

$$NPV_B = -10,000 + \frac{330}{1+0.05} + \frac{330(1+0.02)}{(1+0.05)^2} + \cdots + \frac{330(1+0.02)^{n-1}}{(1+0.05)^n} + \cdots$$

$$= -10,000 + \frac{330}{0.05-0.02}$$

$$\underline{= 1,000万円}$$

$$NPV_A < NPV_B$$

$$NPV_B > 0$$

よって、B案を採用することがわかる。

第 4 章　株式分析

例題 7

《2011（秋）. 3. I. 2》
株価収益率（PER）に関する次の記述のうち、正しくないものはどれですか。

A　すべての株式が定率成長モデルに従うならば、PERは同じ値となる。
B　将来の高い利益成長が期待できる株式のPERは高くなる傾向がある。
C　他の条件が一定ならば、株式の要求収益率が高いほどPERは低い。
D　PERは株価を1株当たり利益で割った指標である。

解答　　A

解説

株価が定率成長配当割引モデルに従う場合、PERは以下のようになる。

$$\text{PER} = \frac{\text{株価}}{\text{EPS}} = \frac{\dfrac{D_1}{k-g}}{\text{EPS}} = \frac{\dfrac{\text{EPS} \times d}{k-g}}{\text{EPS}} = \frac{d}{k-g}$$

A　正しくない。PERは要求収益率（k）、配当成長率（g）、配当性向（d）で決まるといえるだけであって、各企業間で理論的に正しい一定のPERが存在するわけではない。
B　正しい。将来の高い利益成長はより高い配当成長率をもたらす傾向があると考えられる。分母の配当成長率（g）が高くなれば、PERは高くなると考えられる。
C　正しい。他の条件を一定とすれば、要求収益率（k）が高いほどPERは低くなる。
D　正しい。PERは株価を1株当たり利益（EPS）で割って計算した指標である。

3　成長機会の現在価値（PVGO）

　企業の利益あるいは配当が内部留保のみによって成長していくと考えたとき（つまり、企業の利益・配当はサステイナブル成長率に従って成長する）、企業が株主に対して配当を行う場合、利益の全額を配当するのか、もしくは利益の一部を配当するのかによって企業の成長に影響を与えることになる。例えば、利益を全額配当する場合、企業に留保される内部留保はゼロということになり、企業は成長できないことになる。一方、利益の一部を配当として社外に流出して残りが内部留保されるならば、企業はそれを新たに事業へ投資し成長することができる。この事業への新規投資は株価に反映されることになるが、事業投資に伴う株式価値の増大分を「成長機会の現在価値」（Present Value of Growth Opportunities：PVGO）と呼ぶ。

（例）

- 今期の1株当たり予想利益：10円
- 投資家の要求収益率：10%
- 内部留保のみで利益・配当が成長する。

(1)　利益の全額を配当する場合の株価

$$P_0 = \frac{10}{1.1} + \frac{10}{1.1^2} + \frac{10}{1.1^3} + \cdots = \frac{10}{0.1} = 100円$$

(2)　利益の一部を配当（配当性向40%）する場合（残りは全額内部留保され再投資）

①　ROE：15%の場合

1株当たり配当金：10円×0.4＝4円

サステイナブル成長率：15%×(1−0.4)＝9%

$$P_0 = \frac{4}{1.1} + \frac{4 \times 1.09}{1.1^2} + \frac{4 \times 1.09^2}{1.1^3} + \cdots = \frac{4}{0.1 - 0.09} = 400円$$

PVGO：400−100＝300円

第 4 章　株式分析

② 　ROE：10％の場合

サステイナブル成長率：10％×（1−0.4）＝6％

$$P_0 = \frac{4}{1.1} + \frac{4 \times 1.06}{1.1^2} + \frac{4 \times 1.06^2}{1.1^3} + \cdots = \frac{4}{0.1 - 0.06} = 100円$$

PVGO：100−100＝0円

③ 　ROE：5％の場合

サステイナブル成長率：5％×（1−0.4）＝3％

$$P_0 = \frac{4}{1.1} + \frac{4 \times 1.03}{1.1^2} + \frac{4 \times 1.03^2}{1.1^3} + \cdots = \frac{4}{0.1 - 0.03} \approx 57円$$

PVGO：57−100＝−43円

　上記例のように、ROE と要求収益率を比較して ROE の方が高い①の場合PVGO は正値となり、逆に ROE の方が低い③の場合PVGO は負値となる。これは、ROE が投資家の要求収益率よりも高い事業に投資した場合、それを評価し株価が上昇することになるが、ROE が要求収益率よりも低い事業へ投資をすれば株価を下落させることを意味している。また、ROE と要求収益率が等しければ、株価は変化しない。

245

《2016（秋）. 3. Ⅲ》

例題8　図表1はX社、Y社、Z社の今期の配当性向、予想EPS、ROE など成長機会の現在価値（PVGO）を示すデータである。3社とも株主の要求収益率は9％で、今後も負債を持たない。また、3社とも配当性向とROEは一定で、内部留保は全額を設備投資に充てるものとする。

図表1　X社、Y社、Z社のデータ

	X社	Y社	Z社
配当性向	100.0%	30.0%	30.0%
予想EPS	40円	40円	40円
ROE	12.0%	12.0%	8.0%
サステイナブル成長率	0.0%	8.4%	5.6%

問1　Y社の成長機会の現在価値はいくらですか。

A　　955.6円

B　1,200.0円

C　1,444.4円

D　1,555.6円

E　2,000.0円

問2　Z社の成長機会の現在価値はいくらですか。

A　－151.5円

B　　－91.5円

C　　－15.6円

D　　352.9円

E　　444.4円

解答　　問1　D　　問2　B

第4章　株式分析

> **解　説**

　X社は全額配当して内部留保しないのでゼロ成長、Y社は配当性向が30％で残り70％は内部留保されるので定率成長。他のデータはX社と同じである。一方、Z社も配当性向が30％で残り70％は内部留保されるので定率成長だが、X社およびY社と比べROEが低く、サステイナブル成長率も低い。成長機会の現在価値（PVGO）を大雑把に定率成長する場合の株価と全額配当してゼロ成長の場合の株価の差と捉えると以下のようになる。

$$PVGO = \frac{D_1}{k-g} - \frac{D}{k}$$

　ただし、D_1：今期末予想1株当たり配当金、D：全額配当した場合の1株当たり配当金（＝EPS）、k：要求収益率、g：サステイナブル成長率。

　つまり、X社株価との差である。

問1　$PVGO = \dfrac{EPS \times d}{k-g} - \dfrac{EPS}{k} = \underbrace{\dfrac{40 \times 0.3}{0.09-0.084}}_{Y社株価} - \underbrace{\dfrac{40}{0.09}}_{X社株価} \approx 2,000 - 444.4 = 1,555.6$

問2　$PVGO = \dfrac{EPS \times d}{k-g} - \dfrac{EPS}{k} = \underbrace{\dfrac{40 \times 0.3}{0.09-0.056}}_{Z社株価} - \underbrace{\dfrac{40}{0.09}}_{X社株価} \approx 352.9 - 444.4 = -91.5$

　Y社はROEが株主の要求収益率を上回り、サステイナブル成長率も十分に高い。このため株価がX社よりも高く、PVGOはプラスとなる。これに対してZ社はROEが株主の要求収益率を下回り、サステイナブル成長率が低い。このため株価がX社よりも低く、PVGOはマイナスとなる。

　Z社のROEが株主の要求収益率と同じ9％であるとすると、サステイナブル成長率は$g = 9\% \times (1-0.3) = 6.3\%$である。この場合、株価はX社と等しくPVGOはゼロとなる。

$$PVGO = \frac{EPS \times d}{k-g} - \frac{EPS}{k} = \frac{40 \times 0.3}{0.09-0.063} - \frac{40}{0.09} \approx 444.4 - 444.4 = 0$$

247

(3) PVGOモデル

(2)①のROEが15％の場合で考えてみる。配当性向が40％なので内部留保率は60％、したがって、今期末の1株当たり新規投資額は次のようになる。

今期の1株当たり予想利益×内部留保率＝10円×60％＝6円

ROEが15％なので、この新規投資から毎期6円×0.15のキャッシュフローが生まれる。また要求収益率が10％なので、新規投資が生むキャッシュフローの今期末時点での現在価値は、

$$新規投資が生むキャッシュフローの現在価値＝\frac{6円×0.15}{0.1}$$

今期末の新規投資の正味現在価値は、

$NPV_1＝－新規投資額＋新規投資が生むキャッシュフローの現在価値$

$$＝－6円＋\frac{6円×0.15}{0.1}＝3円$$

サステイナブル成長率が9％なので、次期の1株当たりの新規投資額は9％成長して6×1.09円である。そして、その新規投資は15％のリターンを生むため、次期の期末における新規投資の正味現在価値は次の通り。

$$NPV_2＝－6円×1.09＋\frac{6円×1.09×0.15}{0.1}＝3×1.09円$$

したがって、要求収益率をk、サステイナブル成長率をgとすると、現時点における毎期の新規投資の現在価値合計は次のように計算される。

$$毎期の新規投資の現在価値合計＝\frac{NPV_1}{1+k}＋\frac{NPV_2}{(1+k)^2}＋\frac{NPV_3}{(1+k)^3}＋\cdots$$

$$＝\frac{NPV_1}{1+k}＋\frac{NPV_1(1+g)}{(1+k)^2}＋$$

$$\frac{NPV_1(1+g)^2}{(1+k)^3}＋\cdots$$

$$＝\frac{NPV_1}{k-g}$$

各数値を代入すると、

$$毎期の新規投資の現在価値合計＝\frac{3円}{0.1-0.09}＝300円$$

第4章　株式分析

このように、新規投資のNPVの総合計はPVGOと等しくなる。

また、PVGOを用いると株価は次の2つの要素に分解できる。

株価＝利益を全額配当する（成長機会がない）場合の株価

　　　＋PVGO（成長機会の現在価値）

$$= \frac{\text{今期1株当たり利益}}{\text{要求収益率}} + \frac{\text{今期末の新規投資の正味現在価値}}{\text{要求収益率}-\text{サステイナブル成長率}}$$

$$= \frac{E_1}{k} + \frac{NPV_1}{k-g}$$

ここで、内部留保率を b とすると、

$NPV_1 = -$新規投資額＋新規投資が生むキャッシュフローの現在価値

$$= -bE_1 + \frac{\text{ROE}\times bE_1}{k}$$

$$= \frac{bE_1(\text{ROE}-k)}{k}$$

また、サステイナブル成長率 $g = \text{ROE}\times b$ なので、株価の式に代入すると次のように変形できる。

$$株価 = \frac{E_1}{k} + \frac{1}{k-\text{ROE}\times b} \times \frac{bE_1(\text{ROE}-k)}{k}$$

$$= \frac{E_1}{k} + \frac{bE_1(\text{ROE}-k)}{k(k-\text{ROE}\times b)}$$

各数値を代入すると、

$$株価 = \frac{10円}{0.1} + \frac{0.6\times 10円\times(0.15-0.1)}{0.1\times(0.1-0.15\times 0.6)} = 400円$$

と、配当割引モデルの結果と等しくなる。

《2011（春）.3.Ⅰ.3》

例題9　　成長機会の現在価値（PVGO）に関する次の記述のうち、<u>正しくないもの</u>はどれですか。

A　PVGOは、企業による毎年の新規事業投資が新たに生み出す価値の総和と考えることができる。

B　成長機会がない場合の株価にPVGOを加えると、理論株価を導くことがで

249

きる。

C　他の条件が同じ場合には、サステイナブル成長率が大きい株式ほどPVGO
は大きくなる。

D　ROEがリスクフリー・レートを上回る場合には、PVGOは必ずプラスの値
となる。

解答　▶　D

解　説

$$\underbrace{PVGO}_{\text{成長機会の現在価値}} = V - \frac{D}{k}$$

$$= \underbrace{\frac{D_1}{k-g}}_{\text{理論株価（定率成長）}} - \underbrace{\frac{D}{k}}_{\text{全額配当（ゼロ成長）}}$$

$$= \frac{EPS \times d}{k - ROE \times \underbrace{(1-d)}_{\text{内部留保率}}} - \frac{EPS}{k}$$

A　正しい。PVGOは新規事業投資が新たに生み出す価値の総和と考えられ
る。

B　正しい。上の式を変形すれば、$V = \dfrac{D}{k} + PVGO$である。

C　正しい。サステイナブル成長率（g）が大きいほど理論株価は高くなり、
PVGOも大きくなる。

D　正しくない。内部留保率（$1-d$）が正、要求収益率（k）が正、かつ、
要求収益率がサステイナブル成長率を上回る（$k - ROE \times$内部留保率>0）
という標準的な仮定の下でもROEが要求収益率を下回れば（すなわち、
$ROE - k < 0$であれば）PVGOはマイナスになり、ROEがリスクフリー・
レートを上回るかどうかとは関係ない。

250

第 4 章　株式分析

4　その他の株式価値算定法

　株式価値の算定方法には、配当割引モデル以外にも、フリー・キャッシュフロー割引モデル、残余利益モデルがあり、さらに企業価値をもとに株式価値を計算する方法もある。

Point ① フリー・キャッシュフロー割引モデル

　株式価値は、株主が自由に使えるフリー・キャッシュフロー（株主に対するフリー・キャッシュフロー：free cash flow to equity、FCFE）の割引現在価値として求められ、そして株主に対するフリー・キャッシュフローは次のようになる。

> FCFE＝税引後当期純利益＋減価償却額－設備投資額－正味運転資本増加額
> 　　　＋負債増加額

　なおここで、正味運転資本増加額は現金・預金以外の流動資産の増加額と短期借入債務以外の流動負債の増加額の差、負債増加額は負債調達額と負債返済額の差を表す。

　また、設備投資額と正味運転資本増加額を合計したものを総投資額と呼ぶことにすると、総投資額から減価償却額を差引いたものは純投資額と言える。そして、企業が純投資額のうち一定の割合を負債で調達すると仮定し、負債の増加がそれ以外ないとすると、FCFEは次のように表せる（ここでの負債構成比率は、企業が純投資額のうち負債で賄う割合）。

> FCFE＝税引後当期純利益－（設備投資額＋正味運転資本増加額－減価償却額）＋（設備投資額＋正味運転資本増加額－減価償却額）×負債構成比率
> 　　　＝税引後当期純利益－（設備投資額＋正味運転資本増加額－減価償却額）×（1－負債構成比率）
> 　　　＝税引後当期純利益－純投資額×（1－負債構成比率）

251

前述のとおり、FCFEは株主が自由に使えるキャッシュフローであり、配当支払い可能額を表す。そして、企業がFCFEを全額配当するとすると、株式の理論価値はFCFEを現在価値に割り引いて、次のように計算できる。

$$P_0 = \frac{FCFE_1}{1+k} + \frac{FCFE_2}{(1+k)^2} + \frac{FCFE_3}{(1+k)^3} + \cdots = \sum_{t=1}^{\infty} \frac{FCFE_t}{(1+k)^t}$$

ここで、P_0：株式価値、k：割引率、$FCFE_t$：t期の$FCFE$

さらに、FCFEが毎期一定の成長率 g で成長する場合には、次のように計算することができる。

$$P_0 = \frac{FCFE_1}{k-g}$$

例題10

問1 A社は負債を保有しておらず、毎年3億円のFCFEを上げると想定されている。同社株主の要求収益率は5％、現時点は今期配当落ち直前とする。フリー・キャッシュフロー割引モデルを前提にすると、現時点の株式価値はいくらになりますか。

問2 A社は毎年FCFE3億円全額を配当するものとする。配当割引モデルを前提にすると、現時点（今期配当落ち直前）の株式価値はいくらになりますか。なお、同社株主の要求収益率は5％で問1と変わらないものとする。

問3 A社が、今期のFCFEのうち50％を配当し、残りの50％は資金運用されて事業への投資額は変わらないものとする。来期以降はFCFEを全額配当すると想定し、配当割引モデルを前提にすると、現時点（今期配当落ち直前）のA社の株式価値はいくらになりますか。なお、同社株主の要求収益率は5％で問1と変わらないものとする。

解答 ▶ 　問1　63億円　問2　63億円　問3　63億円

252

第 4 章　株式分析

解　説

問 1　A社株主の要求収益率は 5 ％なので、株式価値はフリー・キャッシュフローの現在価値として、

配当支払い直前の株式価値＝FCFEの現在価値

$$= 3 + \frac{3}{1.05} + \frac{3}{1.05^2} + \cdots \quad = 3 + \frac{3}{0.05} = 63億円$$

問 2　A社株主の要求収益率は 5 ％なので、株式価値は配当の現在価値として、

配当支払い直前の株式価値＝配当の現在価値

$$= 3 + \frac{3}{1.05} + \frac{3}{1.05^2} + \cdots \quad = 3 + \frac{3}{0.05} = 63億円$$

問 3　A社は今期のFCFEのうち50％を配当し、残りの50％は資金運用するので、配当1.5億円、金融資産1.5億円である。また来期以降はFCFEを全額配当（ 3 億円）すると、

配当支払い直前の株式価値＝金融資産＋配当の現在価値

$$= 1.5 + 1.5 + \frac{3}{1.05} + \frac{3}{1.05^2} + \cdots \quad = 1.5 + 1.5 + \frac{3}{0.05} = 63億円$$

となる。

　問 2 、問 3 より、企業が今期上げたFCFEを全額配当する場合でも、全額配当せずに、一部社内留保して資金運用を行う場合でも、配当支払い前の時点で見れば株式価値は等しい。また、問 1 、問 2 、問 3 より、株式価値は配当割引モデルでもフリー・キャッシュフロー割引モデルでも等しい。このように、理論的には配当割引モデルとフリー・キャッシュフロー割引モデルは同一のものである。

253

Point ② 残余利益モデル（割引超過利益評価法）

残余利益モデルでは、理論株価は期首自己資本簿価に残余利益の現在価値を加えることで求められる。ここで、残余利益（超過利益ともいう）とは、当該企業の純利益のうち、リスクを考慮した場合に得られてしかるべき必要収益を超える利益額をいい、次のように定義される。

> 残余利益＝　　　　純利益　　　　－　　　　　必要収益
> 　　　　＝期首自己資本×ROE－期首自己資本×要求収益率
> 　　　　＝期首自己資本×（ROE－要求収益率）

いま、期首の1株当たり自己資本簿価 B_0、株主の要求収益率 k とすると、理論株価 P_0 は次の式で表される。

> 理論株価＝期首の1株当たり自己資本＋残余利益の現在価値
> $$P_0 \quad = \quad B_0 \quad + \sum_{t=1}^{\infty} \frac{(ROE_t - k)B_{t-1}}{(1+k)^t}$$
> ただし、B_{t-1}：t 期の期首1株当たり自己資本、ROE_t：t 期の ROE

さらに、毎期のROEが一定で、自己資本が毎期一定の成長率 g で成長する場合には、次のように計算することができる。

> $$P_0 = B_0 + \frac{(ROE - k)B_0}{k - g}$$

この式は次のように導かれる。一般的には増資等の資本取引がない場合、税引後当期純利益から配当を支払った後の未処分利益剰余金が会計年度の期首と期末の間の自己資本の変動部分となる。これを**クリーン・サープラス関係**といい、年度末の自己資本簿価（book value of equity：B_1）は次のようになる。

$B_1 = B_0 + E_1 - D_1$

ただし、E_1：税引後当期純利益、D_1：配当金

配当金について式を変形すると、

$$D_1 = B_0 + E_1 - B_1$$

より、t 年度の配当には次のような関係が成立する。

$$D_t = B_{t-1} + E_t - B_t$$

この式を配当割引モデルの式に当てはめると、現在の株式価値 P_0 は、

$$P_0 = \frac{D_1}{1+k} + \frac{D_2}{(1+k)^2} + \frac{D_3}{(1+k)^3} + \frac{D_4}{(1+k)^4} + \cdots$$

$$= \frac{B_0 + E_1 - B_1}{1+k} + \frac{B_1 + E_2 - B_2}{(1+k)^2} + \frac{B_2 + E_3 - B_3}{(1+k)^3} + \frac{B_3 + E_4 - B_4}{(1+k)^4} + \cdots$$

$$= \frac{B_0 + E_1 - B_1 + kB_0 - kB_0}{1+k} + \frac{B_1 + E_2 - B_2 + kB_1 - kB_1}{(1+k)^2}$$

$$+ \frac{B_2 + E_3 - B_3 + kB_2 - kB_2}{(1+k)^3} + \frac{B_3 + E_4 - B_4 + kB_3 - kB_3}{(1+k)^4} + \cdots$$

$$= \frac{(1+k)B_0}{1+k} + \frac{E_1 - kB_0}{1+k} - \frac{B_1}{1+k} + \frac{(1+k)B_1}{(1+k)^2} + \frac{E_2 - kB_1}{(1+k)^2} - \frac{B_2}{(1+k)^2}$$

$$+ \frac{(1+k)B_2}{(1+k)^3} + \frac{E_3 - kB_2}{(1+k)^3} - \frac{B_3}{(1+k)^3} + \frac{(1+k)B_3}{(1+k)^4} + \frac{E_4 - kB_3}{(1+k)^4}$$

$$- \frac{B_4}{(1+k)^4} + \cdots$$

配当が今後N年間続くときの株式価値は、

$$P_0 = B_0 + \frac{E_1 - kB_0}{1+k} + \frac{E_2 - kB_1}{(1+k)^2} + \frac{E_3 - kB_2}{(1+k)^3} + \frac{E_4 - kB_3}{(1+k)^4} + \cdots - \frac{B_N}{(1+k)^N}$$

$\displaystyle\lim_{N \to \infty} \frac{B_N}{(1+k)^N} = 0$ とすると、

$$P_0 = B_0 + \frac{E_1 - kB_0}{1+k} + \frac{E_2 - kB_1}{(1+k)^2} + \frac{E_3 - kB_2}{(1+k)^3} + \frac{E_4 - kB_3}{(1+k)^4} + \cdots$$

また、

t 年度の超過利益 ＝ t 年度の当期純利益 － 株主が要求する最低限の純利益額

$$= E_t - kB_{t-1}$$

$$= ROE_t \cdot B_{t-1} - kB_{t-1}$$

$$= (ROE_t - k)B_{t-1}$$

また長期にわたる平均的な自己資本利益率を ROE として $ROE = ROE_t$、現在の自己資本簿価が一定成長率 g で増価していくと仮定すると、

$B_t = (1+g)^t B_0$ より、

$$P_0 = B_0 + \frac{(ROE-k)B_0}{1+k} \cdot \left\{ 1 + \frac{1+g}{1+k} + \frac{(1+g)^2}{(1+k)^2} + \frac{(1+g)^3}{(1+k)^3} + \cdots \right\}$$

要求収益率 $k >$ 自己資本簿価の成長率 g とすると、

$$P_0 = B_0 + \frac{(ROE-k)B_0}{1+k} \cdot \frac{1+k}{k-g}$$

$$= B_0 + \frac{(ROE-k)B_0}{k-g}$$

となる。以上からわかるように、配当割引モデルにクリーン・サープラス関係を適用すれば、残余利益モデルは得られる。

Point ③ 企業価値をもとに株式価値を計算するアプローチ

株式価値の算定方法にはここまでで取り上げた3つのアプローチ（配当割引モデル、フリー・キャッシュフロー割引モデル、残余利益モデル）以外にも、まず企業価値を計算し、それから負債価値を引いて株式価値を求めるといったアプローチもある。

① 企業価値

企業価値 ＝ その企業が生み出すフリー・キャッシュフローの期待値を加重平均資本コストで割り引いた現在価値

$$= \sum_{t=1}^{\infty} \frac{t期のフリー・キャッシュフローの期待値}{（1＋加重平均資本コスト）^t}$$

ここでのフリー・キャッシュフローは、次のように計算する（前述の「株主に対するフリー・キャッシュフロー（FCFE）」とは異なる点に注意）。

フリー・キャッシュフロー

＝事業からのキャッシュフロー－投資のキャッシュフロー

＝税引後営業利益＋減価償却費－設備投資額－正味運転資本増加額

また、割引率は負債利子率を負債コスト、株式の要求収益率を株主資本コストとして、次のように加重平均する。これは**加重平均資本コスト**（WACC：

256

第4章　株式分析

Weighted Average Cost of Capital) と呼ばれる。

$$加重平均資本コスト = \frac{負債価値}{企業価値} \times 税引後負債コスト$$
$$+ \frac{株式価値}{企業価値} \times 株主資本コスト$$

② 株式価値

①で計算された企業価値から負債価値を引くことで、株式価値を求める。

$$株式価値 = 企業価値 - 負債価値$$

例題11
《2013（春）．3．Ⅲ．3》
残余利益モデルに関する次の記述のうち、正しくないものはどれか。

A 残余利益とは、純利益から期首自己資本に要求収益率を掛けたものを差し引いた結果である。
B 毎期の残余利益の割引現在価値合計が、株式の理論価値となる。
C クリーンサープラス関係を前提とすれば、今期純利益と今期期首自己資本の和から今期期末自己資本を差し引いたものが、今期配当に等しい。
D クリーンサープラス関係を前提とすれば、残余利益モデルは配当割引モデルと整合的なことを示すことができる。

解答　B

解説

A　正しい。
B　正しくない。毎期の残余利益の割引現在価値合計と期首の自己資本の和が株式の理論価値となる。
C　正しい。
D　正しい。

例題12　B社の今期予想当期純利益は15億円、期首自己資本は100億円、サステイナブル成長率は毎期５％、株式の要求収益率は９％とする。同社は毎年10億円の純投資を行い、そのうち50％を負債で、残りの50％は内部留保で賄い、残った利益額は配当として支払い、増資はしない方針をとっている。

問1　フリー・キャッシュフロー割引モデルから計算される今期首のB社の株式価値はいくらになりますか。B社の株主に対するフリー・キャッシュフロー（FCFE）はサステイナブル成長率で成長するとする。

問2　配当割引モデルから計算される今期首のB社の株式価値はいくらになりますか。なお、配当はサステイナブル成長率で成長するとする。

問3　残余利益モデルから計算される今期首のB社の株式価値はいくらになりますか。なお、残余利益はサステイナブル成長率で成長するとする。

解答　問1　250億円　問2　250億円　問3　250億円

第 4 章　株式分析

> **解　説**

問 1　企業の純投資額のうち負債で賄う割合を一定とすると、

FCFE＝純利益－（設備投資額＋正味運転資本増加額－減価償却額）

$$×（1 －負債構成比率）$$

$$＝純利益－純投資額×（1 －負債構成比率）$$

$$＝15億円－10億円×（1 －0.5）＝10億円$$

$$株式価値＝\frac{今期FCFE}{株式の要求収益率－サステイナブル成長率}$$

$$＝\frac{10億円}{0.09－0.05}＝250億円$$

問 2　B社は毎年10億円の純投資を行い、その50％を負債で、残りは内部留保で賄う方針なので、

$$内部留保＝純投資額×（1－0.5）＝10億円×（1－0.5）＝5億円$$

したがって、

$$今期配当額＝純利益－内部留保＝15億円－5億円＝10億円$$

$$株式価値＝\frac{今期配当額}{株式の要求収益率－サステイナブル成長率}$$

$$＝\frac{10億円}{0.09－0.05}＝250億円$$

問 3

$$今期残余利益＝純利益－期首自己資本×株式の要求収益率$$

$$＝15億円－100億円×0.09＝6億円$$

残余利益もサステイナブル成長率5％で成長するので、

$$株式価値＝自己資本＋\frac{今期残余利益}{株式の要求収益率－サステイナブル成長率}$$

$$＝100億円＋\frac{6億円}{0.09－0.05}＝250億円$$

配当割引モデル、フリー・キャッシュフロー割引モデル、残余利益モデルは理論的に同一なものなので、以上のように同じ前提のもとでは同じ計算結果が得られる。

《2009（秋）．3．Ⅰ》

例題13　　X社、Y社は負債のない無借金企業でありROEは毎期一定、また外部資金調達の予定もない。株主の要求収益率（均衡期待収益率）はCAPMにしたがって算出され、市場リスク・プレミアムは5％とする。

図表　X社の株式とY社の株式に関するデータ

	ROE	予想EPS	株式ベータ	均衡期待収益率
X社株式	8.0%	100円	**問1**	8.0%
Y社株式	12.5%	100円	1.4	10.0%

問1　X社の株式ベータを計算せよ。

A　0.8

B　0.9

C　1.0

D　1.1

E　1.2

問2　X社が来期以降のEPS（1株当たり利益）を全額配当するものとして、配当割引モデルから導かれるX社の理論株価を計算せよ。

A　　800円

B　　900円

C　1,000円

D　1,150円

E　1,250円

問3　X社株式のPBRを計算せよ。ただし、PBRの算出に用いる株価は、配当割引モデルから導いた理論値とする。

A　0.80

B　1.00

C　1.25

D　1.50

E　1.75

260

第 4 章　株式分析

問 4　Y社が来期以降のEPS（1株当たり利益）を全額配当する場合、Y社の
　　　BPS（1株当たり純資産）と株価の関係について最も適切なものはどれか。
　　　株価は、配当割引モデルから導いた理論値とする。

A　株価はBPSを上回る。

B　株価はBPSを下回る。

C　株価はBPSに一致する。

D　株価とBPSの関係は一概に決まらない。

問 5　Y社が配当政策を変更して、来期以降EPSの4割を内部留保して再投資す
　　　る場合、Y社の理論株価はいくらか。内部留保の再投資収益率は期待ROE
　　　に等しいものとする。

A　　900円

B　1,000円

C　1,100円

D　1,200円

E　1,300円

解答　　　問1　C　問2　E　問3　B　問4　A　問5　D

解　説

問 1　CAPM

$$E[R_i] = \beta_i \underbrace{(E[R_M] - R_f)}_{\substack{\text{市場リスク・プレミアム} \\ = 5\%}} + \underbrace{R_f}_{?}$$

　　　ただし、β_i：i社の株式ベータ、$E[R_i]$：i社株式の均衡期待収益率
　　（$i =$ X,Y）、$E[R_M]$：市場の均衡期待収益率。

　　　無リスク利子率（リスクフリー・レート：R_f）が未知なので、Y社
　　データから逆算する。

261

Y社：$10\% = 1.4 \times 5\% + R_f \quad R_f = 3\%$

X社：$8\% = \beta_X \times 5\% + 3\% \quad \beta_X = 1.0$

問2　DDM（定額配当＝ゼロ成長モデル）

$$P = \frac{D}{k} = \frac{EPS}{k} = \frac{100}{0.08} = 1,250$$

ただし、P：理論株価、D：（定額）配当金、k：株主の要求収益率（均衡期待収益率）。

問3　EPS（1株当たり当期純利益）、BPS（1株当たり自己資本）、PBR（株価純資産倍率）

$$EPS = \frac{当期純利益}{株数} = \frac{ROE \times 自己資本}{株数} = ROE \times BPS \Leftrightarrow$$

$$BPS = \frac{EPS}{ROE} = \frac{100}{0.08} = 1,250$$

$$PBR = \frac{P}{BPS} = \frac{1,250}{1,250} = 1.0$$

問4　株価とBPS

残余利益モデル　$P = BPS + \dfrac{BPS \times (ROE - k)}{k - g}$

ただし、P：理論株価、k：株主の要求収益率（均衡期待収益率）、

g：サステイナブル成長率。

によれば、$P = BPS + \dfrac{BPS \times (0.125 - 0.1)}{k - g} > BPS$ となる。確認すると、

$$P = \frac{D}{k} = \frac{EPS}{k} = \frac{100}{0.1} = 1,000$$

$$BPS = \frac{EPS}{ROE} = \frac{100}{0.125} = 800$$

問5　DDM（定率成長モデル）

サステイナブル成長率　$g = ROE \times 内部留保率 = 12.5\% \times 0.4 = 5\%$

$$P = \frac{D_1}{k - g} = \frac{EPS \times d}{k - g} = \frac{100 \times (1 - 0.4)}{0.1 - 0.05} = 1,200$$

ただし、P：理論株価、D_1：1期後（今期末）配当金、d：配当性向、

k：株主の要求収益率（均衡期待収益率）、g：サステイナブル成長率。

第5章

デリバティブ分析

1．傾向と対策 ……………………………………264
2．ポイント整理と実戦力の養成 ……………267
    1　オプション取引／267
    2　先物取引／315
    3　金利デリバティブ／336
    4　通貨スワップ／343
    5　債券先物取引／345
    6　デリバティブ取引の概要／348

1. 傾向と対策

いわゆるデリバティブの中心となるのは株価指数を対象としたオプションと先物である。この分野の背後にあるのは「一物一価」、すなわち「裁定チャンスはない（無裁定条件)」という考え方と債券で取り扱った「現在価値」である。これはファイナンス理論全体を通して貫かれた考え方であるが、デリバティブはこの考え方が最も色濃く反映される分野のひとつであろう。各論点で押さえておくべきポイントは以下のとおりである。

●オプション

・オプション価格の決定要因がプレミアムに与える影響

コール、プットの価値はどのような要因により上がるか下がるか？

・プット・コール・パリティ

非常に重要であり、用途も幅広い。導出プロセスまで理解しておきたい。

・オプション損益図および損益計算

損益図の描き方がわかっていないと解きにくい問題、あるいは損益図を描けば簡単に解答できる問題が結構多い。慣れてしまえば非常に簡単なので、一度は練習しておいた方がよい（**例題11**参照)。

・オプション評価モデル

２項プロセスがほとんどである。ブラック＝ショールズ・モデルと本質的には同じものであり、オプション理論の考え方を理解するには２項プロセスで十分である。また、オプションデルタやガンマといったヘッジ・パラメータは、オプションのポジション管理においては、一般的なものである。考え方・意味くらいは押さえておいた方がよい。

また、２期間を対象としたオプション評価モデルも出題されるようになってきている。考え方は１期間の場合と同じだが、計算手続きが少々面倒になる。**例題13**を通じて慣れておいてほしい。

●株式先物

意義を押さえ、先物理論価格は確実に計算できるようにしておく。ほかに計算問題としては損益、裁定取引などが問題となりやすい。

264

第 5 章　デリバティブ分析

●スワップ

　ときどき小問で 1 問程度、出題されることがある。金利スワップの基本知識
程度は押さえておくことが望まれる。

●債券先物

　小問で 1 問程度の出題例が見られる。

　基本的な商品特性は押えておきたい。

総まとめテキストの項目と過去の出題例

「総まとめ」の項目	過去の出題例	重要度
オプション取引	2017年秋・第5問・Ⅰ問1、問3～問6 Ⅱ問2～問4 Ⅲ問1～問5 2018年春・第5問・Ⅰ問1～問5 Ⅱ問1～問5 Ⅲ問3～問5 2018年秋・第5問・Ⅰ問3～問5 Ⅱ問4～問6 Ⅲ問1～問4 2019年春・第5問・Ⅰ問3～問5 Ⅱ問1～問5 Ⅲ問2～問5 2019年秋・第5問・Ⅰ問4、問5 Ⅱ問1～問5 Ⅲ問2～問5	A
先物取引	2017年秋・第5問・Ⅰ問1、問2 Ⅱ問1 2018年春・第5問・Ⅲ問1、問2 2018年秋・第5問・Ⅰ問1、問2 Ⅱ問1～問3、問6 2019年春・第5問・Ⅰ問1、問2 Ⅲ問1 2019年秋・第5問・Ⅰ問1～問3 Ⅲ問1	A
金利デリバティブ		C
通貨スワップ		C

第5章　デリバティブ分析

2. ポイント整理と実戦力の養成

1　オプション取引

Point ① オプション取引の意義と種類

(1) オプション取引

- 所定の期間内①に特定の資産②を特定の価格③で買う権利④、または売る権利⑤を与える契約

- オプションの買い手はオプションの売り手に対してプレミアム⑥を支払う

　① 所定の期間 ($T-t$) ：権利行使期間（満期日までの残存期間）

　② 特定の資産 (S) ：オプションの取引対象である原資産

　③ 特定の価格 (K) ：権利行使価格

　④ 買 う 権 利 (C) ：コール・オプション

　⑤ 売 る 権 利 (P) ：プット・オプション

　⑥ プ レ ミ ア ム ：オプションの価値（オプション価格）

(2) オプションの種類

　ヨーロピアン・オプション：権利行使は満期日に限定される。

　アメリカン・オプション：権利行使期間内であればいつでも権利行使できる。権利行使の自由度がヨーロピアン・オプションに比べて高いので他の条件が同じならば、アメリカン・オプションの価値はヨーロピアン・オプションの価値以上になる。

267

Point ② オプション取引のキャッシュフロー

株価指数オプションを例に、オプション売買時と満期時の取引の流れを見てみる。なお、日本の上場株価指数オプションはヨーロピアン・オプションで、権利行使されると満期時の価格（SQ：特別清算数値）と権利行使価格の差額相当分の金銭授受が行われる差金決済の形をとる。

1）オプション売買時

2）オプション満期時

コール・オプション

・SQ＞権利行使価格のとき

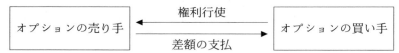

・SQ≦権利行使価格のとき

プット・オプション

・SQ＜権利行使価格のとき

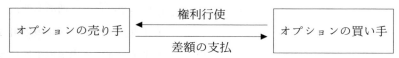

・SQ≧権利行使価格のとき

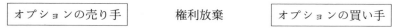

第5章　デリバティブ分析

Point ③　プレミアム

(1)　オプションの価値

オプションの価値＝本質的価値＋時間価値

⇑

満期日にはゼロとなる（タイム・ディケイ）

・満期日におけるコールの価値：$C = Max[S_T - K、0]$

$$S_T > K \Rightarrow C = S_T - K$$

$$S_T \leqq K \Rightarrow C = 0$$

・満期日におけるプットの価値：$P = Max[K - S_T、0]$

$$S_T < K \Rightarrow P = K - S_T$$

$$S_T \geqq K \Rightarrow P = 0$$

ただし、S_T：満期日の原資産価格

《原資産価格と権利行使価格の関係》

| イ ン ・ ザ ・ マ ネ ー |……ITM（In-The-Money）：権利行使すれば利益が生じる状態（本質的価値が正）

| アウト・オブ・ザ・マネー |……OTM（Out-of-The-Money）：権利行使すれば損失の生じる状態（本質的価値がゼロ）

| アット・ザ・マネー |……ATM（At-The-Money）：権利行使価格と原資産価格が一致している状態（本質的価値がゼロ）

	In The Money	At The Money	Out of The Money
コール	$S_T > K$	$S_T = K$	$S_T < K$
プット	$S_T < K$	$S_T = K$	$S_T > K$
本質的価値	+	0	0
時 間 価 値	+	最大	+

269

図5−1−1　株価とコール・オプションの価値

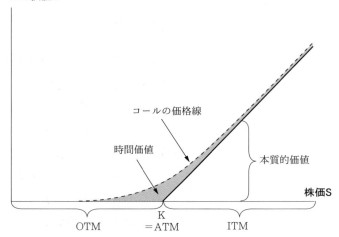

図5−1−2　株価とプット・オプションの価値

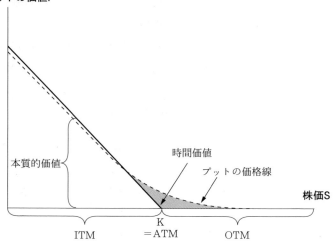

K：権利行使価格、OTM：アウト・オブ・ザ・マネー、ATM：アット・ザ・マネー、ITM：イン・ザ・マネー。

第5章 デリバティブ分析

(2) オプション価格決定要因

			決定要因の上昇による影響	
			コール	プット
①	原 資 産 価 格 (S)	↑	↑	↓
②	権 利 行 使 価 格 (K)	↑	↓	↑
③	金 利 (r)	↑	↑	↓
④	残 存 期 間 ($T-t$)	↑	↑	↑（まれに↓*）
⑤	ボ ラ テ ィ リ テ ィ (σ)	↑	↑	↑
⑥	配 当 (d)	↑	↓	↑

（＊） 他の条件が等しければ、残存期間が長い方が一般的にプレミアムは高く
なる。ただし、ディープ・イン・ザ・マネーのヨーロピアン・プットの場
合に例外が生じうる。

《2010（秋）.5.Ⅰ.8》

例題1　オプション・プレミアムに関する次の記述のうち、正しくない**も**
のはどれですか。

A　原資産価格が高いほど、コール・プレミアムは高くなる。

B　原資産価格が高いほど、原資産価格の上昇に対するコール・プレミアムの上
昇は大きくなる。

C　残存期間が減少するほど、コール・プレミアムは高くなる。

D　ボラティリティが大きいほど、コール・プレミアムは高くなる。

解答　　C

271

> **解説**
>
> 基本的には残存期間が短くなるほどコール、プットともプレミアムは低下するが、ディープ・イン・ザ・マネーのヨーロピアン・プットに例外がある点に注意したい。

(3) オプション価格の上限と下限（原資産に配当なし）

満期前において、行使価格の現在価値はリスクフリー・レートによって割り引かれるため行使価格より小さい値となり、原資産に満期までに配当がないヨーロピアン・オプションの価格の上限と下限は次の範囲をとる。

コール…ゼロ以上で、原資産価格と行使価格の現在価値から引いた45度右上がりの直線の範囲

プット…ゼロ以上で、行使価格の現在価値とそれから45度右下がりの直線の範囲

図5－1－3　ヨーロピアン・オプション価格の上限と下限

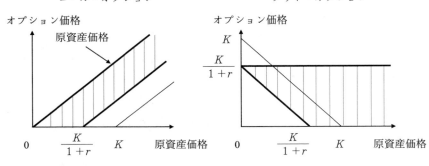

K：行使価格、r：リスクフリー・レート、破線部：オプション価格の存在範囲

一方、アメリカン・オプションの場合、満期前に権利行使される可能性があるため、オプション価格の上限・下限がヨーロピアン・オプションの場合に比べ高くなる場合がある。ヨーロピアン・オプションに比べ自由度の高いアメリカン・オプションの価格が下回ることは無いことも考慮すると、原資

第5章　デリバティブ分析

産に満期までに配当がないアメリカン・オプションの価格の上限と下限は次の範囲をとる。

　コール…ヨーロピアンと同じ範囲

　プット…ゼロ以上で、行使価格とそれから45度右下がりの直線の範囲

図5－1－4　アメリカン・オプション価格の上限と下限

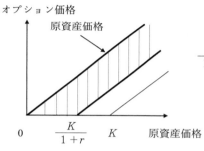
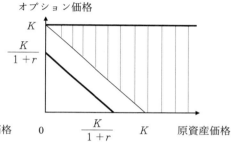

K：行使価格、r：リスクフリー・レート、破線部：オプション価格の存在範囲

(4) アメリカン・オプションの満期前権利行使

　アメリカン・オプションは満期前に権利行使することができるが、この満期前行使については、以下のようにまとめられる。

● **配当のない株式を原資産とするアメリカン・コールは満期前に権利行使すべきでない。**

● それ以外は場合による。

273

《2010（秋）. 5. I. 6》

例題 2 アメリカン・オプションに関する次の記述のうち、<u>正しくないも</u>のはどれですか。

A ヨーロピアン・オプションとは異なり、満期日以前のいつでも権利行使が可能である。

B 今、直ちに権利行使をしてオプションに価値がある状態が、イン・ザ・マネーである。

C プットオプションのオプション価格の下限値はヨーロピアン・オプションよりも高い。

D 原株式に配当のないコール・オプションは、満期前に権利行使される可能性がある。

解答 ▶ D

解 説

原株式に配当のないアメリカン・タイプのコール・オプションは、満期以前に権利行使した場合の価値がオプション価格の下限値よりも低く、オプションのまま転売した方が有利なため、満期前に行使される可能性はない。

274

第5章　デリバティブ分析

Point ④　プット・コール・パリティ

（意義）同一の原資産に関するコール・プレミアムとプット・プレミアム
　　　　（同一権利行使価格、同一権利行使期間）との間に成立する均衡関係
（前提）ヨーロピアン・タイプ、配当なし

取　　引	現時点（t）のコスト	満期日のキャッシュ・フロー	
		$S_T > K$	$S_T \leqq K$
原資産1単位買い	$+S_t$	S_T	S_T
コール1単位売り	$-C_t$	$-(S_T-K)$	0
プット1単位買い	$+P_t$	0	$K-S_T$
借　　入	$-\dfrac{K}{(1+r)^{T-t}}$	$-K$	$-K$
合　　計	$+S_t-C_t+P_t-\dfrac{K}{(1+r)^{T-t}}$	0	0

　このポートフォリオは満期日にはいかなる場合でもキャッシュ・フローはゼロ
であり、市場が完全で裁定機会がないとすれば、現在のコストもゼロになるはず
であるから、

$$S_t-C_t+P_t-\frac{K}{(1+r)^{T-t}}=0$$

が成立する。これは、プット・コール・パリティと呼ばれ、次のように整理でき
る。

$$C_t = P_t+S_t-\frac{K}{(1+r)^{T-t}} \qquad\qquad P_t = C_t-S_t+\frac{K}{(1+r)^{T-t}}$$

$$\Uparrow \qquad\qquad\qquad\qquad\qquad\qquad \Uparrow$$

コール買い＝プット買い＋原資産買い＋借入　　プット買い＝コール買い＋原資産売り＋貸付

なお、近似的には

$$C_t \fallingdotseq P_t+S_t-\frac{K}{1+r(T-t)} \qquad\qquad P_t \fallingdotseq C_t-S_t+\frac{K}{1+r(T-t)}$$

が成立する。

275

Point ⑤ 2項モデル（バイノミアル・オプション評価モデル）

原資産価格が1期間経過したときに上昇するか下落するかの2つの状態にしかない場合を想定し、オプション価格を導出する。

（考え方）

2項モデルでは、原資産である株式と安全資産を適当に組み合わせたポートフォリオを作って、オプション満期時点に株価が上昇しようと下落しようとコールと同じペイオフが得られるようにできるとしたら、期首におけるコール価格はこのポートフォリオ構築のコストに等しくなるという考え方による。

さて、2項モデル（1期間）によれば、原資産価格およびコール・オプションの価値の関係は次のように表すことができる。（ただし、$uS > K > dS$）

- S ：現在の株価
- K ：権利行使価格
- u ：1＋株価上昇率
- d ：1＋株価下落率
- C ：現在のコール・プレミアム
- C_u ：株価が上昇したとき（uS）の満期時のコール・プレミアム
- C_d ：株価が下落したとき（dS）の満期時のコール・プレミアム
- r ：リスクフリー・レート

次に、コールと同じペイオフを原資産 x 単位と安全資産 y 円（1期間のリスクフリー・レートは r とする）の購入を組み合わせることによって作り出す。

第5章 デリバティブ分析

ここで、このポートフォリオの期末の価値はコールの期末価値に等しいから、

$$\begin{cases} xuS+(1+r)y = C_u \\ xdS+(1+r)y = C_d \end{cases}$$

この式から、x および y を求めると、

$$x = \frac{C_u - C_d}{(u-d)S}$$

$$y = -\frac{dC_u - uC_d}{(1+r)(u-d)}$$

となる（なお、x のことを**ヘッジ・レシオ**または**デルタ**と呼ぶ）。

期首にこの複製ポジションを作るのに $xS+y$ の資金を要することから、裁定機会が無ければ、

$$C = xS+y$$

$$= \frac{\frac{(1+r)-d}{u-d}C_u + \frac{u-(1+r)}{u-d}C_d}{1+r} \quad \cdots ①$$

ここで、①式の分子第1項の係数を $q = \frac{(1+r)-d}{u-d}$（この q は、以下で述べるように、**株価上昇のリスク中立確率**と呼ばれる）とする。①式の分子第2項の係数は、

$$\frac{u-(1+r)}{u-d} = \frac{u-d-(1+r)+d}{u-d} = \frac{u-d}{u-d} - \frac{(1+r)-d}{u-d} = 1-q$$

と表せるから、①式から、コール・オプション・プレミアムは次のように表せる。

277

《2項モデルによるコール・オプション・プレミアム（1期モデル）》

$$C = \frac{qC_u + (1-q)C_d}{1+r} \qquad \cdots ②$$

ただし、$q = \dfrac{(1+r)-d}{u-d}$ … q は株価上昇のリスク中立確率　　　…③

ところで、この式において、$q = \dfrac{(1+r)-d}{u-d}$ を株価上昇のリスク中立確率と呼んでいるのは次の理由による。

いま、投資家がリスクの大小に無関心で、株式のようなリスク資産の期待リターンと無リスク資産のリターンとが同じになるようなリスク中立な世界を仮想し、株価上昇の確率を q（よって、株価下落の確率を $1-q$）で表すと

$$\underbrace{qu+(1-q)d}_{\text{株式の期待グロス・リターン}} = \underbrace{1+r}_{\text{無リスク資産のグロス・リターン}}$$

が成立する。これを q について解けば、

$$q = \frac{(1+r)-d}{u-d}$$

と③式が得られる。

②式から分かるように、このリスク中立確率を用いると、オプション価格は非常に簡単に計算される。分子は1期後のコール価値のリスク中立確率を用いて計算した期待値であり、コール価格はそれをリスクフリー・レートで割り引いた現在価値として計算できることになる。

また、プット・オプションのプレミアム（P）についても同様に、株価上昇のリスク中立確率 q を用いて、次のように表せる。

$$P = \frac{qP_u + (1-q)P_d}{1+r} \qquad \cdots ④$$

ただし、P_u：原資産価格が1期後上昇した場合のプット価値

P_d：原資産価格が1期後下落した場合のプット価値

第5章 デリバティブ分析

なお、こうしたリスク中立確率を用いた考え方は、リスク・ニュートラル・プライシング（第1章2.7）の応用例である。

例題3　1期間の株価の変動が次のような2項過程に従うとき、1期後に満期をむかえるコール・オプションの均衡価格を計算しなさい。
現在の株価　2,000円
1期間経過後の株価変化率
　上昇　20%　　下落　10%
オプションの権利行使価格　2,100円
1期間のリスクフリー・レート　5%

解答　142.86円

解説

株価上昇のリスク中立確率を用いて、コール価格を計算することにする。まず、株価およびコール・オプション価値の推移は次のように通り。

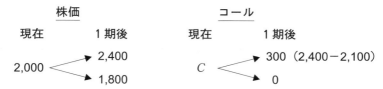

そこで、まず、株価上昇のリスク中立確率 q を計算する。③式で、$u=1.2$、$d=0.9$、$r=0.05$ とすればよいから、

$$q = \frac{(1+r)-d}{u-d} = \frac{1.05-0.9}{1.2-0.9} = 0.5$$

である。

次に、コール価格は、②式に従って計算する。$C_u = 300,\ C_d = 0$ より、

$$C = \frac{qC_u + (1-q)C_d}{1+r} = \frac{0.5 \times 300 + (1-0.5) \times 0}{1.05} \fallingdotseq 142.86（円）$$

と求められる。

[別解]

複製ポジションの構築にかかる費用から計算する。

コールの価値と等しくなるポートフォリオを株式 x 単位と安全資産 y 円（リスクフリー・レート5％）により複製すると

<pre>
            現在   1期後
                              ┌──▶ 2,400 x + 1.05 y
         2,000 x + y ────────┤
                              └──▶ 1,800 x + 1.05 y
</pre>

これより

$$\begin{cases} 2,400\,x + 1.05\,y = 300 \\ 1,800\,x + 1.05\,y = 0 \end{cases}$$

$$x = 0.5、\ y = -857.142\cdots$$

つまり、借入を857.14円にして、原資産株式を0.5株購入すれば、1期後のポートフォリオ価値がコールと同じになる。ここで、現在のコールの価格は

$$C = 2,000\,x + y = 2,000 \times 0.5 - 857.14 = 142.86円$$

と計算でき、リスク中立確率を用いた計算と同様の結果を確認できる。

Point ⑥　ブラック＝ショールズ・モデル＆ヘッジ・パラメータ

(1)　ブラック＝ショールズ・モデル

コール：$C = SN(d_1) - Ke^{-r(T-t)}N(d_2)$

プット：$P = -SN(-d_1) + Ke^{-r(T-t)}N(-d_2)$

$$d_1 = \frac{ln(S/K) + (r + \sigma^2/2)(T-t)}{\sigma\sqrt{T-t}}$$

第5章　デリバティブ分析

$$d_2 = \frac{ln(S/K) + (r - \sigma^2/2)(T-t)}{\sigma\sqrt{T-t}} = d_1 - \sigma\sqrt{T-t}$$

S：原資産価格

C：コール・プレミアム

P：プット・プレミアム

K：権利行使価格

r：リスクフリー・レート（年率）

$T-t$：満期までの期間（年間ベース：3ヵ月であれば0.25）

σ：原資産価格変化率のボラティリティ（年間ベースの標準偏差）

$N(d)$：標準正規分布の累積密度関数

$N'(d)$：標準正規分布の密度関数

$ln(S/K)$：S/K の自然対数

e：自然対数の底（2.71828…）

ブラック＝ショールズ・モデルの性質

　コールのオプション評価モデルをごく一般的な関数形で表現すると次のようになる。

　　$C = C(S, K, r, T-t, \sigma)$

　したがって、これら5つのパラメータのすべてが与えられれば、コール・プレミアムは算出できることになる。この5つのパラメータのうちS（原資産価格）、K（権利行使価格）、r（リスクフリー・レート）、$T-t$（残存期間）、という4つについては市場のデータから即座に入手することができる。しかし、σについては未知である。このσは原資産の収益率の標準偏差であるが、オプションの世界では特にボラティリティと呼ばれ、何らかの方法で計算しなければならない。

　ボラティリティの計算方法はいくつか代替的な手法が提示されているが、最も基本的なヒストリカル・ボラティリティとインプライド・ボラティリティを紹介する。

　また、デリバティブの金利計算は連続複利で行われる場合が多く、ブラッ

ク＝ショールズ・モデルに登場する「$e^{-r(T-t)}$」は、連続複利の割引係数（ディスカウント・ファクター）である。

● ヒストリカル・ボラティリティ（HV：historical volatility）

　過去の原資産価格の動きから収益率を算定し、将来のボラティリティを代理させる方法がある。こうして推定されたボラティリティをヒストリカル・ボラティリティという。オプション・モデルにおいては、一般的に満期までの期間が短いため数十日分の日次データから推定することが多い。例えば、日本経済新聞社が公表している日経平均HVは過去20日間の営業日分の日次投資収益率に基づいて計算している。

● インプライド・ボラティリティ（IV：implied volatility）

　ヒストリカル・ボラティリティは推定期間から予測期間に至るまでの間、原資産価格の変動について投資家の期待が変化しないことが前提になっている。しかし現実的にはこうした前提条件が成立しているかどうかは疑わしい。

　そこで、実際の市場で値付けされた現在のプレミアムに基づいて、市場で評価されているボラティリティの水準を推定しようとするものがインプライド・ボラティリティである。直近の情報だけを反映しているというメリットがあり、また、市場参加者が近い将来原資産価格がどう動くと見ているか（大きく動くか、現在の水準に留まるか）という情報提供機能も有しているといえる。

　ただし、ブラック＝ショールズ・モデルは非常に複雑な形をしており、σについて一般解を導くことができない。したがって何らかの初期値を与え、試行計算を繰り返しながら正しい値を近づけていくというアプローチをとらなければならない。実際には近似関数を組み込んだプログラムによって解くのが一般的である。

　なお、満期・原資産が同じで行使価格の異なるオプションにおいて、行使価格によりインプライド・ボラティリティが異なることがある。それは、次図のように人が笑った口元に似ているためスマイル（smile）と呼ばれる。

第5章 デリバティブ分析

図5-1-5 ボラティリティ・スマイル

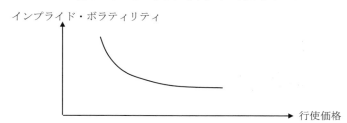

また、同一資産でも行使価格ごと、満期ごとにインプライド・ボラティリティが異なることがあり、ボラティリティのスキュー（skew：ゆがみ）と呼ばれる。

● 連続複利

連続複利は、たとえば利付債のように1年に1回、半年に1回といった具合に断続的、離散的に利払いが行われるのではなく、瞬時瞬時、刹那刹那に「連続的に」利払いが行われると仮定した金利計算である。デリバティブは連続複利で計算する場合が多い。

自然対数の底 e（$=2.71828\cdots$）は次式で定義される。

$$e = \lim\left(1+\frac{1}{n}\right)^n$$

年間利子率 r で1円を運用した場合の t 年後の価値は次式で表される。

$$1円 \times (1+r)^t \quad (r > 0)$$

ここで、連続複利にするため1年間を小期間 n に分割し、その1小期間の利子率を i とすると1年間の利子率 r は次式で表され、期間は $t \times n$ となる。

$$r = ni \ \Leftrightarrow \ i = \frac{r}{n}$$

したがって、年間利子率 r で1円を運用した場合の t 年後の価値は、

$$1円 \times (1+i)^{tn} = \left(1+\frac{r}{n}\right)^{tn}$$

と表され、小期間を限りなく小さくしてゆくために n を無限大にとると、極限値は次の値をとる。

$$\lim_{n \to \infty}\left(1+\frac{r}{n}\right)^{tn}$$

$$= \lim_{n \to \infty}\left(1+\frac{r}{n \diagup r \cdot r}\right)^{tn \diagup r \cdot r}$$

$$= \lim_{n \to \infty}\left(1+\frac{1}{n \diagup r}\right)^{n \diagup r \cdot rt} = \underbrace{\left\{\lim_{n \to \infty}\left(1+\frac{1}{n \diagup r}\right)^{n \diagup r}\right\}}_{e \text{ に収束}}{}^{rt} = e^{rt}$$

したがって、1円を年利 r の連続複利で運用すると、t 年後の価値は e^{rt} となる。

これを一般化し、資産 V_0 を年利 r の連続複利で運用すると、t 年後の価値 V_t は、

$$V_0 e^{rt} = V_t$$

となり、逆に V_t の現在価値 V_0 は、

$$V_0 = \frac{V_t}{e^{rt}} = V_t e^{-rt}$$

となる。このケースで e^{-rt} は、連続複利を仮定した場合の年利 r、期間 t の割引係数（ディスカウント・ファクター）であり、ブラック＝ショールズ・モデルの $e^{-r(T-t)}$ は年利 r、期間 $(T-t)$ の割引係数（ディスカウント・ファクター）である。

《2014（春）.6.Ⅱ.7》

例題 4　利子率が連続複利で年率 3 ％のとき、連続複利を用いて計算した現在の100億円の10年後の将来価値はいくらか。

A　134.4億円

B　134.7億円

C　135.0億円

D　135.3億円

E　135.7億円

284

第 5 章　デリバティブ分析

解答　▶　　C

解　説

　連続複利なので、

$$100億円 \times e^{rt} = 100億円 \times exp(0.03 \times 10) = 134.98588\ldots \approx 135.0億円$$

となる。ただし、e：Napierの常数（自然対数の底：$e = 2.7182818284590\ldots$）。

　連続複利は「連続的に」利払いが行われると仮定した金利計算なので、断続的に利払いが行われる離散型の金利計算より値が大きくなる。金利 r・期間 t 年とすると、わずかながら以下のような大小関係がある。

$$e^{rt} > (1+r)^t \iff e^{-rt} = \frac{1}{e^{rt}} < \frac{1}{(1+r)^t}$$

　つまり、将来価値は連続複利で計算した方がわずかに大きくなり、逆に割引現在価値は連続複利で計算した方がわずかに小さくなる。

　一般の電卓を使う場合、とりあえず離散型の複利で、

$$100億円 \times (1+r)^t = 100億円 \times (1+0.03)^{10} = 134.3916\ldots \approx 134.4億円$$

と計算して選択肢Ａの134.4億円よりも大きいものを選べばよいのだが、このＡ：134.4億円が最小なのでＢ～Ｅの四択にしかならず、あまり絞り込めない。しかもＡ～Ｅの数値の違いが「ほんのわずか」であり、検算も出来ない。このような問題・選択肢設定の場合、関数電卓でないと直接計算することは難しい。

285

《2014（秋）.6.Ⅰ.3》

| 例題5 |

利子率が連続複利で年率５％のとき、連続複利を用いて計算した10年後の100円の現在価値はいくらか。

A　60.7円

B　61.0円

C　61.4円

D　61.8円

E　62.2円

解答　▶　A

解　説

連続複利なので、

$$100円 \times e^{-rt} = 100円 \times exp(-0.05 \times 10) = 60.65307\ldots \approx 60.7億円$$

となる。ただし、e：Napierの常数（自然対数の底：$e = 2.7182818284590\ldots$）。

この問題も一般の電卓を使う場合、とりあえず離散型の複利で、

$$\frac{100円}{(1+r)^t} = \frac{100円}{(1+0.05)^{10}} = 61.3913\ldots \approx 61.4円$$

と計算して選択肢Ｃの61.4円よりも小さいものを選べばよい。Ａ：60.7円かＢ：61.0円しかないので二者択一までは絞り込める。とは言っても、これまた銭刻みの「ほんのわずかな差」なので迷う。やはり、関数電卓の方が有利といえば有利だろう。

第5章　デリバティブ分析

例題6

《2015（春）.6.Ⅰ.3》

価格74.1円、額面100円、残存期間5年の割引債を満期まで保有した場合の連続複利利回り（年率）はいくらか。なお、$ln\left[\dfrac{100.0}{74.1}\right]=30.0\%$である。

A　5.4%
B　6.0%
C　6.2%
D　6.5%
E　7.0%

解答　▶　B

解　説

資産価格Vとリターン（連続複利）の関係は以下の通りである。

$$V_0 \times e^{r \times t} = V_t \Leftrightarrow \dfrac{V_t}{V_0} = e^{r \times t} \Leftrightarrow r \times t = ln\left[\dfrac{V_t}{V_0}\right]$$

ただし、r：資産の対数リターン（年率）、ln：自然対数、V_0：現在の資産価格、t：期間（年）、V_t：t年後の資産価格、e：Napierの常数（自然対数の底：$e=2.7182818284590...$）。

問題で与えられている数値を拾うと、$t=5$年、$V_0=74.1$円、$V_t=100$円（満期の償還価格）。したがって、

$$r \times 5 = ln\left[\dfrac{100.0}{74.1}\right] = 30.0\%$$

$$r = \dfrac{30.0\%}{5} = 6.0\%$$

《2015（秋）. 6. I. 3》

例題7　　価格100円の証券に連続複利利回り4％で投資すると6年後には
いくらになるか。なお、価格100円の証券に連続複利利回り3％で
投資すると4年後には112.75円となる。

A　119.72円

B　124.00円

C　125.50円

D　126.53円

E　127.12円

解答　▶　　E

解　説

　「価格100円の証券に連続複利利回り3％で投資すると4年後には112.75
円となる。」から

$$100 \times e^{0.03 \times 4} = 100 \times e^{0.12} = 112.75 \quad \Leftrightarrow \quad e^{0.12} = 1.1275$$

　したがって、価格100円の証券に連続複利利回り4％で投資すると6年後
には、

$$100 \times e^{0.04 \times 6} = 100 \times e^{0.12 \times 2} = 100 \times 1.1275^2 = 127.125625 \approx 127.12$$

　ただし、e：Napierの常数（自然対数の底：$e = 2.7182818284590\ldots$）。

第5章　デリバティブ分析

例題8　《2016（春）. 6. I. 2》
連続複利利回り4％で計算した3年後の100円の現在価値はいくらか。なお、連続複利利回り4％で価格100円の証券に投資すると1年後には104.08円となる。

A　88.5円
B　88.7円
C　88.9円
D　89.1円
E　89.3円

解答　B

解説

「連続複利利回り4％で価格100円の証券に投資すると1年後には104.08円となる。」から

$$100 \times e^{0.04} = 104.08 \Leftrightarrow e^{0.04} = 1.0408$$

したがって、連続複利利回り4％で計算した3年後の100円の現在価値は、

$$100 \times \frac{1}{e^{0.04 \times 3}} = 100 \times \frac{1}{1.0408^3} = 88.69479\ldots \approx 88.7$$

(2) ヘッジ・パラメータ

デルタ（Δ） 原資産価格が1単位変化すると、オプションプレミアムがどのくらい変化するか（原資産価格の変化に対するオプションプレミアムの感応度）。オプションプレミアム（C, P）を原資産Sで微分したもの。

$$\Delta_{call} = \frac{\partial C}{\partial S} = N(d_1) \qquad 0 \leq \Delta_{call} \leq +1$$

$$\Delta_{put} = \frac{\partial P}{\partial S} = -N(-d_1) = N(d_1)-1 \qquad -1 \leq \Delta_{put} \leq 0$$

コール・オプションのデルタは以下のように整理できる。
* 原資産価格の変化に対するコール価値の感応度
* 0から+1の間の値をとる：$0 \leq \Delta_{call} \leq +1$
* 原資産価格が低下するにつれ0に近づき原資産価格が上昇するにつれ+1に近づく
* ATMのコールでは0.5近辺の値となる

図5－1－6　コール・デルタ

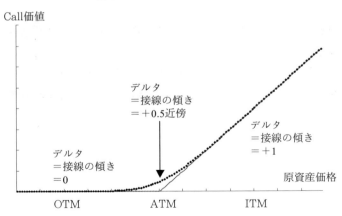

プット・オプションのデルタは以下のように整理できる。
* 原資産価格の変化に対するプット価値の感応度
* －1から0の間の値をとる：$-1 \leq \Delta_{put} \leq 0$

第5章　デリバティブ分析

* 原資産価格が低下するにつれ－1に近づき原資産価格が上昇するにつれ0に近づく
* ATMのプットでは－0.5近辺の値となる

図5－1－7　プット・デルタ

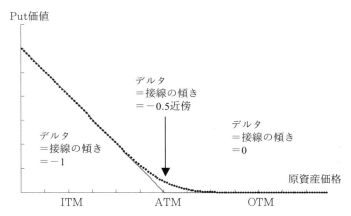

また、いくつかのオプションを売買してポジションをとった場合、そのポジションのデルタは以下のように表される。

ポジションのデルタ Δ
　　＝Σオプション保有数量×各オプションのデルタ
　　　（買い＋、売り－）

とくに、デルタをゼロとしたポジションを、**デルタ・ニュートラル**（原資産価格の変動の影響を受けない）という。

ガンマ（Γ）　原資産価格が1単位変化すると、デ̇ル̇タ̇がどのくらい変化するか（原資産価格の変化に対するオプションデルタの感応度）。コールもプットも、OTMの0からスタートし、徐々に大きくなりATMで最大、ITMになると再び傾きは小さくなり、0に戻ってゆく。買いポジションの場合、コールもプットも正の値をとる。

シータ（Θ）　残存期間の変化に対するオプション価値の感応度。時間の経過とともにオプション価値は減衰してゆくので（タイム・ディケイ）、

買いポジションの場合、シータは通常負の値をとり、コールもプットもATMで絶対値が最大となる。ただし、deep ITMの株式プット・オプションなどで、正の値をとることがある。

ベ　ガ（v）　ボラティリティの変化に対するオプション価値の感応度。カッパ（K）と呼ばれる場合もある。

ボラティリティが大きくなるとオプション価値は高くなるので、買いポジションの場合、コールもプットも正の値をとる。コールもプットもATMで最大となる。

ヘッジ・パラメータのまとめ1

ヘッジ・パラメータ (Option Greeks)	コール・オプション	プット・オプション
①デルタ（Δ）	$\dfrac{\partial C}{\partial S} = N(d_1) > 0$	$\dfrac{\partial P}{\partial S} = N(d_1) - 1 < 0$
②ガンマ（Γ）	$\dfrac{\partial^2 C}{\partial S^2} = \dfrac{\partial \Delta}{\partial S} = \dfrac{N'(d_1)}{S\sigma\sqrt{T-t}} > 0$	$\dfrac{\partial^2 P}{\partial S^2} = \dfrac{\partial \Delta}{\partial S} = \dfrac{N'(d_1)}{S\sigma\sqrt{T-t}} > 0$
③ベガ（v）	$\dfrac{\partial C}{\partial \sigma} = S\sqrt{T-t}\,N'(d_1) > 0$	$\dfrac{\partial P}{\partial \sigma} = S\sqrt{T-t}\,N'(d_1) > 0$
④ロー（P）	$\dfrac{\partial C}{\partial r} = (T-t)Ke^{-r(T-t)}N(d_2) > 0$	$\dfrac{\partial P}{\partial r} = -(T-t)Ke^{-r(T-t)}N(-d_2) < 0$
⑤シータ（Θ）	$-\dfrac{\partial C}{\partial(T-t)} = -\dfrac{SN'(d_1)\sigma}{2\sqrt{T-t}}$ $\quad -rKe^{-r(T-t)}N(d_2) < 0$	$-\dfrac{\partial P}{\partial(T-t)} = -\dfrac{SN'(d_1)\sigma}{2\sqrt{T-t}}$ $\quad +rKe^{-r(T-t)}N(-d_2) < 0$ （まれに ≥ 0）

（注）$N'(d)$ は標準正規分布の密度関数

第5章　デリバティブ分析

ヘッジ・パラメータのまとめ 2

ヘッジ・パラメータ (Option Greeks)	感応度	Black-Sholes式から得られる結論
デルタ（Δ）	$\dfrac{\text{プレミアムの変化}}{\text{原資産価格の変化}}$	● 原資産価格の上昇はコール・プレミアムを上昇させ、プット・プレミアムを低下させる。 ● コール・デルタ（Δ）は正の値（0から1の間の値）をとる。一方、プット・デルタは－1から0の間の値をとる。
ガンマ（Γ）	$\dfrac{\text{デルタの変化}}{\text{原資産価格の変化}}$	● ガンマはコール、プットともに正の値をとる。 ● プレミアム曲線は下に凸。
ベガ（υ）	$\dfrac{\text{プレミアムの変化}}{\text{ボラティリティの変化}}$	● ボラティリティの上昇は、コールとプットのプレミアムを上昇させる。
ロー（P）	$\dfrac{\text{プレミアムの変化}}{\text{無リスク利子率の変化}}$	● 無リスク利子率の上昇は、コール・プレミアムを上昇させ、プット・プレミアムを低下させる。
シータ（Θ）	$\dfrac{\text{プレミアムの変化}}{\text{残存時間の変化}}$	● 時間の経過は、コール・プレミアムを低下させる。プット・プレミアムもディープ・イン・ザ・マネーのものを除いて低下する。

《2009（秋）. 5. 1. 3》

例題9　ヨーロピアン・コールオプションの感応度に関する次の記述のうち、正しくないものはどれか。

A　原資産価格の変化に対するオプション価格の変化をデルタ（Δ）と呼び、それはプラスの値になる。

B　原資産価格の変化に対するオプションのデルタの変化をガンマ（Γ）と呼び、プラスの値になる。

C　リスクフリー・レートの変化に対するオプション価格の変化をロー（P）と呼び、マイナスの値になる。

D　満期日までの期間の減少に対するオプション価格の変化をシータ（Θ）と呼び、マイナスの値になる。

解答　　C

解　説

$$\text{ロー（P）} = \frac{\text{オプション・プレミアムの変化}}{\text{リスクフリー・レートの変化}}\text{である。}$$

リスクフリー・レートが上昇した場合、他の条件に変化がなければ、コール・プレミアムは上昇するから、コールオプションのロー（P）は、プラスの値をとる。

第5章　デリバティブ分析

Point ⑦　おもなオプション戦略

オプション戦略はその組合せで幾通りものポジションが作成できる。その中で
いくつかのオプション戦略について見ていく。

(1)　カバード・コール・ライト

カバード・コール・ライトは原資産の買いとコールの売り（ショート）か
らなる戦略で、損益図は次のようになる。

図５－１－８　損益図（カバード・コール・ライト）

損益

満期日の株価

―― 原資産　……… コール売　―― 損益

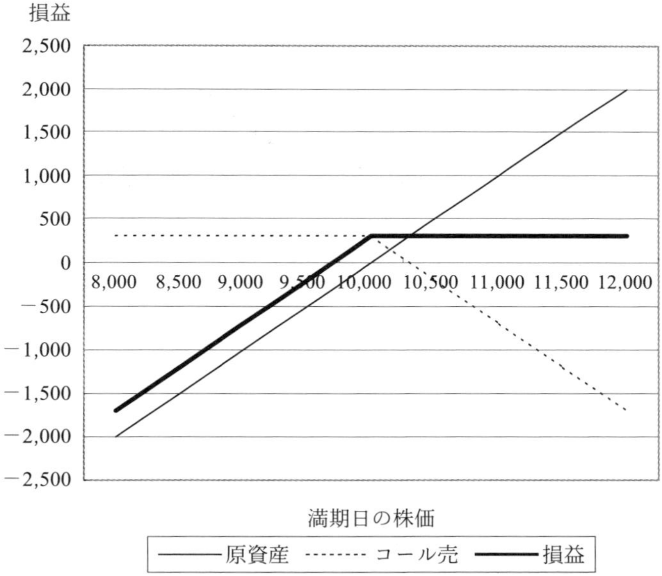

特性：

コールの売りポジションと原資産の買いを組合せることで、権利行使価格
を上回る部分では一定の利益を確保し、権利行使価格以下の部分ではオプショ
ンプレミアム分だけ、単に原資産の買いポジションの場合より利回りが高く
なる。

295

(2) プロテクティブ・プット

プロテクティブ・プットとは、原資産の買いとプットの買いを組合せた戦略で損益図は次のようになる。

図5－1－9　損益図（プロテクティブ・プット）

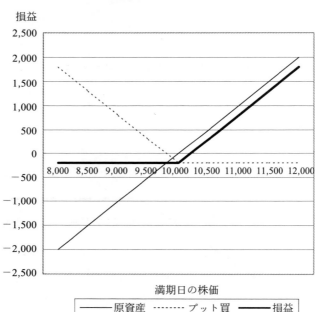

特性：

　原資産を保有しているとき、原資産価格が下落すれば損失を被る。一方、プットの買いポジションは原資産価格が下落すれば利益となる。この2つを組合せることで、原資産価格が権利行使価格より下落する時には一定の損失で済み、原資産価格が上昇する時にはそれに追随して利益をあげる戦略である。

第5章 デリバティブ分析

(3) ロング・ストラドル

ロング・ストラドルとは原資産、行使価格と満期が同じコールとプットを同一数量買う戦略で、損益図は次のようになる。

図5－1－10 損益図（ロング・ストラドル）

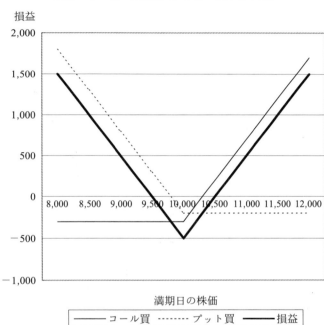

特性：

損益図のとおり、ロング・ストラドルは原資産価格が権利行使価格と同じ時に損失が最大となり、原資産価格が権利行使価格から大きく離れるほど利益が大きくなる。したがって、原資産価格が上下いずれかに大きく変動すると予想するときに有効な戦略である。

(4) ロング・ストラングル

ロング・ストラングルは原資産、満期が同じで行使価格の異なるコールとプットを同一数量買う戦略で、損益図は次のようになる。

図5－1－11　損益図（ロング・ストラングル）

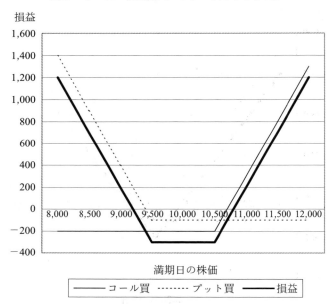

特性：

損益図のとおり、ロング・ストラングルは原資産価格が権利行使価格から大きく離れるほど利益が大きくなる。したがって、この戦略も原資産価格が上下いずれかに大きく変動すると予想するときに有効な戦略である。また、原資産価格がプットとコールの権利行使価格の間にあるときに損失が最大になる。

第5章 デリバティブ分析

(5) ショート・ストラドル

ショート・ストラドルとは原資産、行使価格と満期が同じコールとプットを同一数量売る戦略(ロング・ストラドルの逆)で、損益図は次のようになる。

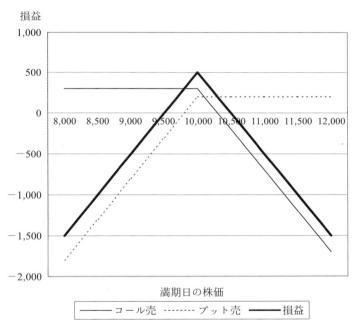

図5-1-12　損益図(ショート・ストラドル)

特性:

損益図のとおり、ショート・ストラドルは原資産価格が権利行使価格と同じ時に利益が最大となり、原資産価格が権利行使価格から大きく離れるほど損失が大きくなる。したがって、原資産価格があまり変動しないと予想するときに有効な戦略である。

(6) ショート・ストラングル

　ショート・ストラングルは原資産、満期が同じで行使価格の異なるコールとプットを同一数量売る戦略（ロング・ストラングルの逆）で、損益図は次のようになる。

図 5 － 1 － 13　損益図（ショート・ストラングル）

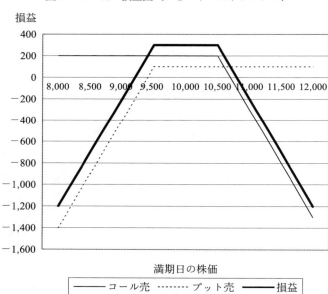

特性：

　損益図のとおり、ショート・ストラングルは原資産価格が権利行使価格から大きく離れるほど損失が大きくなる。したがって、この戦略は原資産価格がそれほど大きく変動しないと予想するときに有効な戦略である。また、原資産価格がプットとコールの権利行使価格の間にあるときに利益が最大になる。

第5章　デリバティブ分析

例題10

　同一の株式（配当なし）に関するヨーロピアン・タイプのコール・オプションとプット・オプションが存在し、いずれも権利行使価格は11,000円である。プット・オプションの価格を1,200円として以下の設問に答えよ。なお、解答にあたっては円未満を四捨五入せよ。

問1　原株の価格が11,000円、リスクフリー・レートが年率10.0%である。

　(1)　残存期間がコール、プットとも1年である場合、コールの価格、コールの時間価値、プットの時間価値を求めよ。

　(2)　残存期間がコール、プットとも2年である場合、コールの価格、コールの時間価値、プットの時間価値を求めよ。

問2　原株の価格が11,000円、残存期間はコール、プットとも1年である。

　(1)　リスクフリー・レートが年率10.0%である場合、コールの価格、コールの時間価値、プットの時間価値を求めよ。

　(2)　リスクフリー・レートが年率15.0%である場合、コールの価格、コールの時間価値、プットの時間価値を求めよ。

問3　リスクフリー・レートが年率10.0%、残存期間はコール、プットとも1年である。

　(1)　原株の価格が10,000円の場合、コールの価格、コールの時間価値、プットの時間価値を求めよ。

　(2)　原株の価格が12,000円の場合、コールの価格、コールの時間価値、プットの時間価値を求めよ。

301

解答 ▶ 問1 (1) コール価格　2,200円

コールの時間価値　2,200円　プットの時間価値　1,200円

(2) コール価格　3,109円

コールの時間価値　3,109円　プットの時間価値　1,200円

問2 (1) コール価格　2,200円

コールの時間価値　2,200円　プットの時間価値　1,200円

(2) コール価格　2,635円

コールの時間価値　2,635円　プットの時間価値　1,200円

問3 (1) コール価格　1,200円

コールの時間価値　1,200円　プットの時間価値　　200円

(2) コール価格　3,200円

コールの時間価値　2,200円　プットの時間価値　1,200円

解　説

コール価格については、いずれもプット・コール・パリティを使って求める。

$$C = P + S - \frac{K}{(1+r)^{(T-t)}}$$

オプション価格 ＝ 本質的価値＋時間価値

コールの本質的価値 $= Max[S-K、0]$

プットの本質的価値 $= Max[K-S、0]$

したがって、

コールの時間価値 ＝ オプション価格 $-Max[S-K、0]$

プットの時間価値 ＝ オプション価格 $-Max[K-S、0]$

問1 (1) $C = 1,200 + 11,000 - \dfrac{11,000}{1+0.10}$

$= 2,200$ 円

第5章　デリバティブ分析

$$\textbf{コールの時間価値} = 2,200 - Max[11,000 - 11,000 、0]$$
$$= 2,200円$$

$$\textbf{プットの時間価値} = 1,200 - Max[11,000 - 11,000 、0]$$
$$= 1,200円$$

(2)　$C = 1,200 + 11,000 - \dfrac{11,000}{(1+0.10)^2}$

$$= 3,109.0909\cdots$$
$$\approx 3,109円$$

$$\textbf{コールの時間価値} = 3,109 - Max[11,000 - 11,000 、0]$$
$$= 3,109円$$

$$\textbf{プットの時間価値} = 1,200 - Max[11,000 - 11,000 、0]$$
$$= 1,200円$$

アット・ザ・マネー（ATM）の場合、コール価格はプット価格以上であり、コール、プットともオプション価値は時間価値のみである。

また、本問ではプット価格を固定したが、残存期間が長いとコール、プットともオプション価値は高くなる。

問2　(1)　$C = 1,200 + 11,000 - \dfrac{11,000}{1+0.10}$

$$= 2,200円$$

$$\textbf{コールの時間価値} = 2,200 - Max[11,000 - 11,000 、0]$$
$$= 2,200円$$

$$\textbf{プットの時間価値} = 1,200 - Max[11,000 - 11,000 、0]$$
$$= 1,200円$$

(2)　$C = 1,200 + 11,000 - \dfrac{11,000}{1+0.15}$

$$= 2,634.7826\cdots$$
$$\approx 2,635円$$

$$\text{コールの時間価値} = 2{,}635 - Max[11{,}000 - 11{,}000 \text{ 、 } 0]$$
$$= 2{,}635 \text{円}$$
$$\text{プットの時間価値} = 1{,}200 - Max[11{,}000 - 11{,}000 \text{ 、 } 0]$$
$$= 1{,}200 \text{円}$$

ATMオプションの特徴については問1と同じ。本問では金利が高いとコール価格が高くなることを確認されたい。ここでもプット価格を固定して考えたが、金利が高くなるとプット価格は低下する。

オプション取引の特徴のひとつとして、オプションの買い手は契約時点でプレミアムを支払うだけであり、原資産については全くキャッシュのやりとりがないということが挙げられる。つまりコールの買い手は原資産価格の支払いを満期日まで「猶予」されているわけであり、この間無リスクで運用することも可能なだけ有利である。これに対し、プットの買い手は原資産価格の受取りを満期日まで「先延ばし」されているわけであり、この間の機会利益を失っているだけ不利である。よって有利なコールは高くなり、不利なプットは安くなる。

問3 (1) $C = 1{,}200 + 10{,}000 - \dfrac{11{,}000}{1 + 0.10}$

$$= 1{,}200 \text{ 円}$$
$$\text{コールの時間価値} = 1{,}200 - Max[10{,}000 - 11{,}000 \text{ 、 } 0]$$
$$= 1{,}200 \text{円}$$
$$\text{プットの時間価値} = 1{,}200 - Max[11{,}000 - 10{,}000 \text{ 、 } 0]$$
$$= 200 \text{円}$$

(2) $C = 1{,}200 + 12{,}000 - \dfrac{11{,}000}{1 + 0.10}$

$$= 3{,}200 \text{ 円}$$
$$\text{コールの時間価値} = 3{,}200 - Max[12{,}000 - 11{,}000 \text{ 、 } 0]$$
$$= 2{,}200 \text{円}$$
$$\text{プットの時間価値} = 1{,}200 - Max[11{,}000 - 12{,}000 \text{ 、 } 0]$$
$$= 1{,}200 \text{円}$$

第5章　デリバティブ分析

　(1)の場合、コールはアウト・オブ・ザ・マネー（OTM）、プットはイン・ザ・マネー（ITM）である。したがって、コールは時間価値のみであるのに対し、プットは本質的価値1,000円＋時間価値200円から構成される。

　(2)の場合、コールはイン・ザ・マネー（ITM）、プットはアウト・オブ・ザ・マネー（OTM）である。したがって、コールは本質的価値1,000円＋時間価値2,200円から構成されるのに対し、プットは時間価値のみである。

例題11

　現在、日経平均株価は、20,500円であり、オプション価格は次の市場データのとおりである。

（データ）

権利行使価格	コール	プット
20,000円	800円	350円
20,500円	300円	400円
21,000円	250円	900円

アウト・オブ・ザ・マネー（OTM）のコールとプットを1枚ずつ購入するポジションをとった場合を想定して以下の設問に答えよ。

問1　損失は最大でいくらか。

問2　損失が最大になるときの日経平均の範囲はいくらか。

問3　利益が生じる日経平均の範囲はいくらか。

解答 ▶

　問1　600円　　問2　20,000円～21,000円
　問3　19,400円未満および21,600円超

> 解　説

　オプション・ポジションの損益に関する問題は、一見回り道のようでも次のような手順で処理すると確実であるし、むしろ早い。

Step1.　該当するオプションを選ぶ。

$$OTMなので、コール：K > S（20,500）\Rightarrow K = 21,000$$
$$プット：K < S（20,500）\Rightarrow K = 20,000$$

Step2.　株価の変動による損益とプレミアムを合計した一覧表をつくる。

日経平均	株価変動による損益				合　　計		損　益
	コ ー ル		プ ッ ト				
	プレミアム	本質価値	プレミアム	本質価値	プレミアム	本質価値	
19,000	−250	0	−350	+1,000	−600	+1,000	+400
19,500	−250	0	−350	+500	−600	+500	−100
20,000	−250	0	−350	0	−600	0	−600
20,500	−250	0	−350	0	−600	0	−600
21,000	−250	0	−350	0	−600	0	−600
21,500	−250	+500	−350	0	−600	+500	−100
22,000	−250	+1,000	−350	0	−600	+1,000	+400

問1　上記表より、損失は最大で600円。オプションを購入した場合、損失はプレミアム相当額に限定される。

問2　損失が最大となるのは、本質価値の合計がゼロの範囲である。すなわち、このポジションの場合は、下限がプットの権利行使価格20,000円、上限がコールの権利行使価格21,000円ということになる。

問3　損益がゼロとなるのは、オプション購入で支払ったプレミアムが権利行使によって得られる利益と相殺されるところである。したがって、プレミアム600円が権利行使によって相殺されるのは、

　　　（コールの権利行使価格）21,000円＋600円＝21,600円

　　　（プットの権利行使価格）20,000円−600円＝19,400円

第5章 デリバティブ分析

よって、日経平均が19,400円未満および21,600円超の範囲で利益が生じる。

上記表に基づいて損益図を作成すると、次のようになる。

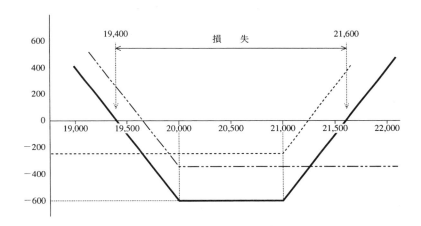

いわゆるロング・ストラングルと呼ばれるポジションであり、原株が上がるにせよ下がるにせよ、大きく変動した場合に利益が生じる。反面、損失はプレミアムに限定される。

例題12 現在、株式（配当なし）の価格は20,000円であり、1年後に満期を迎えるアット・ザ・マネー（ATM）のコール・オプション（ヨーロピアン・タイプ）がある。1年後の株価が以下のような2項プロセスに従うとして、以下の設問に解答せよ。

現在の株価　　　　　　　　：20,000円
1年後の株価の変化率　　　：上昇　+10%，下落　−10%
1年間のリスクフリー・レート：3％

問1　このコール・オプションの現在の価格を計算せよ。
問2　1年満期、アット・ザ・マネーのプット・オプションの現在の価格を計算せよ。

307

問3 問2のプット・オプションの市場価格が600円であった場合、裁定取引を行うには次のどのポジションを取ればよいか。
A プットの売り、原資産の売り、コールの買い、割引債の売り
B プットの売り、原資産の売り、コールの買い、割引債の買い
C プットの買い、原資産の買い、コールの売り、割引債の売り
D プットの買い、原資産の買い、コールの売り、割引債の買い

解答 問1 1,262円　問2 679円　問3 C

解 説

Point 5　2項モデルの基本問題である。

まず、問題を整理してみると、ATMコール・オプションであるから $K = S$。したがって、権利行使価格は現在の株価と同じ20,000円である。また2項プロセスは次のようになる。

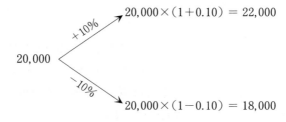

コールの価値は

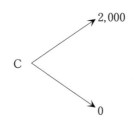

第5章　デリバティブ分析

問1　まず、株価上昇のリスク中立確率 q を求める。

$$q = \frac{(1+r)-d}{u-d} = \frac{(1+0.03)-(1-0.10)}{(1+0.10)-(1-0.10)} = 0.65$$

　　ここから、コールオプションの価格 C は次のように求めることができる。

$$C = \frac{qC_u + (1-q)C_d}{1+r} = \frac{0.65 \times 2,000 + (1-0.65) \times 0}{1+0.03}$$

$$= 1,262.1\cdots \approx 1,262円$$

問2　プット・コール・パリティを使う。

$$P = C - S + \frac{K}{(1+r)^{T-t}}$$

$$= 1,262 - 20,000 + \frac{20,000}{1.03}$$

$$= 679.475\cdots$$

$$\approx 679円$$

問3　問2より、ＡＴＭプット・オプションの理論価格は679円なので、コール・オプション割高、プット・オプション割安になっている。そのため、プットの買い、原資産の買い、コールの売り、割引債の売り（Ｃ）のポジションを取ると、

$$-P - S + C + \frac{K}{(1+r)^{T-t}} = -600 - 20,000 + 1,262 + \frac{20,000}{1.03} \approx 79円$$

の利益を得ることができる。

309

例題13

K社株式は、現在300円で、2項過程に従って、上昇するときは20％、下落するときは10％変動するものとする。1期間当たりのリスクフリー・レートは4％、またK社株式には配当はなく、証拠金および手数料等は無視できるものとする。以下の設問に答えよ。

問1 K社株式が第1期、第2期とも上昇したとき、株価はいくらか。

問2 ヨーロピアン・タイプのコール・オプションの権利行使価格を300円、満期を2期とすると、株価が第1期、第2期とも上昇したとき、また、第1期、第2期とも下落したときの満期におけるコールの価値はそれぞれいくらになるか。

問3 K社株式が第1期に下落したときのコールの価値はいくらか。

問4 当初のコールの価値はいくらか。

解答

問1　432円
問2　第1期・第2期とも上昇したとき：132円、
　　　第1期・第2期とも下落したとき：0円
問3　10.78円　　問4　37.66円

解説

株価の変動

現在　　　　第1期　　　　　　　　　第2期

300 →　360（＝300×1.2）→　432（＝300×1.2×1.2）←問1
　　 →　270（＝300×0.9）→　324（＝300×1.2×0.9＝300×0.9×1.2）
　　　　　　　　　　　　　→　243（＝300×0.9×0.9）

コールの価値の変動

現在　　　　第1期　　　　　　　　　第2期

$C=$③ → → $C_{uu}=132$（＝432−300）←問2
　　　　→ → $C_{ud}=24$（＝324−300）
　　　　　　　　　　　　　　　→ $C_{dd}=0$（＝243−300＜0）←問2

$C_u=$①
$C_d=$②

第5章　デリバティブ分析

u　：1＋株価上昇率

d　：1＋株価下落率

C　：現在のコールの価値

C_u：株価が上昇したとき（uS）の第1期のコールの価値

C_d：株価が下落したとき（dS）の第1期のコールの価値

C_{uu}：株価が2期連続して上昇したとき（uuS）の第2期のコールの価値

C_{ud}：株価が第1期に上昇（下落）し、第2期に下落（上昇）したとき（udS）の第2期のコールの価値

C_{dd}：株価が2期連続して下落したとき（ddS）の第2期のコールの価値

r　：リスクフリー・レート

以下の手順で計算すればよい。

Step1. リスクニュートラル確率（q）を計算する。

リスクのある株式の期待収益率がリスクフリー・レートと等しいならば、この投資はリスクニュートラルな投資家にとって無差別である。

Step2. リスクフリー・レートで割り引いて、1期ごとにオプションの現在価値を計算する。

Step1.

$$\frac{q \times 300 \times 1.2 \times 1.2 + (1-q) \times 300 \times 1.2 \times 0.9}{300 \times 1.2}$$

$$= \frac{q \times 300 \times 1.2 + (1-q) \times 300 \times 0.9}{300} = 1 + 0.04$$

$$\frac{360 \times q + 270 \times (1-q)}{300} = 1.04$$

$$90q + 270 = 312$$

$$q \approx 0.467$$

あるいは、

$$q = \frac{1+r-d}{u-d} = \frac{(1+0.04)-0.9}{1.2-0.9} \approx 0.467$$

Step2.　・1期後のコールの価値

$$C_u = \frac{q \times C_{uu} + (1-q) \times C_{ud}}{1+r}$$

$$= \frac{0.467 \times 132 + (1-0.467) \times 24}{1.04} \approx 71.57 \cdots ①$$

$$C_d = \frac{q \times C_{ud} + (1-q) \times C_{dd}}{1+r}$$

$$= \frac{0.467 \times 24 + (1-0.467) \times 0}{1.04} \approx 10.78 \cdots\cdots ② \leftarrow 問3$$

・現在のコールの価値

$$C = \frac{q \times C_u + (1-q) \times C_d}{1+r}$$

$$= \frac{0.467 \times 71.57 + (1-0.467) \times 10.78}{1.04} \approx 37.66 \cdots ③ \leftarrow 問4$$

第 5 章　デリバティブ分析

例題14　以下の文章①〜⑮の空欄に適当な数値または語句を〔語群〕A〜Tの中からひとつ選び（重複可）、記号で解答せよ。

　　オプションのヘッジ・パラメータで、デルタ（Δ）は原資産価格の変化に対する　①　　の変化を表しており、ガンマ（Γ）は原資産価格の変化に対する　②　　の変化を表す。今、日経平均株価が18,000円であり、あなたは権利行使価格18,000円のコールとプットを１枚ずつ売却した。このときあなたのポジションのデルタはコールについて約　③　　、プットについて約　④　　であるから、当初のポジション全体でデルタは約　⑤　　、すなわち　⑥　　である。ただし、このポジションのガンマは　⑦　　の値をとり、原資産価格が上昇しても下落してもポジションの価値は　⑧　　する。また、ガンマの絶対値は　⑨　　に近いはずであり、原資産価格のわずかな変化に対しても　②　　は大きく変動してしまうので注意が必要であろう。
　　さらに、ベガ（υ）はボラティリティの変化に対する　①　　の変化を表し、このポジションの場合、　⑩　　の値をとり、絶対値は　⑪　　に近いはずである。すなわち、原資産価格が変動すると、このポジションの価値は　⑫　　する。このポジションは　⑬　　と呼ばれ、原資産が大きく変動すると　⑭　　が発生し、原資産が今の水準にとどまると　⑮　　が発生する戦略である。

〔語群〕　A. 最大値　　B. 最小値　　C. +1　　D. +0.5　　E. 0　　F. −0.5
　　　　　G. −1　　H. 利益　　I. 損失　　J. デルタ・ニュートラル
　　　　　K. イミュニゼーション　　L. デルタ　　M. オプション価値　　N. 上昇
　　　　　O. 低下　　P. ロング・ストラドル　　Q. ショート・ストラングル
　　　　　R. ショート・ストラドル　　S. 正　　T. 負

解答 ▶

① M　　② L　　③ F　　④ D　　⑤ E　　⑥ J
⑦ T　　⑧ O　　⑨ A　　⑩ T　　⑪ A　　⑫ O
⑬ R　　⑭ I　　⑮ H

313

解説

　ブラック＝ショールズ（BS）・モデルがストレートに出題されることはまずないが、BSモデルをベースとした問題としては、このようなヘッジ・パラメータに関するものが出題されうる。この意味で要注意である。

　注意したいのは、本問の場合、コール、プットとも売り（ショート）ポジションであり、Point 6 での説明とは逆になる点である。例えば、アット・ザ・マネー（ATM）のコールのデルタは、買い（ロング）ポジションの場合＋0.5近辺となるが、ここでは売りポジションをとっているため－0.5近辺となる。また、ガンマについてはコールもプットも買いポジションでは正の値をとるが、売りポジションでは負の値をとる。さらにいずれもATMなので、絶対値は最大となる。

　なお、本問で取り上げたのは、ATMのコールとプットを同数売却したショート・ストラドル。株価が現在の水準にとどまるならば、オプション売却に伴うプレミアム分だけまるまる利益となるが、大きく上昇ないし下落した場合の損失は非常に大きくなる可能性があり、この意味でリスキーな戦略である。本問ではヘッジ・パラメータを使ってこのポジションの特徴をみたが、損益図を使って確認すると以下のようになる。

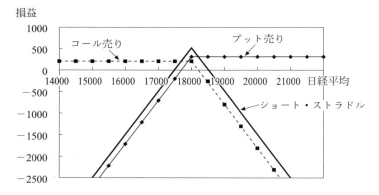

2 先物取引

Point ① 先渡取引と先物取引

先渡取引　　　　●　将来のある時点（満期時）において、あらかじめ定め
（forward contract）　　られた価格（先渡価格）で原資産を買う、または売る
　　　　　　　　　　契約。

- 通常、金融機関同士あるいは金融機関と顧客との間で店頭取引される。
- 契約時をt、満期時をTとする先渡取引を考える。
- 契約時点tにおける原資産価格をS_t、先渡価格をF_tとする。
- 満期時の原資産価格をS_T、損益をπ_Tとする。

(1) ロング・ポジション（買建て）

原資産1単位に対する先渡取引の買いポジションをとった場合、満期時（受渡日）の損益π_Tは以下のようになる。

$$\pi_T = S_T - F_t$$

したがって、満期時Tの原資産価格S_Tが契約時tの先渡価格F_tを**上回っていれば利益**、**下回っていれば損失**となる。グラフで表すと右のようになる。

図5－2－1　先物（買建）の損益

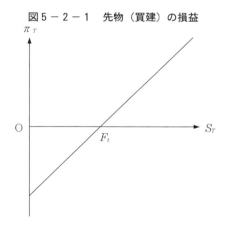

(2) ショート・ポジション（売建て）

原資産1単位に対する先渡取引の売りポジションをとった場合、満期時（受渡日）の損益π_Tは以下のようになる。

$$\pi_T = F_t - S_T$$

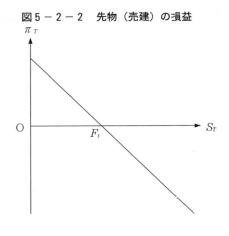

図5－2－2　先物（売建）の損益

したがって、満期時Tの原資産価格S_Tが契約時tの先渡価格F_tを**下回っていれば利益、上回っていれば損失**となる。グラフで表すと右のようになる。

先物取引　● 先渡取引と同様、将来のある時点（満期時）において、あらかじ
（futures）　　め定められた価格（先物価格）で原資産を買う、または売る契約。
　　　　　　● 先渡取引と異なり、通常、取引所で大量かつ集中的に取引される。

先渡取引と先物取引は非常に類似しており、基本的には同じものだが、通常みられる相違点は、主に取引方法と決済方法にある。

第5章　デリバティブ分析

● 先渡取引と先物取引の相違点

	取引方法	決済方法
先渡取引	相対取引 ・いったん契約を締結すると、それを第三者に譲渡するのが困難。 ・将来、受渡が実行されるかどうかは、契約当事者の支払能力（信用力）に依存する。	満期時において原資産を受け渡す現物決済。
先物取引	取引所取引 ・取引をいつでも譲渡したり手仕舞ったりできるように、対象となる資産や受渡日を標準化して取引所に上場して売買する。 ・将来、決済が確実に履行されるように、取引に際しては原資産価格の一定割合を（当初）証拠金として積ませる。 ・原資産価格の変動に伴う先物ポジションの変化を、毎日値洗いによって把握し、損失が（維持）証拠金を越えて拡大した場合には、追加証拠金を納めさせる。	満期時が到来する前に、当初のポジションの反対売買を行い、原資産を動かすことなく、売買金額の差額を精算するのが一般的（差金決済）。

317

例題15 《2015（秋）.5.Ⅰ.2》

先渡取引、先物取引に関する次の記述のうち、正しいものはどれですか。

A 先渡取引の理論価格は無裁定条件から導かれることが多いが、先物取引の理論価格は需給に基づく均衡価格として導かれるのが一般的である。

B 先渡取引と先物取引の根本的な違いは決済方法にあり、現物決済を行うものが先渡取引と呼ばれ、差金決済を行うものが先物取引と呼ばれる。

C 先物取引では、取引参加者がデフォルト（債務不履行）することはない。

D 先渡取引では、取引相手がデフォルト（債務不履行）することがあるため、信用リスク管理も必要となる。

解答 D

解　説

A 正しくない。先物取引の理論価格も先渡取引の理論価格と同様に無裁定条件から導かれることが多い。

B 正しくない。先渡取引と先物取引の決済方法が現物決済によるか差金決済によるかはそれぞれの商品設計によるものであり、先渡取引と先物取引の区別とは関係ない。

C 正しくない。取引所取引である先物取引では、証拠金制度の採用により取引参加者の中にデフォルト（債務不履行）が発生しても、他の取引参加者に影響するのを回避する仕組みがとられている。ただし、これに取引参加者のデフォルトがないということを意味するわけではなく、むしろ取引参加者の中にデフォルトが発生しうることを前提とした仕組みである。

D 正しい。相対取引である先渡取引では、取引相手のデフォルトにより契約が実行されないリスクが存在するので、信用リスク管理も必要となる。

第5章　デリバティブ分析

Point ② 先物理論価格

$$F_t^* = \underset{\uparrow}{S_t} + \underset{\uparrow}{S_t \times (r-d) \times (T-t)} = S_t\{1+(r-d)\times(T-t)\}$$

現物価格　　**持越費用**

F_t^*：t 時点の先物理論価格

S_t：t 時点の現物価格

r：金利

d：配当利回り

T：満期日（最終取引日）

$T-t$：満期までの期間（年）

Point ③ ベーシス

・先物価格と現物価格との差

・満期日が近づくにつれて 0 に収束（満期日には 0 となる）

　　$F_t > S_t$：プレミアム状態（上鞘）

　　$F_t < S_t$：ディスカウント状態（下鞘）

Point ④ 裁定取引

　実際の先物価格が先物理論価格と乖離した場合に、割高な方を売却し割安な方を購入する。均衡価格に戻ったときに反対売買を行い利益を確定する。

319

例題16 《2008（秋).5.Ⅰ.5》

株価指数が現時点で1,460円、満期までのリスクフリー・レートが6％（年率）、満期までの配当利回りが1％（年率）、先物の満期までの日数が60日のとき、この株価指数先物取引の理論価格はいくらになりますか。ただし、年率はいずれも1年＝365日ベースで換算されているものとする。

A　1,443円
B　1,448円
C　1,472円
D　1,477円
E　1,533円

解答 ▶ C

解説

先物理論価格の式に、数値をそのまま代入するだけである。
$$F^* = S \times \{1+(r-d)\times(T-t)\}$$
$$= 1,460 \times \left\{1+(0.06-0.01)\times\frac{60}{365}\right\} = 1,472$$

ただし、F^*：先物理論価格、S：現物価格、r：リスクフリー・レート、d：配当利回り、$T-t$：満期までの期間（年）。

第5章 デリバティブ分析

例題17 《2007（春）.5.Ⅱ.3》

日経平均株価が16,670円、残存日数41日の日経平均先物の価格が16,690円のとき、裁定取引で利益を上げるには、次のどのポジションを取ればよいか。ただし、配当利回りはゼロ、リスクフリー・レートは0.40％（年率、金利計算は1年＝365日ベース）とする。

A　借入れ、現物買い、先物買い
B　貸付け、現物買い、先物売り
C　貸付け、現物売り、先物買い
D　借入れ、現物買い、先物売り
E　借入れ、現物売り、先物買い

解答 ▶ D

解 説

借入れ、現物買い、先物売りのポジションで、

$$\underbrace{16{,}690}_{\text{先物売り}} - \underbrace{16{,}670}_{\text{現物買い}} - \underbrace{16{,}670 \times 0.40\% \times \frac{41}{365}}_{\text{借入れ（支払利息）}} \approx 13\text{円}$$

の裁定利益が得られる。

Point ⑤ ヘッジ

(1) ヘッジ

　将来、保有している現物の売却を予定しているが、先行き、価格が下がりそうなときには、先物市場で先物を売ることにより、現物の将来の値下がり損失を先物の買戻益で相殺できる。これを**売りヘッジ**という。

　逆に将来において現物を購入する予定があり、その間に値上がりしそうなときには、先物を買っておき、現物の値上がり分を先物の売却益でカバーできる。これを**買いヘッジ**という。

　ヘッジはこのように現物と正反対の取引を先物市場で行い、現物の損失を先物の利益で相殺することで可能となるが、現実には先物価格と現物価格との差であるベーシスが変動するため、完全なリスク・ヘッジは難しい。ベーシスが変動することによるリスクを**ベーシスリスク**という。もしベーシスが常に一定であれば、完全ヘッジが可能であるが現実にはそのようなことは稀である。

　以下では、現物ポートフォリオを保有している場合に、株価指数先物を用いて売りヘッジ（リスク・ヘッジ）することを考える。ここでは、ヘッジをかけたい期間と同一満期の先物を利用できるものとして、保有資産全体のベータを調整することにする。

　いま、時価 V_P のポートフォリオ（現物指数に対するベータ値 β_P）のこの期間におけるリターンを r_P とすると、先物満期時点におけるポートフォリオの価値 $V_P' = V_P(1+r_P)$ は、CAPMを前提とすれば、

$$V_P' = V_P\left\{1+\underbrace{r_f+\beta_P(r_M-r_f)}_{\text{CAPM公式}}+\varepsilon_P\right\}$$

　ただし、r_f：リスクフリー・レート、r_M：市場リターン、ε_P：誤差項と表せる。ここで、エクスポージャーの調整のために先物を N_f 枚買った（ここでは、売りヘッジを想定しているので N_f はマイナス）とすると、先物ポジションの損益も含めたポートフォリオの価値 V_{P+F}' は、

第5章　デリバティブ分析

$$V'_{P+F} = \underbrace{V'_P + m \times N_f \times (S' - F)}_{\text{先物取引の損益}}$$

$$= V_P\{1 + r_f + \beta_P(r_M - r_f) + \varepsilon_P\} + m \times N_f \times \{S(1 + r_M) - F\}$$

$$= V_P\Big[1 + r_f + \beta_P(r_M - r_f) + \varepsilon_P + \frac{m \times N_f}{V_P} \times \{S(1 + r_M) - F\}\Big]$$

$$= V_P\Big\{1 + (1 - \beta_P)r_f + \underbrace{\Big(\beta_P + \frac{m \times N_f \times S}{V_P}\Big)}_{\text{調整後ベータ}}r_M + \frac{m \times N_f}{V_P} \times (S - F) + \varepsilon_P\Big\}$$

ただし、m：契約乗数（日経平均先物の場合1,000、TOPIX先物の場合10,000）、

　　　　S：現在の現物株価指数、F：現在の先物価格、

　　　　S'：先物契約満期時点の現物株価指数

と表せる。よって、保有資産全体のベータは、上式の r_M の係数部分（調整後ベータ）で表される。

ヘッジ後における保有資産全体のベータ

$$\beta' = \beta_P + \frac{m \times N_f \times S}{V_P}$$

　売りヘッジの場合、$N_f < 0$ になる。特に、パーフェクト・ヘッジ（$\beta' = 0$）を実行する場合には、$N_f = -\dfrac{\beta_P \times V_P}{m \times S}$ より、先物を $\dfrac{\beta_P \times V_P}{m \times S}$（枚）売建てる必要がある。

例題18	あなたは時価100億円の株式ポートフォリオを運用しており、当面の株式市場の動向に弱気である。そこで先物を使ってヘッジを行い、今後3カ月にわたってポートフォリオのエクスポージャーを低

減させることにした。株式ポートフォリオとTOPIXおよび日経平均株価に関するデータは以下のとおりであり、現物と先物はTOPIX、日経平均とも完全連動している。

〈資料〉

	標準偏差（年率）	株式ポートフォリオとの相関係数
株式ポートフォリオ	25.0%	—
TOPIX（現物）	20.0%	0.9
日経平均（現物）	16.0%	0.8

〈現在のマーケットデータ〉

TOPIX（現物）	1,500.00Point
日経平均（現物）	20,400.00円
CD3カ月物（年率）	3.00%

問1　TOPIXと日経平均の先物理論価格を計算しなさい。なお配当は無視するものとする。

問2　今後3ヵ月間を見通すと、株式相場の下落に強い懸念材料が出ている。そこで、ポートフォリオを保守的にするために、あなたは3カ月物の日経平均先物を500単位売ることにした。この取引の結果、運用資産全体のベータ値はいくらになりますか。四捨五入して小数第2位まで求めること。

問3　ヘッジの効果を考えると、TOPIX先物を利用した場合と日経平均先物を利用した場合とでは、どちらが効果的ですか。

問4　ヘッジを付したポートフォリオのリスク（標準偏差）を計算しなさい。

第5章　デリバティブ分析

解答 ▶

問1　TOPIX先物：1,511.25
　　　日経平均先物：20,553.00円
問2　0.23
問3　TOPIX
問4　TOPIX先物でヘッジした場合：10.90%
　　　日経平均先物でヘッジした場合：15.00%

解　説

問1　先物理論価格：$F_t^* = S_t + S_t \times (r-d) \times (T-t)$

TOPIX 先物　：$F_{TOPIX}^* = 1,500 + 1,500 \times 0.03 \times \dfrac{3}{12} = 1,511.25$

日経平均先物：$F_{日経平均}^* = 20,400 + 20,400 \times 0.03 \times \dfrac{3}{12} = 20,553.00$

問2　株式ポートフォリオの対日経平均ベータ：$\beta_{P-日経平均} = \dfrac{0.8 \times 0.25}{0.16} = 1.250$

先物売却ポジションを加えた、新たな「現物保有＋先物売り」ポートフォリオのベータは以下のように計算される。

$$\beta_{S-F} = \beta_{P-日経平均} + \frac{S \times 1,000 \times N_F}{V}$$

ただし、β_{S-F}：「現物保有＋先物売り」ポートフォリオのベータ、$\beta_{P-日経平均}$：株式ポートフォリオの対日経平均ベータ、S：現物価格、N_F：先物数量、V：株式ポートフォリオ時価。

$$\beta_{S-F} = \beta_{P-日経平均} + \frac{S \times 1,000 \times N_F}{V}$$

$$= 1.25 + \frac{20,400 \times 1,000 \times (-500)}{10,000,000,000}$$

$$= 0.23$$

問3　TOPIXと日経平均の株式ポートフォリオとの相関係数はTOPIX0.9、日経平均0.8である。したがって、それぞれの決定係数（R^2）は以下のようになる。

TOPIX　：　$0.9^2 = 0.81$

日経平均：　$0.8^2 = 0.64$

決定係数は、$0 \leq R^2 \leq 1$であり、株価指数で説明できる部分の割合を示している。すなわち決定係数が大きいほど株価指数の説明力は高く、ヘッジの効果も大きい。

問4　ポートフォリオのリスクは市場リスクと非市場リスクとに分解できる。先物を使ってヘッジできるのは市場リスクである。したがって、ヘッジを付しても非市場リスクは残る。

$$1 \qquad = \qquad R^2 \qquad + \qquad \frac{\sigma_e^2}{\sigma_P^2}$$

総リスク　　市場リスクの割合　　非市場リスクの割合

本問では非市場リスクの実数値を求めるのであるから、両辺にσ_P^2を掛ける。

$$\sigma_P^2 \qquad = \qquad R^2\sigma_P^2 \quad + \quad \sigma_e^2$$

総リスク　　　市場リスク　　　非市場リスク

$$\sigma_e^2 = \sigma_P^2 - R^2\sigma_P^2$$

TOPIX 先物でヘッジした場合　：$\sigma_e^2 = 0.25^2 - 0.81 \times 0.25^2$

$$= 0.19 \times 0.25^2$$

$$= 0.011875$$

$$\sigma_e = 0.10897\cdots$$

$$\approx 10.90\%$$

第5章　デリバティブ分析

$$日経平均先物でヘッジした場合：\sigma_e^2 = 0.25^2 - 0.64 \times 0.25^2$$
$$= 0.36 \times 0.25^2$$
$$= 0.0225$$
$$\sigma_e = 0.15$$
$$= 15.00\%$$

もちろん、以下のように計算しても同じである。

$$\sigma_P^2 = \beta_{P-TOPIX}^2 \times \sigma_{TOPIX}^2 + \sigma_e^2$$
$$\sigma_e^2 = \sigma_P^2 - \beta_{P-TOPIX}^2 \times \sigma_{TOPIX}^2$$
$$= 0.25^2 - 1.125^2 \times 0.2^2$$
$$= 0.011875$$

$$\sigma_P^2 = \beta_{P-日経平均}^2 \times \sigma_{日経平均}^2 + \sigma_e^2$$
$$\sigma_e^2 = \sigma_P^2 - \beta_{P-日経平均}^2 \times \sigma_{日経平均}^2$$
$$= 0.25^2 - 1.250^2 \times 0.16^2$$
$$= 0.0225$$

なお、ポートフォリオのベータ（β）は以下のように計算される（第1章
ポートフォリオ・マネジメント6マーケット・モデル参照）。

$$\beta_{P-TOPIX} = \frac{\rho_{P,TOPIX}\sigma_P}{\sigma_{TOPIX}} = \frac{0.9 \times 0.25}{0.2} = 1.125$$

$$\beta_{P-日経平均} = \frac{\rho_{P,日経平均}\sigma_P}{\sigma_{日経平均}} = \frac{0.8 \times 0.25}{0.16} = 1.250$$

(2)　ダイナミック・ヘッジング

　　株式ポートフォリオの価値下落を一定水準に抑えながら、株価上昇による
利益を得る戦略として、プロテクティブ・プットがある。これは、いわば
「保険」としてプット・オプションを買う戦略だが、実際にはいくつかの問
題点があってうまく機能しない。そこで他の資産を使ってプロテクティブ・
プットを複製する。こういったオプション戦略の複製はダイナミック・ヘッ
ジングと呼ばれ、とくにプロテクティブ・プットの複製についてはポートフォ

327

リオ・インシュアランスと呼ばれる場合がある。

なお、特定の株価指数の先物ないしオプションを前提とした場合、インデックス・ファンドのような株価指数と連動性の強いポートフォリオでなければ、プロテクティブ・プットもポートフォリオ・インシュアランスもヘッジの効果は薄い。

① プロテクティブ・プット

保険をかけたい期間と等しい権利行使期間と、これ以下にはポートフォリオの価値を下げたくないという一定水準（フロア水準）に対応する権利行使価格を持ち、そして現物で保有している銘柄を原株とするプット・オプションを購入すればそのポートフォリオを一定水準以上に維持できる。プットを買っておけば株価が権利行使価格以下になったとしても権利行使価格で売却する権利があるので実際の損失はプットの価格（プレミアム）だけで済む。これがいわゆるプロテクティブ・プットである。

しかし、以上のようなプット・オプションの利用にはいくつかの問題点がある。

(i) 上場されているオプションは権利行使価格が標準化されており、プロテクティブ・プットに必要な権利行使価格と一致することは稀である。

(ii) オプションの残存期間がヘッジ期間に一致することも稀である。

(iii) 仮に(i)(ii)の条件がクリアされたとしても、十分な流動性が確保できない可能性もある。

このため、プロテクティブ・プットは実質上は機能しない。

そこで、何らかの方法でプロテクティブ・プットを模倣することを考える。すなわち、危険資産と安全資産、あるいは危険資産と先物を保有し、連続的にポジションを調整することによって、プロテクティブ・プットと同じ効果を狙うわけである。これが②で解説されているダイナミック・ヘッジングと呼ばれる手法である。

② ダイナミック・ヘッジング

まず、ダイナミック・ヘッジングの代表例として危険資産と安全資産の運用比率を危険資産の価格変動に応じて連続的に変化させプロテクティブ・

第5章 デリバティブ分析

プットを複製する手法をみてみよう。危険資産の価格を S、権利行使価格 K のプット価格を $P(K)$ とすると危険資産とプットを組み合わせたポートフォリオの価額は、危険資産が変動したとき、次のような変化をする。

$$\Delta(S+P(K)) = \Delta S(1+\partial P/\partial S)$$

$\partial P/\partial S$ はプットのデルタを表し -1 から 0 の値をとり、この式は、

プットと危険資産のポートフォリオの価値変化
＝危険資産の価格変化×（１＋プットデルタ）

であることを意味している。言い換えれば、（１＋プットデルタ）に相当する分だけ株式などの危険資産に投資し、残りを安全資産に投資すれば危険資産の価格が変動したとき、プットと危険資産の組合せと同じような価格変化が得られる。プットのデルタは危険資産の価格が上昇すれば大きくなり 0 に近づき、危険資産の価格が下がればデルタは小さくなり -1 に近づく。したがって危険資産の価格変動に応じて危険資産と安全資産の運用比率を変化させる必要がある。危険資産価格が上昇すればそのウェイトを上げ、価格が下落すればウェイトを低めるような資産配分を連続的に行うと危険資産とプットの組合わせが複製できる。

しかし、このような資産配分を連続的に行うことは取引コストがかかり、またポートフォリオの中身が変化することになり、現実的には難しい。そこで先物取引を利用して、危険資産ポートフォリオはそのまま保有する一方、ヘッジ比率が $\partial P/\partial S$（プット・デルタ）の絶対値に等しくなるように先物を売建て、危険資産価格が上昇すれば $\partial P/\partial S$（プット・デルタ）の絶対値が小さくなるのでヘッジ比率を下げるため先物を買戻し、逆に危険資産価格が下がれば先物を売り増して行くなどの方法がとられる。

ただし、ダイナミック・ヘッジングを行っても危険資産の価格が連続的に変化せず急激にジャンプしたときにはヘッジが機能しなくなるケースがみられる。

329

《2009（秋）．5．Ⅲ》

例題19　TOPIXと全く同じ構成比の時価10億円の株式ポートフォリオについて、株価下落リスクをヘッジするため、TOPIX先物およびオプション（ヨーロピアン型）の売買を考える。現在の市場環境は図表のとおり。リスクフリー・レートはゼロとし、期中の配当は無視できるものとする。

図表　市場環境

商品番号	商品の種類	満期	デルタ	価格（ポイント）
①	TOPIX	－	－	1,000
②	先物	0.5年	－	1,000
③	プットオプション（行使価格：　900ポイント）	0.5年	－0.26	37.0
④	コールオプション（行使価格：1,100ポイント）	0.5年	0.36	44.0

（商品②、③、④の1取引単位はTOPIX×10,000円）

問1　オプション価格に関する次の記述のうち、正しくないものはどれですか。

A　TOPIXの水準が上昇すると、商品④の価格は上昇する。

B　TOPIXのボラティリティが上昇すると、商品③の価格は上昇する。

C　商品③と商品④の本質的価値（intrinsic value）は等しい。

D　商品③と商品④の時間価値（time value）は等しい。

問2　株式ポートフォリオ10億円の価格下落リスクをヘッジするため、商品③を100取引単位だけ買建てた。オプション満期日の特別清算指数（SQ）が800ポイントになった場合、保有する株式ポートフォリオもSQを用いて評価すると、同期間における株式ポートフォリオおよび商品③からの損益合計はいくらですか。

A　2.00億円の損失

B　1.37億円の損失

C　0.37億円の損失

D　0.00億円の損益

第5章　デリバティブ分析

E　0.47億円の利益

問3　問2のヘッジコストを削減するため、商品③を100取引単位買建てると同時に商品④を100取引単位売建てたとする。オプション満期日までのこの投資家の株式ポートフォリオおよび商品③、④の損益合計に関する次の記述のうち、正しくないものはどれですか。

A　満期日のTOPIXが1,000ポイントであれば、この投資家の損益合計はゼロである。

B　満期日のTOPIXが1,120ポイントであれば、商品④の売建ては損益合計にはプラスに作用したことになる。

C　満期日のTOPIXがどれだけ上昇しても、この投資家の利益合計は1.07億円に限定される。

D　満期日のTOPIXがどれだけ下落しても、この投資家の損失合計は－0.93億円に限定される。

問4　デルタ・ヘッジ（ダイナミック・ヘッジ）は、問2における商品③と同様のヘッジ効果を商品②を用いて複製する手法である。次の記述のうち、正しくないものはどれですか。

A　期初時点では、商品②を約26取引単位だけ売建てることとなる。

B　期中でTOPIXが上昇したら、商品②を追加的に売建てることとなる。

C　商品②の期中のネットでの売りポジションは0～100取引単位の間となる。

D　デルタ・ヘッジは、オプションの取扱業者などがオプションポジションのヘッジによく用いる手法である。

解答　▶　問1　D　問2　B　問3　A　問4　B

331

解 説

問1 オプションの性質

$$P_③(37) = \underbrace{max(K-S、0)}_{本質的価値} + \underbrace{TV}_{時間価値} = max(900-1,000、0) + TV = 0 + 37$$

$$P_④(44) = \underbrace{max(S-K、0)}_{本質的価値} + \underbrace{TV}_{時間価値} = max(1,000-1,100、0) + TV = 0 + 44$$

したがって、商品③と商品④の本質的価値（intrinsic value）は0で等しいが、時間価値（time value）は異なる。

問2 プロテクティブ・プット（PP）

$$PP = V + P_③$$

$$= \underbrace{10億円 \times \left(\frac{800-1,000}{1,000}\right)}_{株式ポートフォリオ} + \underbrace{\{max(900-800,0)-37\} \times 100 \times 10,000}_{プット・オプション（商品③）}$$

$$= -2億円 + 0.63億円 = -1.37億円$$

問3 オプション損益

選択肢A～Dをひとつひとつ検証するのはかなり厄介、この手の問題は直感で解答したい。満期日TOPIXが1,000ポイントの場合、株式ポートフォリオの損益は0。商品③も商品④もアウト・オブ・ザ・マネーなので、どちらも損益は0。プレミアムの差額（0.44億円－0.37億円）が損益合計となるので、Aが「正しくない」ということになる。

TOPIX （ポイント）	株式 損益（億円）	商品③　Put(K=900)		商品④　Call(K=1,100)		合　計 （億円）
		損益（億円）	価格（億円）	損益（億円）	価格（億円）	
800	−2.0	+1.0	−0.37	0.0	+0.44	−0.93
850	−1.5	+0.5	−0.37	0.0	+0.44	−0.93
900	−1.0	0.0	−0.37	0.0	+0.44	−0.93
950	−0.5	0.0	−0.37	0.0	+0.44	−0.43
1,000	0.0	0.0	−0.37	0.0	+0.44	+0.07
1,050	+0.5	0.0	−0.37	0.0	+0.44	+0.57
1,100	+1.0	0.0	−0.37	0.0	+0.44	+1.07
1,120	+1.2	0.0	−0.37	−0.2	+0.44	+1.07
1,150	+1.5	0.0	−0.37	−0.5	+0.44	+1.07
1,200	+2.0	0.0	−0.37	−1.0	+0.44	+1.07

問4　ダイナミック・デルタ・ヘッジ

　　ダイナミック・デルタ・ヘッジでは、ヘッジ比率がプット・デルタの絶対値に等しくなるように先物を売建てる。プット・デルタは−1と0の間の値をとり、イン・ザ・マネーになるほど−1に近づき、アウト・オブ・ザ・マネーになるほど0に近づく。原資産価格が上昇すればプット・デルタの絶対値が小さくなる（0に近づく）ので先物を買戻し、逆に原資産価格が下がればプット・デルタの絶対値が大きくなる（−1に近づく）ので先物を売増す。

Point ⑥ 為替先物

裁定機会がないと考えると、国内の無リスク金利で運用しても、為替先物により受取時点の為替を固定（為替リスクを排除）した上で、外国の無リスク金利で運用しても同じリターンを得るはずである。

図5－2－3　金利裁定関係

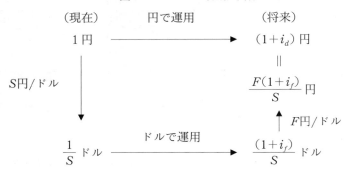

S：直物為替レート　F：先物為替レート　i_d：国内金利　i_f：外国金利

ここで、上の図のような1円を国内金利と外国金利（ここでは米国）で1年間運用するケースを考える。

まず、国内金利で1年間運用すれば、1年後には$1+i_d$円が得られる。

次に、米国金利で運用するケースでは、直物為替レートが1ドル＝S円とすると、1円＝$1/S$ドルである。これを米国金利で運用すれば、1年後には$(1+i_f)/S$ドルとなるが、これを現在の先物為替レート1ドル＝F円であらかじめ為替予約をかけておけば、1年後には確実に$F(1+i_f)/S$円を得られる。

したがって、

$$1+i_d = \frac{F}{S} \times (1+i_f)$$

より、

$$F = S \times \frac{1+i_d}{1+i_f}$$

の関係が得られる。

第 5 章 デリバティブ分析

例題20 《2009（秋）．5．Ⅰ．6》
　　直物為替レートが100.00円／米ドル、期間0.5年の円金利が1.00％（年率）、期間0.5年の米ドル金利が3.00％（年率）とすると、期間0.5年の円／米ドル先渡為替レートの理論値はいくらか。

A　98.06円／米ドル
B　99.01円／米ドル
C　100.00円／米ドル
D　101.00円／米ドル
E　101.98円／米ドル

解答　▶　B

解　説

　為替先渡（カバー付き金利パリティ）の式に、数値をそのまま代入するだけである。

$$F = S \times \frac{1 + i_{JPY} \times T}{1 + i_{USD} \times T}$$
$$= 100.00 \times \frac{1 + 0.01 \times 0.5}{1 + 0.03 \times 0.5} = 99.0147\ldots \approx 99.01$$

ただし、F：為替先渡レート、S：為替直物レート、i_{JPY}：円金利、
　　　　i_{USD}：米ドル金利、T：満期までの期間（年）。

3 金利デリバティブ

　金利デリバティブとは、企業の資金運用・調達に伴う金利変動リスクをコントロールするための手段として開発された金融商品であり、金利を原資産としてその変動リスクを売買の対象とする。ここでは、金利デリバティブの代表的な商品であるFRA、金利スワップ、キャップ/フロアについて、その仕組みやキャッシュフローを説明する。

Point ① FRA

　FRA（Forward Rate Agreement：金利先渡契約）は、将来の特定の時点から始まる一定期間の金利を特定の利率で約定する契約である。

　FRAの買い手は将来の金利上昇リスクをヘッジする目的で（逆にFRAの売り手は将来の金利下落リスクをヘッジする目的で）、FRA市場に参加する。金利先物取引の市場が取引所取引であるのに対し、FRA市場は店頭取引（相対取引）が中心であり、取引条件が比較的柔軟に設定できるメリットがある。

　取引の当事者の間で金額（想定元本）、契約期間、約定利率をあらかじめ合意し、契約期間の開始時に約定利率と市場実勢金利（LIBOR等）との差額分を現在価値に引き直し決済する。契約期間の開始時において市場実勢金利が約定利率よりも高い場合には、買い手は売り手から

　　想定元本×（市場実勢金利－約定金利）×契約期間（年数）

を契約期間の満期から現在価値に割り引いた金額をその時点で受取ることができる。逆に市場実勢金利が約定利率よりも低い場合には、買い手は売り手に対し

　　想定元本×（約定金利－市場実勢金利）×契約期間（年数）

を契約期間の満期から現在価値に割り引いた金額をその時点で支払わねばならない。

第5章 デリバティブ分析

例）FRA

　　金額（想定元本）　　　　　　10億円
　　契約期間　　　　　　　　　　3カ月後スタートの半年物
　　　　　　　　　　　　　　　　（決済日：現在から3カ月後、
　　　　　　　　　　　　　　　　　満期日：現在から9カ月後）
　　約定利率　　　　　　　　　　0.50%
　　FRAの買い手　　　　　　　　X社
　　FRAの売り手　　　　　　　　Y行
● キャッシュ・フロー

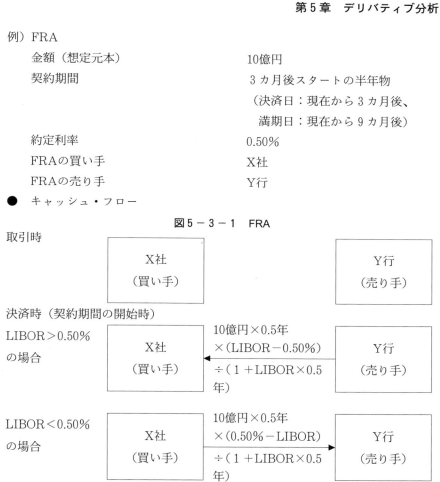

図5－3－1　FRA

このようにFRA取引の特徴として、約定利率と市場実勢金利との差額分が契約期間の満期時でなく開始時に前払い決済されること、またその決済金額が満期時の将来価値でなく市場実勢金利により契約期間の満期時から開始時まで割り引かれた現在価値で決定されることがあげられる。

Point ② 金利スワップ

　金利スワップは変動金利建債務をもつ債務者と固定金利建債務をもつ債務者との間で、相互に利払い債務を交換する契約をいう。経済的には将来の固定金利と変動金利の交換取引の意味をもつ。金利スワップでは通常、元本の交換は行われず、想定元本と呼ばれる名目上の元本に基づいて金利の計算を行う場合が多い。なお、実際に交換する財は将来発生するキャッシュ・フローであり、固定キャッシュ・フローと変動キャッシュ・フローの現在価値を等価で交換する取引である。

　短期金融市場では信用力の格差が直接的にリスクプレミアムの差として反映されない。これは貸出期間も短く貸し手である銀行の審査能力も高いため、相対的に要求されるリスクプレミアムの差が少なくなる傾向があるためである。長期金融市場では貸出期間も長く投資家の審査能力にも限界があり、信用力格差により要求されるリスクプレミアムの差も大きくなりがちとなる。例えばA社が格付けは最上級で、固定金利8％、変動金利で6カ月LIBOR＋0.3％の資金調達力があり、現在100,000,000ドルのLIBORベースの変動金利により借入を希望しているとする。他方、B社は格付けは中級で固定金利で9％、変動金利で6カ月LIBOR＋0.9％の資金調達力で、100,000,000ドルの固定金利により借入を希望しているとする。このような場合に銀行等の仲介で、A社は固定金利8％で100,000,000ドルを調達し、銀行はA社と金利スワップを行い、例えば7.8％をA社に支払うと同時にA社から変動金利LIBOR相当額を受け取る。B社は変動金利6カ月LIBOR＋0.9％で100,000,000ドルを調達し、銀行はB社と金利スワップによってLIBOR相当額をB社に支払うと同時にB社から固定金利8％を受け取る。

　このような金利スワップによって、A社の実質金利はLIBOR＋0.2％の変動金利となり、B社の実質金利は8.9％の固定金利となる。A社、B社ともにスワップによらず独自に資金調達した場合よりも金利負担がそれぞれ0.1％少なくなっている。銀行も0.2％の仲介利益を得ることができる。2社の固定金利の差をa、変動金利の差をbとすると、a－bが金利スワップ取引の全当事者の総利益となる。ここではa＝9－8＝1、b＝0.9－0.3＝0.6なので0.4％（1.0－0.6）が金利スワップ契約の全当事者のトータルの潜在的な金利節約メリットである。金利の流れ図（ダイヤグラム）にすると次のようになる。

第5章 デリバティブ分析

図5-3-2 金利スワップ

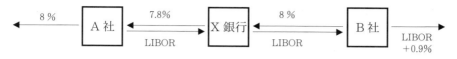

	支払金利		受取金利		実質金利	金利改善効果
	固定金利	変動金利	固定金利	変動金利		
A社	8	LIBOR	7.8		LIBOR+0.2	0.1
B社	8	LIBOR+0.9		LIBOR	8.9	0.1
銀行	7.8	LIBOR	8	LIBOR	0.2	0.2
合計						0.4

例題21

A社が変動金利、B社が固定金利での資金調達を考えている。A社は5％の固定金利、LIBOR＋1.0％の変動金利で資金調達ができ、B社は7％の固定金利、LIBOR＋2.0％の変動金利で資金調達ができるものとする。A社とB社が直接スワップ契約を行った場合、両社は合計で最大何％金利負担を引き下げられるか。

解答 ▶ 1.0％

解 説

（ⅰ）金利スワップを用いずに、A社が変動金利、B社が固定金利で資金調達を行った場合

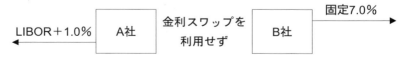

両企業の金利合計は、次のようになる。
　（LIBOR＋1.0％）＋7.0％＝LIBOR＋8.0％

339

（ⅱ）A社が固定金利、B社が変動金利で資金調達を行い、両企業間で金利スワップ契約を用いた場合（A社が固定金利α％受取・変動金利LIBOR＋β％支払の金利スワップ契約とする）

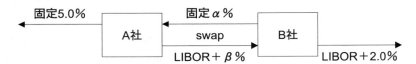

この場合、金利スワップを用いたことにより、各企業の調達合計は、
A社：5.0％＋（LIBOR＋β％－α％）＝LIBOR＋5.0％＋β％－α％
B社：（LIBOR＋2.0％）＋｛α％－（LIBOR＋β％）｝＝2.0％＋α％－β％
となる。両企業の金利合計は、
　　（LIBOR＋5.0％＋β％－α％）＋（2.0％＋α％－β％）＝LIBOR＋7.0％
以上（ⅰ）（ⅱ）から、金利スワップの利用により節約可能な資金調達コストは
　　（LIBOR＋8.0％）－（LIBOR＋7.0％）＝1.0％
となる。

Point ③ キャップ／フロア

(1) キャップ

　キャップとは、キャップの売り手と買い手の間で交わされるオプション取引の一形態である。キャップの買い手は売り手に対してプレミアムを支払い、その見返りにキャップ期間の各利払日において、対象金利があらかじめ決められた水準（キャップレベル）より高い場合、その金利差を売り手から受け取る。変動金利で資金調達を行ったとき、一定以上の金利上昇リスクを回避するのに用いられる。

　例）キャップ

　　　想定元本　　　　　　100億円
　　　期間　　　　　　　　2年
　　　対象金利　　　　　　6カ月LIBOR
　　　キャップ　　　　　　8.0％
　　　金利支払頻度　　　　年2回

第5章　デリバティブ分析

プレミアム（キャップ料）	1.0%
キャップの買い手	A社
キャップの売り手	B行

●キャッシュ・フロー

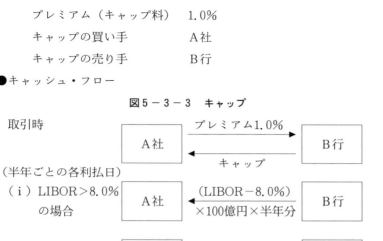

図5－3－3　キャップ

(2) フロア

フロアとは、フロアの売り手と買い手の間で交わされるオプション取引の一形態である。フロアの買い手は売り手に対してプレミアムを支払い、その見返りにフロア期間の各利払日において、対象金利があらかじめ決められた水準（フロアレベル）より低い場合、その金利差を売り手から受け取る。変動金利で貸付を行ったとき、利子収入が一定水準より低下するのを回避するのに用いられる。

例）フロア

想定元本	100億円
期間	2年
対象金利	6カ月LIBOR
フロア	8.0%
金利支払頻度	年2回
プレミアム（フロア料）	1.0%
フロアの買い手	A行
フロアの売り手	B行

● キャッシュ・フロー

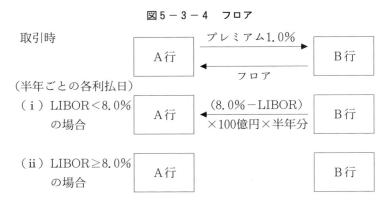

図5－3－4　フロア

例題22　事業法人X社が銀行YからLIBOR＋2％で資金を借入れた。その後、X社は銀行ZとLIBORを対象金利とする金利水準4％のキャップの買い契約を締結した。契約後にLIBOR金利が3％になったときと5％になったとき、銀行Zとのキャップ契約を考慮したX社の銀行Yに支払う正味支払金利はそれぞれいくらになるか。

解答　LIBOR＝3％のとき5％、LIBOR＝5％のとき6％

解　説

　X社はLIBOR金利を対象とする4％のキャップの買い契約を銀行Zと結んでいるから、LIBORが4％を超える場合には、LIBOR－4％分を受け取ることになる。
　よって、X社の正味支払い金利は、
（ⅰ）LIBORが3％（＜4％）の場合：LIBOR＋2％＝3％＋2％＝5％
（ⅱ）LIBORが5％（＞4％）の場合：LIBOR＋2％－（LIBOR－4％）
　　　　　　　　　　　　　　　　　＝6％
となる。

4 通貨スワップ

通貨スワップは異なる通貨間の債権または債務の交換契約である。金利スワップと異なり、通貨スワップでは開始時と終了時に元本交換を行う。また、元本交換を行わない金利部分のみの通貨スワップもあり、これはクーポン・スワップと呼ばれることがある。

日本企業が外債発行で期間5年、元本1,000万ドル、金利8％で外貨を調達する場合、ここで円金利5％のスワップを組み合わせると、実質的に円で資金調達ができる。元本交換レートを1ドル＝100円とすると、取引開始日には調達した1,000万ドルを相手に渡し、その代わりに10億円（1,000万ドル×100）を受取る。期中の金利も交換し80万ドルの金利を交換相手から受取り、それを外債の支払金利に充当する。そして交換相手に対し5％の円金利を支払う。5年後の満期日には当初とは逆の元本交換を行い取引相手から1,000万ドル受取り、それで外債を償還するとともに10億円を取引相手に支払う。このスワップ取引により借入れたドル資金を円転して、利払と返済時の為替リスクを先物為替でヘッジした場合と同様の効果が得られる。このようなヘッジは先物為替予約でも可能だが1年以上の長期為替予約取引の市場は小さく、支払日に対応する予約レートが一定とならない不都合がある。この点、通貨スワップを利用すれば自国通貨でのキャッシュ・フローが一定となる。

図5－4－1　通貨スワップ

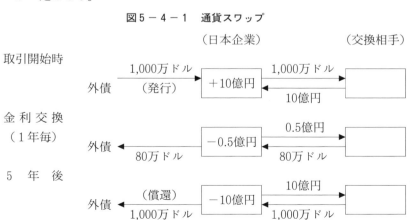

	デリバティブ取引に関する次の記述のうち、正しくないものはどれか。

例題23

A　典型的な金利スワップ取引は円固定金利と円変動金利の交換契約で、円－円スワップと呼ぶことがある。

B　金利スワップの基本となる元本額を想定元本と呼ぶ。

C　FRAは、金利変動による損益変動相当額の差金の授受によって決済される。

D　通貨スワップ取引では、通常、元本交換を行わない。

解答 ▶　D

解　説

A　正しい。なお、金利スワップでは、通常、元本交換を行わない。

B　正しい。想定元本もしくは名目元本と呼ばれる。

C　正しい。

D　正しくない。通貨スワップは異なる通貨の金利の交換であり、取引開始時と終了時に元本の交換を行う形のものが一般的である。

344

第5章　デリバティブ分析

5　債券先物取引

Point ① 基本的な取引の仕組み

国債先物取引とは、将来の一定の期日に、今の時点で取り決めた価格で特定の債券を取引する契約のことである。

大阪取引所で行われている国債先物取引では、実際に発行されている国債そのものを対象として先物取引が行われているのではなく、「**標準物**」と呼ばれる取引の円滑化を図るために証券取引所がクーポンレート（利率）、償還期限などを標準化して設定したものを取引の対象として先物取引が行われている。

取引対象である標準物を取引対象とする方式は、対象銘柄を変更する必要がないこと、個別銘柄の属性が捨象されること及び価格の継続性が維持されるなどの長所を持ち、海外の債券先物取引においても広く用いられている。

大阪取引所で行われている国債先物取引には、**中期国債標準物（償還期限5年、クーポンレート3％）を対象とした「中期国債先物取引」、長期国債標準物（償還期限10年、クーポンレート6％）を対象とした「長期国債先物取引」及び超長期国債標準物（償還期限20年、クーポンレート3％）を対象とした「超長期国債先物取引」**がある。

国債先物取引の決済方法には、取引最終日までに転売・買戻しと呼ばれる反対売買によって決済する方法と、受渡決済期日に受渡決済をする方法がある。

1. 反対売買による決済の場合は、差金の授受によって決済が行われる。
2. 受渡決済の場合は、売買代金及び現物の国債の授受によって決済が行われる。

ただし、標準物は実在する国債ではないため、実際には**受渡適格銘柄**と呼ばれる国債が受渡しに利用される。受渡代金の計算に当たっては、一定の算式により求められた**交換比率（コンバージョン・ファクター）**を先物最終清算価格に乗じ

345

て、取引対象である標準物と受渡銘柄との価値を調整する。

転換係数（交換比率）の式は次のように表されている。

$$交換比率 = \frac{\frac{a}{X} \times \left[\left(1 + \frac{X}{2}\right)^b - 1 \right] + 100}{\left(1 + \frac{X}{2}\right)^{\frac{c}{6}} \times 100} - \frac{a \times (6 - d)}{1,200}$$

$a =$ 受渡適格銘柄の年利子

$b =$ 受渡適格銘柄の受渡決済以降（当該受渡決済期日を除く）に到来する利払回数

$c =$ 受渡適格銘柄の受渡決済期日における残存期間（月数）

$d =$ 受渡適格銘柄の受渡決済期日から次回利払日までの期間（月数）

$X =$ （ⅰ）0.03（中期国債標準物及び超長期国債標準物）

　　　（ⅱ）0.06（長期国債標準物）

（注1）交換比率は、小数点以下第6位まで求め、第7位以下切捨てとする。

（注2）計算過程において算出される数値は、小数点以下第10位まで求め、第11位以下切捨てとする。

（注3）初期利払い前の国債証券を受渡決済のために授受する場合において、受渡決済期日における残存期間が、長期国債標準物においては10年を超える銘柄、超長期国債標準物においては20年を超える銘柄の交換比率の算定については、

　　　（ⅰ）上記 $b = b + 1$

　　　（ⅱ）上記 $d =$ 受渡適格銘柄の受渡決済期日から初期利払日までの期間 -6（月数）

とする。

（出所：日本取引所グループのホームページ）

　なお、受渡適格銘柄は、中期国債先物取引では受渡期日において残存期間が4年以上5年3ヵ月未満である5年利付国債、長期国債先物取引では受渡期日において残存期間が7年以上11年未満である10年利付国債、超長期国債先物取引では

第5章　デリバティブ分析

受渡期日において残存期間が19年3カ月以上21年未満である20年利付国債であり、**売方が受渡適格銘柄の中から任意の銘柄を選択できる。**

例題24

《2010（秋）.5.Ⅰ.10》

　わが国の債券先物取引に関する次の記述のうち、<u>正しくないもの</u>はどれですか。

A　長期国債先物取引では、クーポン利率年利6％の標準物が取引されている。

B　長期国債先物の場合、残存期間が7年以上の10年利付国債が受渡適格銘柄となる。

C　現物債券による決済の場合、先物の買い手が受渡適格債の中から受渡銘柄を選択する。

D　長期国債先物の売買単位（ミニ取引は除く）は、額面1億円である。

解答　▶　C

解　説

　現物債券による決済の場合、先物の売り手が受渡適格債の中から選択する。

347

6 デリバティブ取引の概要

ここでは現行のデリバティブ取引の概要を示す。

オプション取引

(1) 株式関係

	TOPIXオプション取引	日経225オプション取引
取 引 所	大阪取引所	
取 引 方 法	個別競争取引　および　立会外取引	
対 象 商 品	TOPIX（東証株価指数）	日経平均株価（日経225）
取 引 単 位	1万倍	千倍
限　　　　　月	(1)四半期限月（最長5年） 　　6，12月の直近の10限月と3，9月の直近の3限月 (2)その他の限月（最長9か月） 　　直近の6限月	(1)四半期限月（最長8年） 　　6，12月の直近の16限月と3，9月の直近の3限月 (2)その他の限月（最長9か月） 　　直近の6限月
取引最終日	各月の第2金曜日（休業日に当たるときは、順次繰り上げる。）の前営業日に終了する取引日	
権利行使及び最終決済	ヨーロピアンタイプ 取引最終日の翌営業日に東証株価指数の構成銘柄の始値を基に算出する特別指数（SQ）との差金決済。	ヨーロピアンタイプ 取引最終日の翌営業日に日経平均株価の構成銘柄の始値を基に算出する特別指数（SQ）との差金決済。

(2) 債券関係

	長期国債先物オプション取引
取 引 所	大阪取引所
取 引 方 法	個別競争取引　および　立会外取引
対 象 商 品	長期国債先物
取 引 単 位	先物額面1億円
限　　　　　月	四半期限月取引：3，6，9，12月限月の直近2限月 その他の限月取引：直近2限月（最大2限月）
取引最終日	限月の前月の末日（休業日に当たるときは、順次繰り上げる。）に終了する取引日
権利行使及び最終決済	アメリカンタイプ 取引開始日から取引最終日まで権利行使可能。 権利を行使すると先物の建て玉が発生する。

第5章　デリバティブ分析

先物取引

(1)　株式関係

	TOPIX先物取引	日経225先物取引
取 引 所	大阪取引所	
取 引 方 法	個別競争取引　および　立会外取引	
対 象 商 品	TOPIX（東証株価指数）	日経平均株価（日経225）
取 引 単 位	1万倍	千倍
限　　　　月	3，6，9，12月（直近5限月）	6，12月の直近の16限月と3，9月の直近の3限月（最長8年）
取引最終日	各限月の第2金曜日（休業日に当たる場合は、順次繰り上げる。）の前日に終了する取引日	
未決済玉の最 終 決 済	取引最終日の翌営業日に東証株価指数の構成銘柄の始値に基づいて算出する特別指数（SQ）との差金決済。	取引最終日の翌営業日に日経平均株価の構成銘柄の始値に基づいて算出する特別指数（SQ）との差金決済。

※　株価指数を原資産とする先物取引には、上記以外にも、取引単位がTOPIXの千倍のミニTOPIX先物取引、取引単位が日経平均株価の百倍の日経225mini取引などがある。

※　日経平均配当指数、TOPIX配当指数、TOPIX Core30配当指数のそれぞれを原指数とする配当指数先物取引や日経平均ボラティリティー・インデックス先物なども取引されている。

(2)　債券関係

	中期国債先物取引	長期国債先物取引	超長期国債先物取引	ミニ長期国債先物取引
取 引 所	大阪取引所			
取 引 方 法	個別競争取引　および　立会外取引			
対 象 商 品	利率年3％、償還期限5年の中期国債標準物	利率年6％、償還期限10年の長期国債標準物	利率年3％、償還期限20年の超長期国債標準物	長期国債標準物の価格
取 引 単 位	額面1億円			10万円に長期国債標準物の価格の数値を乗じて得た値
限　　　　月	3，6，9，12月（3限月取引）			
取引最終日	受渡決済期日（各限月の20日（休業日の場合は、繰下げる。））の5日前（休業日を除外する。）			同一限月の長期国債先物取引における取引最終日の前日（休業日の場合は、順次繰上げる。）に終了する取引日
未決済玉の最 終 決 済	受渡決済銘柄…残存期間4年以上5年3ヵ月未満の5年利付国債（売り方が選定）	受渡決済銘柄…残存期間7年以上11年未満の10年利付国債（売り方が選定）	受渡決済銘柄…残存期間19年3ヵ月以上21年未満の20年利付国債（売り方が選定）	差金決済

349

例題25 日本の取引所に上場されている株価指数先物取引に関する次の記述のうち、正しいものはどれですか。

A　TOPIX先物取引で取引最終日まで保有された先物の建玉は、取引最終日のTOPIX終値で清算される。

B　日経平均株価先物取引で取引最終日まで保有された先物の建玉は、日経平均株価に含まれる現物株式を受け渡すことにより決済される。

C　日経平均株価先物取引では、取引最終日の翌営業日における日経平均株価採用銘柄の始値に基づいて算出された特別清算数値による差金決済が行われる。

D　日経平均株価先物取引では、取引最終日における日経平均株価採用銘柄の終値に基づいて算出された特別清算数値による差金決済が行われる。

解答 C

解説

A　TOPIX先物取引で取引最終日の未決済建玉については、取引最終日の翌営業日におけるTOPIX採用銘柄の始値によって算出される特別清算数値（SQ：Special Quotation）で差金決済される。

B・C・D　日経平均株価先物取引で取引最終日の未決済建玉については、取引最終日の翌営業日における日経平均株価採用銘柄の始値によって算出される特別清算数値（SQ：Special Quotation）で差金決済される。

第6章

証券市場の機能と仕組み

1. 傾向と対策 …………………………………352
2. ポイント整理と実戦力の養成 ……………354
   1　証券の種類／354
   2　証券市場の仕組み／357
   3　証券発行市場／372
   4　証券流通市場／384
   5　証券市場のプレイヤー／401

1. 傾向と対策

　本試験で毎回第1問に登場するのが「日本の証券市場」。証券市場の機能と仕組みについて正誤問題が15問、各1点で15点満点というのが「基本形」である。回によって常識レベルで正解できるような問題が多いときと、協会通信テキストを詳細に読み込まないと正解にたどり着けないような問題が多いときがあるが、いずれにしても、この分野の全問正解はなかなか難しいだろう。

　第1問の「日本の証券市場」に限らず、正誤問題は「正しいものはどれですか」という問題であれば、一目瞭然で正しい選択肢を選べて、「正しくないものはどれですか」という問題であれば、一目瞭然で正しくない選択肢を選べる、残った選択肢の中には何が何だかさっぱりわからないものもあるが、正解らしきものは何となく目星が付く、こんなケースが結構多い。

　「正しいもの」にせよ「正しくないもの」にせよ、とりあえず正解らしき選択肢がピンポイントで見つかったら直ちにそれをマークし、他のわけのわからない選択肢は無視して次の問題に移る。これは択一式試験の古典的テクニックとして、非常に重要だろうと思う。

　証券アナリスト試験1次レベルの正誤問題は、「わけのわからない選択肢無視」のテクニックが如実に威力を発揮する。ひとつひとつの選択肢の内容がわからなくても正解にはたどり着ける。こういう場合、ひとつひとつ選択肢を丹念に吟味することは時間の無駄、試験対策上意味がない。要するに、妙な選択肢に「はまらない」ことだ。

第 6 章　証券市場の機能と仕組み

過去 5 回の出題傾向

		2017年秋	2018年春	2018年秋	2019年春	2019年秋
第 1 節	証券の種類	4 問	3 問	3 問	2 問	3 問
第 2 節	証券市場の仕組み	4 問	3 問	4 問	3 問	3 問
第 3 節	証券発行市場	4 問	3 問	2 問	3 問	5 問
第 4 節	証券流通市場	2 問	4 問	4 問	7 問	3 問
第 5 節	証券市場のプレイヤー：証券会社と投資家	1 問	2 問	2 問	1 問	1 問

（注）小問ごとに集計し、複数の論点にまたがるものは二重計上している。

2. ポイント整理と実戦力の養成

1 証券の種類

金融商品取引法では、次のようなものが有価証券として定義されている。

- 代表的なもの…国債、地方債、社債、株式、新株予約権、投資信託、貸付信託、資産の流動化に関する法律に基づき発行される証券（いわゆる証券化商品）、CP（コマーシャルペーパー）。
- 有価証券と類似の仕組みを有するもの（みなし有価証券）…信託受益権、集団投資スキーム（いわゆるファンド）が有価証券とみなされる。

また金融商品取引法では、デリバティブ取引は有価証券ではないものの「取引という行為」として規定されており、商品先物取引法で規定する商品や商品指数以外のデリバティブ取引が規制対象になっている。

Point ① 株式の種類

名　称	概　要
普通株	通常の株主権（議決権、残余財産分配請求権等）が与えられている株式。
優先株	配当や残余財産等の分配順位が普通株よりも優先される。
劣後株	配当や残余財産等の分配順位が普通株よりも劣後する。
トラッキングストック	配当等が会社の特定事業部門や子会社の業績に連動する。

第6章　証券市場の機能と仕組み

Point ② 債券の種類

分類方法	主要分類
発行機関	国債、地方債、政府機関債、社債、海外機関債
満期までの期間	短期債（1年以内）、中期債（1～5年）、 長期債（6～10年）、超長期債（10年超）
金利支払方法	割引債、固定利付債、変動利付債（クーポンレートを、時間の経過とともにその時点の利子率に基づき見直す）、 二重通貨建外債（元本と金利の通貨が異なる、デュアルカレンシー債等）
元金返済方法	満期一括償還 定時償還条項付（契約に基づき満期以前に一定比率ずつ元金が償還） 期限前償還条項付（満期以前に発行機関の意思で元金を償還　コーラブル債　callable bonds）
元利支払の優先度	担保付債券（担保価値相当分に関し他の金銭債権に優先） 劣後債（発行機関破綻時の元利金返済が一般の債権より劣後） 財務上の特約付債券（既発行債券に不利になるような発行機関の行動の未然防止） 保証債（元利金返済に関し発行機関以外の機関が保証、政府保証債等）
その他	株式など他の証券に転換できる債券 新株予約権付社債（株式を一定の条件で取得する権利［新株予約権］のついた社債）、仕組債（株価指数連動債等）

355

例題 1 《2019（秋）．1．1》

金融商品取引法に関する次の記述のうち、正しくないものはどれか。

A　金融商品取引法の対象となる有価証券は、国内で発行された証券または国内の仕組みを用いた証券に限られる。

B　新株予約権、投資信託、コマーシャルペーパーは、金融商品取引法が規定する「有価証券」に該当する。

C　信託受益権、集団投資スキームは、金融商品取引法が規定する「みなし有価証券」に該当する。

D　先物、オプション、スワップなどのデリバティブ取引の大部分は、金融商品取引法の規制対象となっている。

解答　A

解　説

A　正しくない。海外で発行されたものや海外の仕組みを用いたものであっても、金融商品取引法における有価証券に関する定義が適用される。

B　正しい。金融商品取引法が定義する有価証券には、代表的なものとして、国債、地方債、社債、株式、新株予約権、投資信託、貸付信託、資産の流動化に関する法律に基づき発行される証券（いわゆる証券化商品）、CP（コマーシャル・ペーパー）がある。

C　正しい。金融商品取引法は、有価証券と類似の仕組みを有するものとして、信託受益権、集団投資スキームを「みなし有価証券」として定義している。

D　正しい。デリバティブ取引の大部分は、金融商品取引法において有価証券と定義されていないものの、「取引という行為」として規定され、同法の規制対象となっている。

第6章 証券市場の機能と仕組み

2 証券市場の仕組み

図6-2-1 直接金融と間接金融

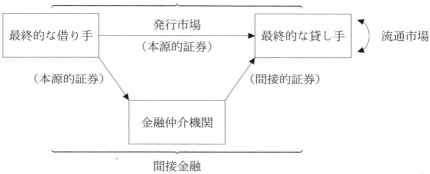

① 直接金融

直接金融は、最終的な借り手が発行する金融負債である**本源的証券**を最終的な貸し手が直接取得する取引である。通常は証券会社が間に入り、取引を仲立ち（媒介）する。直接金融における金融仲介機関である証券会社は、基本的にはリスクを負担しない。業務によりリスクを負担するものもあるが、間接金融の場合に比べるとそのリスクは小さい。

② 間接金融

間接金融は、本源的証券を**金融仲介機関**（銀行等）が引き受け、金融仲介機関の発行する**間接的証券**を最終的な貸し手が取得する取引である。金融仲介機関は、本源的証券を間接的証券に転換する、**資産変換の機能**を果たすことによって最終的な貸し手から最終的な借り手への資金の流れを仲介する。

間接金融の場合、金融仲介機関はリスクを負担する。

Point ① 証券市場における金融仲介機能

発行機能	流通機能	投資機能
証券会社 （アンダーライター）	証券会社 （ブローカー、ディーラー）	機関投資家 （投資顧問会社、投信運用会社）

Point ② 銀行借入と証券発行の情報面からみた違い

	情報公開の仕方	情報公開の度合	内容
銀行借入	銀行からの要請（相対）	高い守秘性あり	高い個別性あり
証券発行	発行開示・継続開示 （金融商品取引法）	開示される	法定の一般情報 ただし、IR（investor relations）により追加情報を提供

Point ③ 証券発行市場、流通市場、派生市場の違い

	機能	市場参加者	特色
発行市場	発行機関が株式や債券を発行し、資金を調達する	発行機関 投資家 アンダーライター	資金調達時のアドバイスに、アンダーライターが重要な役割
流通市場	投資家が株式や債券の売買を行う	投資家 ディーラー ブローカー	株式の場合は証券取引所、債券の場合はディーラーが重要な役割
派生市場	金融派生商品を売買する市場 （例 先物、オプション）	発行市場、流通市場の関係者	リスクヘッジや投機等のために売買が行われ、発行市場や流通市場を補完

第6章　証券市場の機能と仕組み

Point ④ 証券市場のインフラストラクチャー

① 政府…法整備

② 自主規制機関…証券取引所や日本証券業協会等が、実務に対応する詳細な
　　ルール作成

③ 決済システム…証券取引所、日本銀行、証券保管振替機構、日本証券クリ
　　アリング機構等が連携

④ 監視機関…金融庁（主に金融仲介機関の経営の監視）
　　証券取引等監視委員会（証券取引の監視）
　　自主規制機関（機関所属メンバーのルール遵守状況の監視）

⑤ 証券取引所

Point ⑤ コーポレート・ガバナンス

(1) コーポレート・ガバナンスの理論

① コーポレート・ガバナンスとは

　　コーポレート・ガバナンスとは、企業統治を意味し、企業行動ひいては経営者の行動を律する枠組みと捉えることができる。

　　所有と経営の分離が前提とされる株式会社では、企業の行動は、経営者が株主から委任され、経営者の策定した方針に従って従業員が働くことにより実行される。そのため、企業行動を決める根本となる経営者の行動を律するのがコーポレート・ガバナンスであるといえる。

② プリンシパル・エージェントモデル

　　コーポレート・ガバナンスを考察するうえで基本的な考え方といえるのが、プリンシパル・エージェントモデルである。プリンシパルは仕事を依頼する人、エージェントは仕事を依頼される人で、例えば、企業経営を専門家に依頼する株主はプリンシパル、株主から企業経営を依頼される経営者はエージェントに当たる。この二者の間には情報の非対称性が存在し、これがエージェンシー・コストの発生源になる。そして、このエージェンシー・コストの発生は企業価値を毀損することになる。そのため、エージェ

359

ンシー・コストを低下させるべく、エージェントである経営者の行動をプリンシパルである株主の意向に沿うよう律することが求められる。

(2) エグジット（exit）とボイス（voice）

① エグジットとボイス

株主にとってコーポレート・ガバナンスの方法は2種類ある。1つはエグジットつまり株式の売却で、もう1つはボイスつまり企業の経営に直接意見することである。

株式の売却が、なぜコーポレート・ガバナンスの手段になるのかは次のように説明される。もし企業経営に不満がありエグジットしようとする株主が多くなる一方、その企業の株式を購入しようとする投資家が少ない場合、その企業の株価は大きく下落する。株価がそのような安値に放置された場合、その企業は他社に買収されかねない。買収後の解任をおそれる現在の経営者は、株主のエグジットを予防するために企業業績の向上、および株価の維持、向上など株主利益に合致する行動をとろうとする。

ボイスとは、具体的には株主総会での議決権行使、また機関投資家のような持株比率が高い株主が株主総会の議案提出前に経営者に対して意見を表明して議案に影響を与えたり、自らが総会に議案を提出したりすることである。もし、株主総会で経営者が提出した議案が否決された場合、その後の企業経営に支障が出るため、経営者は株主のボイスを無視できず、株主の利益に沿った経営を行うようになる。

なお、日本では株主総会の決議の方法として、普通決議と特別決議などが定められている。

普通決議	議決権の過半数を有する株主が出席し、出席した株主の議決権の過半数で決議。
特別決議	議決権の過半数を有する株主が出席し、出席した株主の議決権の3分の2以上で決議。

第6章　証券市場の機能と仕組み

② 日本版スチュワードシップ・コード

　ボイスに関連するものとして、2014年2月に≪日本版スチュワードシップ・コード≫が公表され、機関投資家に対するスチュワードシップ責任について、以下のように規定されている。

> 　「スチュワードシップ責任」とは、機関投資家が、投資先企業やその事業環境等に関する深い理解に基づく建設的な「目的を持った対話」（エンゲージメント）などを通じて、当該企業の企業価値の向上や持続的成長を促すことにより、顧客・受益者（最終受益者を含む）の中長期的な投資リターンの拡大を図る責任を意味する。

　≪日本版スチュワードシップ・コード≫では、上記のようにスチュワードシップ責任を規定するとともに、上場企業の株式に投資する機関投資家に対して、その責任を遂行することを求めている。

　また、前述のように企業に対しては適切なガバナンス機能の構築、運用が法規定により求められている。このように機関投資家、企業双方の役割を明確化するとともに、適切に行使されることで、より質の高い企業統治が実現され、企業の持続的な成長と顧客・受益者の中長期的な投資リターンの確保が図られることが期待されている。

　なお、このコードでは、スチュワードシップ責任のほか、「プリンシプルベース・アプローチ」、「コンプライ・オア・エクスプレイン」といった概念が規定されているとともに、7つの原則が示されている。

　「プリンシプルベース・アプローチ」（原則主義）とは、機関投資家が、各々の置かれた状況に応じて、自らのスチュワードシップ責任をその実質において適切に果たすことができるとする考え方である。

　「コンプライ・オア・エクスプレイン」とは、機関投資家が、自らの個別事情に照らして実施することが適切でないと考える原則があれば、「実施しない理由」を十分に説明することにより、一部の原則を実施しないとする考え方である。

・7つの原則

　日本版スチュワードシップ・コードの7つの原則については以下のとお

361

りである。

1．機関投資家は、スチュワードシップ責任を果たすための明確な方針を策定し、これを公表すべきである。

2．機関投資家は、スチュワードシップ責任を果たす上で管理すべき利益相反について、明確な方針を策定し、これを公表すべきである。

3．機関投資家は、投資先企業の持続的成長に向けてスチュワードシップ責任を適切に果たすため、当該企業の状況を的確に把握すべきである。

4．機関投資家は、投資先企業との建設的な「目的を持った対話」を通じて、投資先企業と認識の共有を図るとともに、問題の改善に努めるべきである。

5．機関投資家は、議決権の行使と行使結果の公表について明確な方針を持つとともに、議決権行使の方針については、単に形式的な判断基準にとどまるのではなく、投資先企業の持続的成長に資するものとなるよう工夫すべきである。

6．機関投資家は、議決権の行使も含め、スチュワードシップ責任をどのように果たしていくのかについて、原則として、顧客・受益者に対して定期的に報告を行うべきである。

7．機関投資家は、投資先企業の持続的成長に資するよう、投資先企業やその事業環境等に関する深い理解に基づき、当該企業との対話やスチュワードシップ活動に伴う判断を適切に行うための実力を備えるべきである。

③　コーポレートガバナンス・コード

2015年6月1日より、東京証券取引所の上場規則として「コーポレートガバナンス・コード」の適用が開始された。前述の日本版スチュワードシップ・コードが投資する側としての機関投資家の責任を規定しているのに対し、このコーポレートガバナンス・コードは投資される側としての企業の責任を規定したものとなっている。また、「プリンシプルベース・アプローチ」や「コンプライ・オア・エクスプレイン」といった考え方が、このコードにおいても取り入れられている。

第6章　証券市場の機能と仕組み

コーポレートガバナンス・コードでは、コーポレートガバナンスについて、以下のように規定されている。

> 本コードにおいて、「コーポレートガバナンス」とは、会社が株主をはじめ顧客・従業員・地域社会等の立場を踏まえた上で、透明・公正かつ迅速・果断な意思決定を行うための仕組みを意味する。
>
> 本コードは、実効的なコーポレートガバナンスの実現に資する主要な原則を取りまとめたものであり、これらが適切に実践されることは、それぞれの会社において持続的な成長と中長期的な企業価値の向上のための自律的な対応が図られることを通じて、会社、投資家、ひいては経済全体の発展にも寄与することとなるものと考えられる。

・5つの基本原則

コーポレートガバナンス・コードは、5つの基本原則をベースとして、基本原則を支える原則、補充原則により構成されている。

【基本原則1　株主の権利・平等性の確保】

上場会社は、株主の権利が実質的に確保されるよう適切な対応を行うとともに、株主がその権利を適切に行使することができる環境の整備を行うべきである。

また、上場会社は、株主の実質的な平等性を確保すべきである。

少数株主や外国人株主については、株主の権利の実質的な確保、権利行使に係る環境や実質的な平等性の確保に課題や懸念が生じやすい面があることから、十分に配慮を行うべきである。

具体的な項目として、

- 政策保有株式の保有に関する合理的な説明
- 買収防衛策の必要性・合理性の説明
- 関連当事者間の取引に関する適切な手続きの策定および取締役会による監視

などが挙げられる。

【基本原則2　株主以外のステークホルダーとの適切な協働】

上場会社は、会社の持続的な成長と中長期的な企業価値の創出は、従業員、顧客、取引先、債権者、地域社会をはじめとする様々なステークホル

363

ダーによるリソースの提供や貢献の結果であることを十分に認識し、これらのステークホルダーとの適切な協働に努めるべきである。

取締役会・経営陣は、これらのステークホルダーの権利・立場や健全な事業活動倫理を尊重する企業文化・風土の醸成に向けてリーダーシップを発揮すべきである。

具体的な項目として、

・中長期的な企業価値向上の基礎となる経営理念および行動基準の策定などが挙げられる。

【基本原則3　適切な情報開示と透明性の確保】

上場会社は、会社の財政状態・経営成績等の財務情報や、経営戦略・経営課題、リスクやガバナンスに係る情報等の非財務情報について、法令に基づく開示を適切に行うとともに、法令に基づく開示以外の情報提供にも主体的に取り組むべきである。

その際、取締役会は、開示・提供される情報が株主との間で建設的な対話を行う上での基盤となることも踏まえ、そうした情報（とりわけ非財務情報）が、正確で利用者にとって分かりやすく、情報として有用性の高いものとなるようにすべきである。

具体的な項目として、

・経営陣・取締役の報酬の決定および取締役・監査役候補の指名の方針と手続きの公表
などが挙げられる。

【基本原則4　取締役会等の責務】

上場会社の取締役会は、株主に対する受託者責任・説明責任を踏まえ、会社の持続的な成長と中長期的な企業価値の向上を促し、収益力・資本効率等の改善を図るべく、

(i)　企業戦略等の大きな方向性を示すこと

(ii)　経営陣幹部による適切なリスクテイクを支える環境整備を行うこと

(iii)　独立した客観的な立場から、経営陣（執行役及びいわゆる執行役員を含む）・取締役に対する実効性の高い監督を行うこと

第6章　証券市場の機能と仕組み

をはじめとする役割・責務を適切に果たすべきである。

　こうした役割・責務は、監査役会設置会社（その役割・責務の一部は監査役及び監査役会が担うこととなる）、指名委員会等設置会社、監査等委員会設置会社など、いずれの機関設計を採用する場合にも、等しく適切に果たされるべきである。

　具体的な項目として、

　・独立社外取締役を少なくとも2名以上選任

　・独立社外取締役の独立性判断基準の策定および開示

などが挙げられる。

【基本原則5　株主との対話】

　上場会社は、その持続的な成長と中長期的な企業価値の向上に資するため、株主総会の場以外においても、株主との間で建設的な対話を行うべきである。

　経営陣幹部・取締役（社外取締役を含む）は、こうした対話を通じて株主の声に耳を傾け、その関心・懸念に正当な関心を払うとともに、自らの経営方針を株主に分かりやすい形で明確に説明しその理解を得る努力を行い、株主を含むステークホルダーの立場に関するバランスのとれた理解と、そうした理解を踏まえた適切な対応に努めるべきである。

　具体的な項目として、

　・株主との建設的な対話の体制整備

　・収益力・資本効率などに関する目標の提示および株主に対する説明

などが挙げられる。

(3)　コーポレート・ガバナンスの各国比較

　ここでは、日本と米国のコーポレート・ガバナンスを機関構成の側面から概観する。

①　日本

　会社法の施行により、コーポレート・ガバナンスの一環として監督・監視機能が強化された。現在、日本の上場会社は監査役会設置会社、監査等

委員会設置会社、指名委員会等設置会社の選択制となっている。

　まず、監査役会設置会社は日本の従来の形態を踏襲したもので、取締役会と監査役会からなり、取締役や監査役は株主総会で選ばれる。社外取締役を置くことはできるが義務づけられたものではなく、取締役の多くは企業経営に携わっている。それに対して監査役は取締役の行動や企業会計を監査する役割を担っている。

　次に、指名委員会等設置会社は指名、監査、報酬の各委員会を設置する会社である。指名委員会等設置会社では、経営の監督と業務の執行が分離され、前者を取締役会、後者を執行役が担当することで相互牽制を図ることが期待されている。各委員会はそれぞれ取締役3名以上で、その過半数は社外取締役で構成されており、株主の利益を保護すべく厳正な監督機能を有することが求められている。なお、各委員会の権限等は次の通りである。

(1)　指名委員会	株主総会に提出する取締役の選任や解任に関する議案の内容を決定する。
(2)　監査委員会	執行役・取締役の職務に関してその適否を監査する。
(3)　報酬委員会	個人別の役員報酬を決定する。

　なお、指名委員会等設置会社は、2014年の会社法改正に伴い委員会設置会社の名称が変更されたものである。

　また、監査等委員会設置会社が本改正でガバナンス強化を目的とする新たな組織形態の設置が認められた。これにより、企業は自社に適合する監査・監督の組織形態として、監査役会設置会社、監査等委員会設置会社、指名委員会等設置会社の中から選択できるようになった。

　監査等委員会設置会社は、過半数を社外取締役が占める3名以上の取締役から構成される監査等委員会が設置された会社である。なお、この組織形態では、業務執行については監査役会設置会社と同様に代表取締役とその他の業務執行取締役が行うことになる。また、業務執行の監督について

第 6 章　証券市場の機能と仕組み

は、指名委員会等設置会社と同様に取締役会と取締役からなる監査等委員会によって行われる。

各組織形態におけるガバナンス構造の要点は下記のとおりである。

- 監査役会設置会社
  →取締役の職務執行について、取締役会と監査役会の双方が監督。
  →3 名以上の監査役が必要、半数以上は社外監査役。
  →監査委員会との重複設置不可。
  →監査役の任期 4 年以内、取締役の任期 2 年以内　等
- 監査等委員会設置会社：2014年会社法改正
  →監査等委員である取締役により監査等委員会が設置、取締役 3 名以上で過半数が社外取締役。
  →監査役、監査役会不要。
  →指名委員会、報酬委員会設置不要。
  →執行役不要。
  →監査等委員である取締役に任期 2 年以内、他の取締役 1 年以内　等
- 指名委員会等設置会社（従来の委員会設置会社）
  →指名委員会（役員指名）、監査委員会（職務執行監査）、報酬委員会（報酬決定）の 3 委員会で構成。
  →各委員会の構成員は、取締役 3 名以上で過半数が社外取締役。
  →経営の監督は取締役会、業務の執行は執行役とする役割分担の明確化。
  →監査委員会設置により、監査役（会）は不要。
  →取締役の任期 1 年以内　等

② 米国

米国では、株主総会で選ばれる取締役としては業務執行取締役（実際に経営に従事する取締役）と社外取締役（株主を代表して経営者の監督を担当する取締役）がいる。一般的には業務執行取締役の数は制限され、社外取締役の数が多い。前者としては CEO（chief executive officer、最高経営責任者）や CFO（chief financial officer、最高財務責任者）が代表的

367

である。また、取締役はガバナンス機能を高める目的から、指名委員会、監査委員会、報酬委員会などの委員会を設置することが可能である。

《2012（春）.1.3》

例題2 直接金融と間接金融に関する次の記述のうち、正しくないものはどれか。

A 企業が社債や株式を発行し、投資家から資金調達する資金の流れを直接金融と呼ぶ。

B 直接金融における金融仲介機関はリスクをほとんど取らずに、資金の流れに関する情報の収集と伝達を行う。

C 間接金融では、金融仲介機関はリスクを取り資産変換機能を果たしている。

D 間接金融では、預金者から受け入れた預金は金融仲介機関の貸借対照表に資産として計上されている。

解答 ▶ D

解 説

間接金融では、預金者から受け入れた預金などは金融仲介機関の貸借対照表に、資産ではなく負債として計上されている。

第 6 章　証券市場の機能と仕組み

例題 3　《2014（秋）．1．3》
　金融仲介機関と証券市場に関する次の記述のうち、<u>正しくない</u>ものはどれか。

A　証券流通市場にとって、投機的な売買も市場全体の流動性を増すと評価することができる。
B　間接金融と比較して、直接金融における金融仲介機関の収益の源泉はリスクにある。
C　間接金融において、金融機関は調達資金と供給資金の期間を意図的に一致させないなど、性質を変えることでリスクをとっている。
D　社会的なインフラストラクチャーとしての直接金融は、証券の発行市場と流通市場により構成されている。

解答　　B

解　説

　間接金融はリスクを取ることで利益を獲得するが、直接金融は資金に関する情報の収集と伝達を行うことで利益を得る。

| 例題 4 | 《2014（春）.1.4》
　証券市場と情報に関する次の記述のうち、正しくないものはどれか。 |

A　資金調達者に関して注意すべき状況（例えば合併や大きな損失などを含む）が生じたとき、適時開示を行う。

B　継続開示は有価証券報告書、発行開示は有価証券届出書により担保されている。

C　インサイダー取引の禁止など公正な取引を確保するためのルールによって、情報に関する公平性が担保されている。

D　証券市場における売買は自由なため、特定の投資家が大量の株式を購入しても情報開示は必要ない。

解答　▶　D

解　説

　特定の投資家が大量の株式を購入した場合や購入を試みたとき、他の投資家がその事実を知って投資できるようにすることで投資家間の公平性が保てる。このため、情報の開示が要請されている。

第6章　証券市場の機能と仕組み

《2016（秋）．1．7》

例題5　　コーポレートガバナンスに関する次の記述のうち、<u>正しくない</u>ものはどれか。

A　従業員にとってプラスである賃金の引上げが、短期的には株主にマイナスとなるなど、ステークホルダーによって望ましい企業活動は異なることがある。

B　「経営者が株主のために行動することを担保する」制度により、株主の立場からのコーポレートガバナンスが促進される。

C　エージェントとしての経営者は、プロとして企業活動を実際に担当し、プリンシパルである株主に資本コストを上回る残余利益を還元することが期待されている。

D　株主によるボイスは株式の売却、エグジットは議決権行使および行使を意識した経営陣との交渉を指している。

解答　▶　　D

解　説

A　正しい。

B　正しい。株主が株式として提供する資金については、対価としての配当は確定しておらず、その資金は原則として返済されない。このような資金提供者としての株主の不安定な地位を改善するため、経営者が株主のために行動することを担保する、株主にとってのコーポレートガバナンスという制度が必要とされる。

C　正しい。エージェントとしての経営者はプロとして企業活動を実際に担当し、売上から原材料費、人件費、金利、税金などを支払い、残った利益をプリンシパルである株主に還元する。

D　正しくない。株主によるボイス（voice）は議決権行使および行使を意識した経営陣との交渉を、エグジット（exit）は株式の売却を指している。

371

3　証券発行市場

Point ① 株式発行市場

　新たに株式や新株予約権付社債（以前の転換社債、ワラント債）を発行して資金調達する方法を、エクイティ・ファイナンスという。ここでは、株式流通市場にも関係する自己株式取得や売出しも含めて、株式発行市場についてみていく。

(1)　自己株式の取得

　　自己株式の取得とは、過去に発行した株式を発行会社自身が流通市場で購入することである。実態的には、株式で調達した資金を返済したことになる。取得した株式は、発行会社が保有し続けて（金庫株）、再び流通市場で売却して資金調達に活用する方法と、即時に消却する方法がある。

(2)　売出し

　　売出しとは、既発行の株式を売却日や売却価格などに均一の条件を定めた上で、多数の投資家に売却する方法である。既発行の株式を大量に市場に放出するときに、株価が大幅下落する危険性を避けるために用いられる。

(3)　株式分割

　　新たな資金の払込なく、既存株主に対して一定の割合で新株式を発行する方法。例えば1株を2株に分割すると、理論的には、株価や1株当たり配当金は分割前の半分になるはずである。しかし実際には、株式分割後の1株当たり配当金が分割前の半分に減額されることはほとんどなく、株主の受取配当金総額は分割以前より増加する傾向がある。

(4)　増資

　　新たに株式を発行し、資金調達する方法を増資という。新株割当の方法として、既存の株主に割り当てる株主割当、特定の第三者に割り当てる第三者割当、広く一般から投資家を募る公募がある。通常、時価発行増資であれば

第6章　証券市場の機能と仕組み

問題はないが、時価よりも著しく低い価格で第三者割当増資される場合、既存株主にとって著しく不利になることから株主総会の特別決議で承認を得る必要がある。

(5)　新株予約権付社債

定められた期間内に、定められた株数を一定の価格で発行企業から取得できる権利を新株予約権という。新株予約権が行使された場合、払込の代わりに社債が全額償還されるものを転換社債型新株予約権付社債という。

また、経営者や従業員に付与されるストック・オプションも新株予約権である。

(6)　株式新規公開（IPO：initial public offering）

東京証券取引所では形式要件と適格要件を上場基準として審査している。

形式要件は、上場時の流通株式数、株主数、事業継続年数、時価総額、純資産の額、利益、財務諸表等の適正性などである。また、現在では退出基準も強化されている。

(7)　公開価格の決定

IPOの価格決定方式

①　入札方式

まず、1株当たり純資産の比率等から新規公開会社の類似会社批准価格を算出し、その85％を入札下限価格とする。投資家がコンベンショナル方式（落札者が入札価格の高いものから順番に決定する方式）で入札し、公開価格は落札価格の加重平均値に基づいて決定する。

②　ブックビルディング（BB）方式

事前に機関投資家にヒアリングを行い、仮条件を決める。投資家全体の反応を見極めたうえで、これに基づいて正式な公開価格を決定する。現在、一般的にはこの方式を用いる。

(8) 上場企業の価格決定方式

　　上場企業が公募増資を行う際には、価格決定日近辺における株式市場での価格を基準にして発行価格を決める。この方法を時価発行という。価格決定日には発行日の株価はわからないので、実際には株式市場の時価から数％割り引いた価格を発行価格とすることが慣例である。

　　なお、新株予約権付社債の権利行使価格も時価を基準に決定される。

例題6　《2012（春）．1．6》
証券の発行形態に関する次の記述のうち、正しくないものはどれか。

A　特定の投資家だけを対象に証券が発行される形態を私募と呼ぶ。
B　私募形式は特定の投資家だけを対象とするため、勧誘に関する具体的な定めはない。
C　公募形式で証券を発行する場合、有価証券届出書の提出などの情報開示が法律のもとで義務付けられている。
D　私募形式で証券を発行する場合、情報開示の面で負担が軽減される。

解答　B

解説

　　私募形式での証券の発行は、金融商品取引法では、50名未満の特定された投資家を対象に勧誘する場合と、金融商品取引法に定められた適格機関投資家を対象に勧誘する場合に限定されている。

第6章　証券市場の機能と仕組み

《2014（秋）. 1. 7》

例題 7　株式発行市場に関する次の記述のうち、正しくないものはどれか。

A　株式の新規公開は、証券取引所などの証券流通市場に売買対象として新たに
リストアップされることであり、IPO（Initial Public Offering）とも呼ばれ
る。

B　証券取引所は上場企業に関し金融庁の認可を受けた上場基準を設けており、
上場廃止基準もある。

C　公募増資の発行価格決定日には発行日の株価が判明していないため、その時
点の流通市場の時価を数％割り引いて決定するのが一般的になっている。

D　ブックビルディング方式では、多くの個人投資家から価格に関する意見を聴
取して公募価格の仮条件を決め、仮条件への投資家全体の反応を見て正式な公
募価格を決定している。

解答 ▷　D

解　説

　ブックビルディング方式では、機関投資家から価格に関する意見を聴取し
て公募価格の仮条件を決め、仮条件への投資家全体の反応を見て公募価格を
決定する。

375

例題8 《2013（秋）.1.7》
株式発行市場に関する次の記述のうち、正しくないものはどれか。

A　新規公開時の価格決定方式として入札が伝統的に用いられてきたが、欠点があったため、現在はブックビルディング方式を用いるのが一般的である。
B　時価発行で公募増資を行うとき、既存の株主に有利、不利は生じない。
C　証券発行の際に公募とした場合、投資家に対して有価証券届出書を手渡す必要がある。
D　取得した自己株式について、発行会社が機会を見つけて再度流通市場に売却する方法と、消却する方法がある。

解答 ▶ C

解説

有価証券の発行の際、公募の場合は金融商品取引法に基づく情報開示が求められる。財務省財務局に対して有価証券届出書を提出し、一方で資金供給を勧誘する投資家に対しては目論見書を手渡す必要がある。

第6章 証券市場の機能と仕組み

Point ② 債券発行市場

ここでは、債券発行市場と日本でも90年代に発行され始めた証券化商品について説明する。

図6-3-1 発行市場の関係者

(1) 債券発行市場の特徴

銘柄数が非常に多く、1回の発行ロットが巨額なため、機関投資家への集中が見られる。

(2) 債券発行市場の関係者と仕組み

① 主な関係者は、発行機関、投資家、引受機関（証券会社等）、社債管理者、格付機関。

② 証券会社がアンダーライターとして発行条件の決定等の仲介機能を提供する。発行が巨額になる場合は複数の証券会社がシンジケート団（シ団）を組み、引受リスクを分散することもある。シ団の取りまとめ役である主幹事は投資家の需要を探り、それに基づいて発行額、クーポン・レート、発行価格等を決める。

377

社債の場合は国債等に比べてデフォルトリスクが大きいので、その際に社債権者を代表して権利の保全を取仕切る社債管理者の設置が原則義務付けられている。ただし、社債券の額面金額が1億円以上または社債の数が50以上となりえない場合については、元利金授受などの事務だけを行う財務代理人（Fiscal Agent）の設置でもよい。このような債券をFA債という。

③　公共債の発行形態には2つの方式がある。1つはシ団を半ば強制的に組織する方法である。2つめは直接募集方式で、発行価格を公募入札で決めるものである。この公募入札方式は海外の政府債の場合にも多用されている。

④　国債の公募入札には主として2種類ある。

名　称	概　要
価格競争入札コンベンショナル方式	クーポン・レートを予め決めておき、価格を入札させる方式。入札価格の高いものから発行予定額に達するまで順次落札され、落札者は各自入札価格で取得する。
イールド競争入札ダッチ方式	クーポン・レートを最初に決めず、利回りを入札させる方式。利回りの低いものから発行予定額に達するまで順次落札される。但し、クーポン・レートと発行価格は落札最高利回りを基準に決定され、全ての落札者は同一条件で取得する。

(3)　証券化商品

　　証券化商品（Asset-Backed Security：ABS）は、日本では「資産担保証券」と呼ばれることが多い。証券化とは、証券化に対応する資産を特定し、その資産から生じるキャッシュフローを受け取る証券を発行して、その発行代金で特定された資産を取得する方法である。

第6章　証券市場の機能と仕組み

図6－3－2　証券化の仕組み

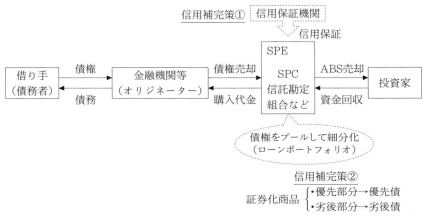

証券化の特徴

① SPE（Special Purpose Entity）が利用される。

② SPEは証券を発行して資金を調達し、金融機関や一般事業会社から資産を購入する。その金融機関等はオリジネーター（originator）と呼ばれる。特に金融機関の場合、証券化は既保有資産の売却によるリスク量削減で、自己資本比率規制を達成するなどの手段として用いられることもある。

③ 証券化商品の元利金支払いは、基本的にはSPE保有の特定資産のキャッシュフローによる。そのため投資可否の判断はその特定資産の質を評価すれば足りる。よって、信用力の低い企業でも、質の高い資産を証券化のために売却することで、資金調達が容易になる可能性がある。

④ オフバランス化等を実現させるには、SPEへの資産売却は名実ともにオリジネーターから切り離されたと法的に認められる真正売買でなければならない。もし真正売買と認められないと、オリジネーターが倒産した場合、SPEに売却されたはずの資産がその債務弁済に使われ、証券化商品の投資家が損失を被ることになる。

⑤ 外部の保証機関を使う等、同商品の信用力を増すための工夫が施される場合が多い。

⑥ 特定資産からキャッシュフローを徴収する機関（サービサー：servicer）が必要で、それには通常オリジネーターがなる。

⑦ 証券化の場合も引受機関、社債管理者等の通常の社債発行に必要な機関が必要とされる。

例題 9　《2017（春）．1．10》
債券発行市場に関する次の記述のうち、正しくないものはどれか。

A　社債のシンジケート団は、引受リスクを分散するため、複数の証券会社が組んでアンダーライターとなるものである。

B　国債発行における価格競争入札コンベンショナル方式では、クーポンレートを事前に決めずに入札を行う。

C　デフォルトに際し、社債権者集会を開催することは、社債管理者の役割である。

D　信用格付機関から高い格付を取得すれば、社債による資金調達金利が相対的に低く抑えられる可能性が高くなる。

解答 ▶ B

解説

A　正しい。また、シンジケート団の取りまとめ役である主幹事は、投資家の需要をさぐり、それに基づいて発行額、クーポンレート、発行価格などの条件を決定する。

B　正しくない。価格競争入札コンベンショナル方式は、クーポンレートを事前に決めておき、価格を入札させる方式である。一方、イールド競争入札ダッチ方式ではクーポンレートを事前に決めず、利回りを入札させる方式である。

第6章　証券市場の機能と仕組み

C　正しい。社債管理者の設置は会社法によって原則義務づけられ、デフォルトに際しては社債権者集会の開催等、社債権者を代表して権利の保全を取り仕切る。

D　正しい。信用格付機関による格付は資金調達金利に影響を及ぼし、信用力が高いと調達金利は低くなり、信用力が低いと調達金利は高くなる。

例題10　《2013（春）.1.10》
証券化商品に関する次の記述のうち、正しくないものはどれか。

A　日本の証券化商品は、表面的には社債やコマーシャルペーパーなどの形態をとる。
B　SPEが保有できる資産は住宅ローン、リース債権などであり、キャッシュフローさえ発生すればどのような債権でも証券化の対象となりうる。
C　SPEに資産を売却する金融機関や一般事業会社のことをオリジネーターという。
D　オリジネーターが倒産した場合には、証券化のためにSPEに売却された資産は、オリジネーターの債務弁済に用いられる。

解答　▶　D

解説

証券化のためにSPEに売却された資産は、オリジネーターが倒産した場合でも、その債務弁済には用いられない。ただし、そのためにはSPEへの資産の売却が法的に適切でなければならない、すなわち真正売買であることが求められる。

Point ③ 日本の証券発行市場

(1) 金融市場の全体像

日本の資金過不足を経済主体別に見ていくと、次のような特徴がある。

① 家計（個人）は黒字経済主体であるが、その黒字幅は縮小傾向にある。

② 企業はかつて赤字経済主体であったが、現在、企業は内部留保で投資資金をほとんど賄える状況になった。

③ かつては一般政府部門の貯蓄がほぼバランスしていたが、現在は大幅な赤字経済主体で、その赤字を大量の国債発行で補っている。

④ 海外は赤字の状態が続いている。しかし、2008年以降は赤字が縮小したが、一次産品価格の下落や海外投資の収益増大もあり、現在では再び拡大している。

(2) 企業の資金調達

1980年以降の日本企業の資金調達には、次のような特徴が見られる。

① 1980年代、負債形態での資金調達は借入が主流で、社債発行は低調だった。

② 1985～90年のバブル期には、株高を利用した転換社債の発行や時価発行増資などのエクイティ・ファイナンスによる資金調達が急増した。

③ 1990年以降のバブル崩壊以降は、株価下落からエクイティ・ファイナンスが困難になったため適債基準の廃止など社債発行の自由化がなされ、エクイティ・ファイナンスの急減、普通社債残高の漸増が見られた。また、借入残高は2000年代に入ってもしばらくは減少が続いていた。2008年のリーマンショックの影響もあり一時的に大きな増減も見られたが、足元は景気回復に伴い、緩やかに増加している。

(3) 政府の資金調達

日本政府の資金調達には、次のような特徴が見られる。

① 第1次石油ショックに伴う不況により、1975年末から赤字国債と建設国債の大量発行が始まった。

第6章　証券市場の機能と仕組み

② 1980年代後半（バブル期）には、政府財政の好転により国債発行額に歯止めがかかったように見えたが、その後の景気後退期の財政出動で国債の発行額と残高が急増、それでも景気が回復しなかったため政府財政は悪化した。

③ 国債の大量発行により、日本の債券市場は国債偏重となっており、2003年から発行されている物価連動国債や国債のストリップス化（STRIPS：separate trading of registered interests and principals of securities）などの種類の多様化も、国債の大量発行に対応した措置である。

《2010（春）.1.8》

例題11　日本の金融市場に関する次の記述のうち、<u>正しくない</u>ものはどれか。

A　資金過不足に関して、家計（個人）は黒字経済主体である。

B　企業は赤字経済主体であり、投資が貯蓄に比べ大幅に超過する状態が継続している。

C　国債、政府短期証券、財政投融資債、政府関係機関債の合計発行残高がGDPより大きくなっている。

D　債券市場では、国債が全体残高の中で最大の構成要素になっている。

解答　▶　　B

解　説

企業は1990年代後半以降黒字主体で、投資に比べ貯蓄が超過の状況にある。

383

4 証券流通市場

Point ① 株式流通市場

　株式流通市場では、世界中で起こる様々なニュースが証券価格に反映されている。これを市場の価格発見機能と呼んでいる。

　ここでは、株式流通市場に関する基本的な事柄や、それを補完する市場などについて説明する。

(1) 株式流通市場の基本的な機能（メカニズム）

図6－4－1　株式流通市場の機能

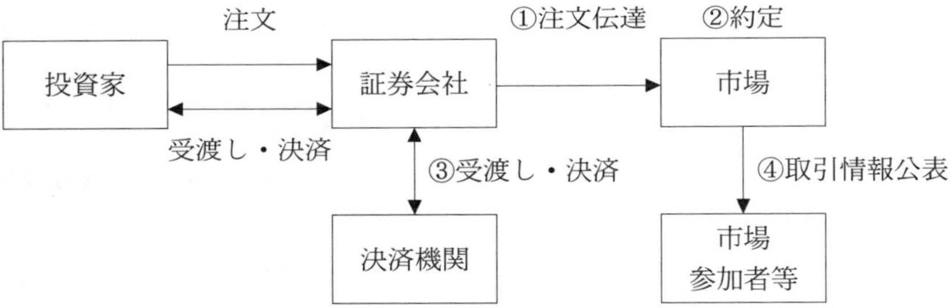

機　能	内　容	摘　要
①　注文伝達	投資家等から注文を受け付け、マーケットに伝達する機能	ブローカレッジ機能とも呼ばれ、証券会社（ブローカー）は手数料（ブローカレッジ・フィー）を収益とする。
②　約定	集められた注文を突き合わせ、取引を成立させる機能	従来は、証券会社が注文伝達機能を担当し、取引所は約定成立機能中心という構図であったが、電子化等の進展により、証券会社自身が約定成立機能を提供するケースも出てきている。
	取引成立後の証券の受渡しと現金決済システムについての機能（この機	証券システムのインフラであり、間違いなく確実に実行されることが求められる。 ○清算機関（決済のために必要な計算処理等の清算業務を行う機関）

第6章　証券市場の機能と仕組み

	能は、売買された有価証券の受渡しと代金決済によって完了する。)	清算業務は2003年1月から統一清算機関である「日本証券クリアリング機構」が行うことになった。清算機関はすべての市場参加者の取引相手となる。そのため「セントラルカウンターパーティー（CCP）」と呼ばれる。 　日本証券クリアリング機構の役割は、次の通りである。 ・株式等の売買に関わる、売買双方の証券や代金受払いの債務を引き受ける ・株式等の売付・買付数量や受取・支払金額の差額を決済する（ネッティング） ・銘柄名と数量を証券保管振替機構に、売買代金を資金決済銀行や日本銀行に振替指図する ・各証券会社の口座に出入りを記帳させ、受渡を完了させる 　なお、そのメリットとして、次のような点が挙げられる。 ・信用力の高い清算機関が介在することで、市場参加者は本来の取引相手の信用リスクを意識することなく取引ができ、またある市場参加者の債務不履行が、他の市場参加者に連鎖することも防止できる。 ・ネッティングを行うことで決済事務の効率化が図れる。 ○**決済機関**（証券やその代金を受渡す決済業務を行う機関） 　有価証券の決済機関である「証券保管振替機構」は市場参加者から預託された株券等を保管し、売買等で受渡が発生したときは帳簿上の振替で処理するもので、証券決済の効率化を目指している。 　現在、株式売買の決済は約定日を含めて3営業日目（T（約定日）＋2）に株式と資金を同時に受渡するDVP（delivery versus payment）方式が採用されている。
③　受渡し・決済		

④	取引情報公表	取引成立に至るまでの一連の情報を、参加者全体あるいは社会全体に対して伝達する機能	従来は、情報ベンダーが担ってきたが、電子化の進展により、取引所自身および証券会社自身が、情報の公開・伝達まで扱うことが可能になってきている。

(2)　株式派生商品市場

取引所で取引されているデリバティブ	株価指数を対象とする先物やオプション、個別株を対象とした株券（有価証券）オプションがある。取引方法が証券取引所で画一的に決められているため、取引動機や戦略の異なる投資家（ヘッジャー、スペキュレーター、アービトラージャーなど）が参加しやすく、流動性も高まる。
証券会社との相対取引で行われるデリバティブ	株価指数連動型債券（株価指数に関するオプションと債券を組み合わせた商品）等。

(3)　単元株

　「単元」とは上場企業の売買単位で、2001年の改正商法（現会社法）により導入された。企業は単元株数を自由に決めることができる。

　なお、全国の証券取引所で2018年10月1日に単元株数は100株に統一された。

第6章　証券市場の機能と仕組み

(4)　株式売買メカニズム

オーダードリブン型（オークション方式）	競争売買で売買が成立する方式。 日本のすべての証券取引所が採用している。
マーケットメイキング型	マーケットメイカー（market maker）が常時「売（アスク）」「買（ビッド）」の気配を提示し、その気配を基に投資家は売買を行う。常時気配が提示されているため投資家はいつでも売買可能で、マーケットメイカーは提示した気配で必ず最小単位は注文に応じなければならない。

(5)　東京証券取引所の売買メカニズム

①　原則：価格優先（売り注文ではより価格の低い注文が、買い注文ではより価格の高い注文が他の注文に対して優先する。）

　　　　　　時間優先（同一価格の注文の間では時間が先の注文が優先する。）

②　指値注文と成行注文

指値注文	売買の際、売りたい値段、買いたい値段を指定する注文。自分で値段を指定できるので、指値より不利な約定価格がつくことはないが、売買相手となるのに適当な注文がなければ、約定のつかない場合がある。
成行注文	売買の際、売りたい値段、買いたい値段を指定しない注文。早く確実に注文を執行したいとき有利だが、市場価格の変動により想定外の約定価格になることがある。

③　板寄せ

　　取引開始時、取引終了時や売買中断後の最初の値決めに適用される価格決定ルールで、シングルプライス・オークションとも呼ばれる。約定価格決定前の注文をすべて価格毎に集計したうえで、価格優先の原則を適用し、売り注文と買い注文の数量が合致する単一の価格を約定価格（取引開始時なら始値）として売買を成立させる。

　　取引開始前に出された同一価格の注文はすべて同時に行われたものと見なされ、時間優先の原則は適用されない。

387

・板寄せの概要

i　成行注文から取引を成立させる。

ii　指値注文は、買いは価格の高い方から、売りは価格の低い方から取引を成立させる（価格優先の原則）。

iii　売り買い同一の値段で最低一単位の数量の取引が成立する。この値段が始値で、板寄せで成立した取引はすべてこの始値が約定価格となる。

④　ザラバ

始値が決定した後に、継続して個別に行われる取引のこと。板寄せでは適用されなかった時間優先の原則も適用されるようになる。

なお、注文控えに注文が少ないとき、機械的に注文の対当ルールを適用すると、約定価格が大幅に変動する可能性があるので、それを防ぐため「更新値幅」と「制限値幅」を設けている。そして、このような制度をサーキットブレーカー制度と呼び、投資家に冷静さを取戻させようとするものである。

| 更新値幅 | 注文の値段が価格の継続性維持の観点から適正と認める範囲外であるとき、それを周知させるために特別気配を表示するが、その特別気配は更新値幅以上の変動が生じそうなときに出される。 |
| 制限値幅 | 前日の終値または最終気配値段などを基準として、価格の水準に応じて一定に制限された1日の値動き幅のこと（ストップ高安）。 |

(6)　信用取引と貸株市場

①　信用取引

証券会社が一定の資金等を担保に、顧客に金銭や有価証券の貸付等の信用を供与して行う取引。つまり、有価証券の売買を行うとき、売り付けた証券や買付代金をその顧客に証券会社が貸し付けて受渡を行う方法である。空売り[注1]や自己資金以上の売買ができるので、市場取引の活発化が期待されている。

第6章　証券市場の機能と仕組み

信用取引には以下の2通りがある。

制度信用取引	貸株料[注2]や返済の期限が、取引所規則により決定されている信用取引。この取引を行うことのできる銘柄を制度信用銘柄という。また、制度信用銘柄のうち取引所と証券金融会社[注3]が定める基準を満たし、調達が証券金融会社を通じて行えるものを貸借銘柄という。
一般信用取引	貸株料や返済の期限等を、証券会社と顧客の間で決める信用取引。

（注1）株券を持たないときなどに、他者から株券を借りて売却すること。

（注2）貸借取引で、貸株残高（売建株）が融資残高（買建株）を超過して株不足が発生した時、証券金融会社はその不足株数を機関投資家から入札形式で調達する。その入札の結果決まった料率のことである。

（注3）証券取引所の決済機構を利用し、証券会社に信用取引に必要な金銭または有価証券を貸付ける会社。

② 貸株市場

機関投資家と証券会社などの間で株券を貸借する市場である。

図6-4-2　貸株市場

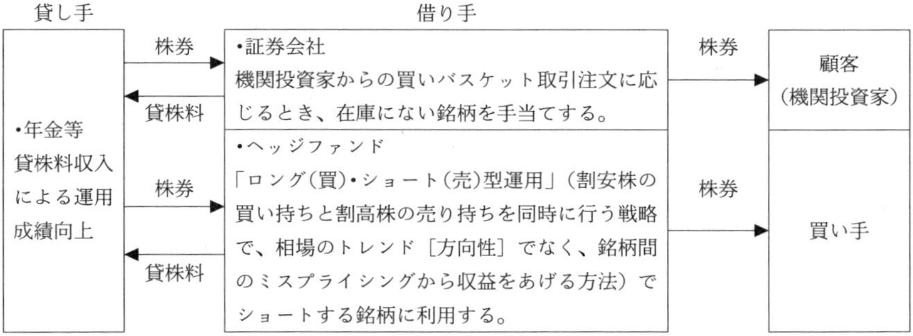

バスケット取引に対応する証券会社やヘッジファンド、貸株料収入を得るための年金等のニーズで拡大した。なお、株価が前日終値等から計算される当日基準価格よりも10%以上下げた場合には、空売りするときの価格に制限が設けられる。

(7)　証券取引所間の競争

　　従来の証券取引所間において、東京証券取引所のシェアは9割超と、東京へ
の集中が進んでいる。上場企業が、経費削減の観点から他市場との重複上場を
見直す動きや、投資家側の売買を流動性の高い取引所で行う動きも東京集中に
拍車をかけた。

①　取引所集中義務の撤廃

　（i）　取引所集中義務が撤廃されたことにより、証券会社は、自ら顧客注文の
　　　相手として約定したり、証券会社内の注文を対当させたりと、取引所に依
　　　存せずに売買を執行することが可能になった。

　（ii）　取引所外で行われる取引（立会外取引と取引所外取引）

	立会外取引 （証券取引所で行われる相対取引）	取引所外取引
取引の中心	単一銘柄取引とバスケット取引	バスケット取引

②　バスケット取引とVWAP取引

	バスケット取引	VWAP取引
取引の特徴	15銘柄以上、売買代金 1 億円以上を<u>一括して</u>売買する手法 一般に、大口投資家が一度に多くの銘柄を売買したいとき、証券会社が執行コスト分を含めて売買の相手となることにより約定する。	その日のVWAP（volume weighted average price：出来高加重平均株価）に近い価格で執行を依頼する注文 マーケットインパクトの軽減効果がある VWAP取引の種類 ・VWAPギャランティ注文 　VWAP価格での執行を保証する注文 ・VWAPターゲット注文 　できる限りVWAP価格に近づける努力をする注文

第6章　証券市場の機能と仕組み

③　約定・気配情報

（i）　約定情報と改正証券取引法

2005年4月1日施行の改正証券取引法（2007年9月末より金融商品取引法）により、証券会社に最良執行義務（「開示されている気配・取引情報に基づき、価格、コスト、スピード、執行可能性といった条件を勘案しつつ、顧客にとって最良の条件で執行する義務」）が導入された。

一方、取引所外取引を行う場合、取引所内での価格から一定の範囲内に収めるとされていた価格制限の規定は撤廃された。なお、取引所外で取引が成立した場合、証券会社は日本証券業協会に約定情報を報告しなければならない。

（ii）　気配情報（注文控え上の最良の価格をもった指値注文に関する情報）

最良気配にかかる注文数量と最良気配を含む上下10本の価格にかかる数量の開示

④　高速取引（HFT、high frequency trading）

高速取引（ハイフリクエンシー取引、HFT）とは、コンピュータによるデータ解析と判断を用いて、ごく短期間に多数の売買を発注する超高速、高頻度取引のことである。HFTの参加者は証券会社のトレーディング部門や、それに特化した投資家である。価格を大きく変動させ、拡大させるリスク、誤発注のリスク、システム障害リスク、相場操縦などの不公正取引のリスクが指摘されている。

(8)　プライベート・エクイティ市場

公開されていない株式への投資は、プライベート・エクイティ投資と呼ばれる。この投資には、ベンチャー企業への投資と企業再生のために非公開化された株式への投資が含まれ、企業が成長した場合や企業再生がうまくいった場合に高い投資収益が期待できる。

プライベート・エクイティ投資は、投資家もしくは投資家の意向を受けた機関が投資先の経営に関与しながら、株式公開を達成させること（ハンズオン：hands-onという）に特徴がある。それにはベンチャー企業や再生企業を成功させるには経営力が重要なことなどが理由として挙げられる。

391

例題12 《2014(秋).1.11》
証券流通市場に関する次の記述のうち、正しいものはどれか。

A 証券取引所の中心に形成されている株式流通市場の機能には、取引情報公表機能が含まれる。
B より多くの投資家情報を集めた方が良いため、銀行も証券取引所における株式の取引が可能である。
C 証券会社は上場株式の売買の決済に、清算機関である証券保管振替機構を利用している。
D 証券取引所における約定方式であるマーケットメイキング型では、反対注文がなければ売買は成立しない。

解答 A

解説

A 正しい。証券取引所が個別株式に関する約定情報を一般投資家向けに公表する機能を取引情報公表機能という。
B 正しくない。株式に関する取引は証券会社に限定されている。
C 正しくない。清算機関は日本証券クリアリング機構で、証券保管振替機構は株券を集中して保管する機関である。
D 正しくない。反対注文がなければ売買が成立しないのは、オーダードリブン型である。

第6章　証券市場の機能と仕組み

例題13 《2014（秋）．1．12》
証券取引所内の約定方法に関する次の記述のうち、正しくないものはどれか。

A　現在、日本の証券取引所はJASDAQも含めてオーダードリブン型を採用している。
B　東京証券取引所では、取引開始時に板寄せ方式で約定される。
C　ザラバ取引では、成行注文より指値注文の方が優先される。
D　現在、ニューヨーク証券取引所では指定マーケットメーカー制度が採用されている。

解答　　C

解説

板寄せ方式でもザラバ方式でも、成行注文が指値注文より優先される。

例題14 《2012（秋）．1．13》
株式流通市場に関する次の記述のうち、正しくないものはどれか。

A　証券会社が投資家と相対で取引する場合は、証券取引所で約定された直近価格の一定範囲内に約定価格を収めなければならない。
B　証券会社が、私設取引システム等を用いて投資家と相対で株式売買を行う取引を取引所外取引という。
C　バスケット取引で、機関投資家は多数の銘柄の売りもしくは買いを1つの取引として証券会社に発注する。
D　証券ビッグバンにより、株式売買委託手数料は完全に自由化された。

393

解答 ▶ A

解説

2004年の証券取引法（当時）改正により、当該規定は撤廃された。

例題15 《2011（秋）.1.13》
株式の貸借に関する次の記述のうち、正しくないものはどれか。

A 株式の貸借を行う市場を貸し株市場と呼ぶ。
B 株式の借り手から、貸し手は貸株料を受け取ることができる。
C 証券会社のバスケット取引等でも、貸し株市場が活用されている。
D 制度信用取引では、投資家と証券会社との合意内容に基づき貸株料や返済期限等の条件が定められている。

解答 ▶ D

解説

制度信用取引では、貸株料や資金・株式の返済期限等の条件が証券取引所の規定に定められており、これに従う必要がある。なお、Dの記述内容は一般信用取引に関するものである。

第6章　証券市場の機能と仕組み

例題16　《2014（春）．1．11》
株式流通市場に関する次の記述のうち、正しくないものはどれか。

A　オーダードリブン型の約定方法は、ザラ場の同じ条件の指値注文の間では時間優先だが、成行注文があれば約定にあたって最優先される。
B　投資家が信用取引を行うにあたり、証券会社に株式を借りることで発生する費用は貸株料と呼ばれ、求められる担保は委託保証金と呼ばれる。
C　証券会社自身が投資家と相対で売買する方法には、取引所で行われる立会外取引及び取引所外取引がある。
D　VWAP取引は、多数の銘柄の売りもしくは買いを1つの取引として証券会社に発注する方法であり、全ての銘柄の約定が一括して完了するというメリットがある。

解答　　D

解　説

選択肢Dは、VWAP取引ではなくバスケット取引の説明である。

例題17　《2010（春）．1．15》
プライベート・エクィティ投資に関する次の記述のうち、正しくないものはどれか。

A　ベンチャー企業ばかりでなく、企業を再生させるために非公開化された株式に対する投資も含まれる。
B　成功した場合には非常に大きな投資成果が期待できるので、投資家層の広がりが見られる。
C　投資先の企業経営に深く関与しないことが多い。
D　相対の取引であり、株式の公開などによる資金の回収方法には制限がある。

解答 ▶ C

> ### 解 説
>
> プライベート・エクイティ投資は、投資家もしくは投資家の意を受けた機関が投資先の経営に関与しながら、その株式を公開にまでもっていくことにあり、それをハンズオン（hands-on）と呼ぶ。

Point ② 債券流通市場

　債券流通市場の現物取引において証券取引所の占める割合はわずかで、大部分は店頭市場で取引される。また、日本では国債の売買がほとんどで、中心は長期国債である。ここでは、債券の流通に関して大きな役割を占める店頭市場と現物の売買を補完する補完市場の2つの市場について説明する。

(1) 店頭市場

　　欧米と同様、日本の債券も大部分は店頭市場で相対取引される。つまり、証券会社自らが、投資家の売買注文の相手方となって取引するのである。そのため投資家は複数の証券会社の中で、最も有利な価格を提示したところと取引する。

　　伝統的な店頭市場は投資家と証券会社の間の電話回線で形成されているが、最近では電子取引市場が登場し、大手証券会社が共同運営するものや独立系のもののほか、ブローカーズ・ブローカーは証券会社同士の電子取引を提供している。債券市場の場合、証券会社は自己勘定を保有して顧客の注文に応じる、ディーラーとして活動することが主である。また、取引の中で最も割合の大きいものは国債である。

　　店頭での取引が多い理由としては、①銘柄数が非常に多い、②一般に銘柄毎の発行ロットが非常に大きく機関投資家向けで、日本の流通市場での一般的なロットも1億円単位、国債などの場合は10億円単位であること、③機関

第6章　証券市場の機能と仕組み

投資家は債券の取引価格を知ることが比較的容易、④受渡代金に経過利息が加味されるなど株式より取引方式が複雑、等があげられる。また日本独自のものとしては、1970年代後半まで続いた金利規制があげられる。

(2)　補完市場

①　国債先物、オプション市場

これらの派生市場は現物市場の流動性、価格形成を補完している。国債先物、国債先物オプションは証券取引所で取引されており、取引の対象や方法が画一的に決められている。また、店頭市場でも債券オプション取引が行われている。

②　現先市場

債券等の条件付売買取引ともいい、一定期間後の買戻し、売戻しを前提にした債券売買の手法。証券会社の短期資金調達、投資家の資金調達、運用手段として用いられてきた。

③　貸借市場（レポ市場）

元来、債券を空売りした場合の現物を調達する市場である。一定期間債券を貸し借りし、貸借料を受払いする取引で、資金運用、調達のためにも使われる。無担保の場合や他の有価証券を担保とする場合もあるが、中核となっているのは現金担保付債券貸借取引（レポ取引）である。

④　その他の補完市場

短期金利市場（銀行間取引市場〔コール市場等〕、短期国債市場）

スワップ市場

(3)　債券店頭市場での価格形成

債券店頭市場では個々の証券会社が価格（売値＝ask、買値＝bid）を提示し、投資家がその価格に応じれば売買が成立する。その売値と買値の価格差が、証券会社が投資家から得る売買手数料に相当し、それは同一銘柄であっても売買の活況度合や価格変動性で、異なる銘柄間では流動性の違い等によって変動する。これは、一時的であっても証券会社がその債券を保有すること

397

になるからである。

　また、この価格は個々の証券会社が提示した価格にすぎないので、客観性の高い価格として公社債店頭売買参考統計値が毎日公表されている。これは日本証券業協会が、当日午後3時時点での約10,300銘柄の気配値を主要会員から集め、銘柄毎に平均値や中央値を算出したものである。

　なお、社債の流通市場の活性化のため、2015年11月2日より、AA格相当以上の格付を取得している社債で1取引数量が額面1億円以上の取引の、実際の取引価格を公表する「社債の取引情報の報告・発表制度」が開始された。

(4)　債券パフォーマンス・インデックス

　市場全体の価格動向を知るための手段としては、債券パフォーマンス・インデックスが算出されている。これを用いれば、債券の価格変動とクーポンを加味した市場全体の投資収益率が分かり、投資成果の善し悪しの判断材料として使用できる。ただし債券の場合、満期の到来や新規発行のために銘柄入替が多くなることから、その影響を考慮して判断する必要がある。

(5)　債券の決済制度

　日本の一般債および個人向け国債取引の決済は、原則として約定日を含めて3営業日目（T（約定日）＋2）に債券と資金を同時に受渡するDVP方式が採用されている。ただし個人向け以外の国債取引については、2018年5月1日約定分から翌営業日（T＋1）決済が実施されている。

　2003年に「社債等の振替に関する法律」が制定され、2008年までに債券はペーパーレス化し、決済が迅速化された。なお、国債については日本銀行が振替機関として政府の指定を受け、国債の受渡は日銀が管理する口座の付け替えで完了することとなった。

第6章　証券市場の機能と仕組み

例題18　《2012（春）.1.9》
債券流通市場に関する①から③の記述について、正しいものの組合せはどれか。

① 債券の発行銘柄数は、国、都道府県、社債発行企業など発行体の数に応じてカウントされ、上場株式の銘柄数とほぼ同数になっている。
② 個人投資家はほとんど参加しておらず、プロである機関投資家や金融仲介機関の間でほとんどの取引が完結する。
③ 売買成立後の受渡金額に、直前の利払い日からの日数に応じた経過利息が加えられるなど、取引の方法が株式よりも複雑になっている。

A　①、②、③はすべて正しい。
B　①と③は正しいが、②は正しくない。
C　②と③は正しいが、①は正しくない。
D　②は正しいが、①と③は正しくない。

解答　▶　C

解説

債券の発行体が同一の場合でも、満期やクーポンレートが異なれば違う銘柄として取り扱われるので、発行銘柄数は非常に多い。よって、①は正しくない。②と③はともに正しいので、選択肢Cが正解になる。

例題19 《2014（秋）.1.14》

債券流通市場に関する次の記述のうち、正しくないものはどれか。

A 代表的な債券派生商品である社債オプション取引は、証券取引所で売買されている。
B 債券の現物の売買における証券取引所の占める割合は1％未満で、欧米においてもほぼ同様の状況である。
C 債券の取引では、約定から決済までの期間の短縮が目標になっている。
D 日本の債券市場では国債の売買がほとんどであり、中でも10年利付国債が主な取引対象である。

解答 A

解説

日本の代表的な債券派生商品は社債オプションではなく国債先物取引や国債先物オプション取引で、取引対象や取引方法が画一的に決められ、証券取引所で売買されている。

第6章 証券市場の機能と仕組み

5 証券市場のプレイヤー

Point ① 証券会社

(1) 証券会社の業務

金融商品取引法によって定められている、証券会社が行える業務は次の通りである。

第一種金融商品取引業	有価証券やデリバティブに関するディーリングとブローカレッジ、有価証券のアンダーライティング、PTS業務、有価証券の保護預り業務等の有価証券等の管理業務等。
第二種金融商品取引業	投資信託の私募、みなし有価証券のディーリングとブローカレッジ等。

業務の性格の違いや、利益相反がおこる可能性から、原則として銀行や生・損保が証券業務を行うことは禁止されている。しかし、現在は子会社による業務の相互乗り入れが原則として認められている。さらに、個人、一般企業、銀行などが証券に関する業務を仲介する金融商品仲介業も認められている。

証券業は、1998年以前は免許制であったが、現在では原則として内閣総理大臣への登録制となった。登録制度には登録拒否要件があり、資本金基準、財産基準、人的基準等を満たさなければならない。なお、PTS業務は取引所に類似するため、金融商品取引業者として登録を受けたうえで認可を受ける必要がある。

401

	ブローカレッジ	ディーリング	アンダーライティング	セリング
業務内容	投資家による有価証券売買の仲介行為（自身が取引相手になる場合にはディーリングに該当する）。	証券会社の自己の計算（勘定）による売買。	有価証券の引受。	募集、売出、私募を行う際の勧誘業務。
方法	・店頭で取引相手を探す形式の媒介 ・取引所等へ注文をつなぐ取次ぎ	・公開市場で売買に参加する ・店頭で顧客の注文の相手になるその注文に応えるために証券会社は証券の在庫を保有するので、リスクをとることになる。	発行される有価証券を販売する目的で ・全部または一部を取得する場合（買取引受） ・売れ残ったらすべて取得する場合（残額引受） 上記2つの契約方法がある。 したがって、売れ残った在庫を保有するリスクがある。	募集：新しく発行される有価証券の販売 売出：既発行の有価証券等の販売 但し、引受のような売残った在庫を保有するリスクはとらない。
市場機能との関係	流通市場との関係が深い		発行市場との関係が深い	
摘　要	収入は委託注文手数料。	トレーディングで利益を上げる目的で行われる場合もある。	募集：同一条件で50人以上を相手として販売すること。 （公募） 私募：同一条件で50人未満を相手として販売すること。ただし相手が適格機関投資家で、適格機関投資家以外の一般投資家に譲渡されるおそれが少ない場合は50人以上でも可能。	

402

第6章　証券市場の機能と仕組み

(2)　証券会社の経営状況

　　証券会社の収益構成は、中小証券会社はブローカレッジ中心、大手証券会社はディーリングへの依存度が高く、外国証券会社は種々の手数料収入が多い。また、手数料自由化をきっかけとしてオンライン証券が台頭し、低い手数料率を武器に個人の取引の多くを占めるようになった。

証券会社の収益構成（2018年度）

	委託手数料	引受・売出し手数料	募集・売出しの取扱い手数料	トレーディング損益	その他手数料	金融収支	純営業収益
全国	16.3%	5.9%	7.4%	23.7%	36.7%	10.0%	100.0%
本庁監理会社	14.8%	6.7%	7.2%	22.5%	38.2%	10.7%	100.0%
財務局監理会社	27.7%	0.7%	9.2%	34.0%	23.8%	4.5%	100.0%
外国証券会社	6.4%	0.5%	0.0%	2.5%	69.0%	21.7%	100.0%

（出所）日本証券業協会　会員の2018年度決算概況に基づいて作成。

（注）本庁監理会社は金融庁が内規に従い直接監理を行う会社。大手証券、インターネット証券、PTSを行う証券会社が多い。その他が財務局監理会社になる。

(3)　私設取引システム（Proprietary Trading System：PTS）

　　1998年の改正証券取引法（2007年9月末より金融商品取引法）で認められた、証券会社が電子取引システムを運営して、顧客からの注文を突き合わせる業務。

《2013（秋）. 1. 15》

例題20　　証券会社に関する次の記述のうち、正しいものはどれか。

A　ディーリングでは、「残額引受」によってリスクを負う可能性がある。

B　証券業は免許制をとっている。

403

C　アンダーライティングの主な業務は、証券取引所への売買注文の取次ぎである。

D　「第一種金融商品取引業」として定義される証券会社の業務の1つに、有価証券等の管理業務（有価証券の保護預かりなど）がある。

解答　▶　　D

解　説

A　正しくない。「残額引受」によってリスクを負う可能性があるのはアンダーライティング業務である。

B　正しくない。証券業は内閣総理大臣への登録制である。

C　正しくない。売買注文の取次ぎはブローカレッジ業務である。

D　正しい。

Point ② 投資家

ここでは、市場で特に大きな役割を果たす機関投資家の機能と、最近の投資家動向を説明する。

(1)　機関投資家の機能

①　投資ユニバース、基本ポートフォリオ、制約条件を設定

②　アセットアロケーション決定

③　投資対象銘柄の分析と決定

④　売買執行

⑤　決済、管理、保管（ただし、投資顧問会社は決済、保管などは法律上行えない）

⑥　パフォーマンス分析とフィードバック

第 6 章　証券市場の機能と仕組み

(2)　フィデューシャリー・デューティー（fiduciary duty）

　　フィデューシャリー・デューティー（fiduciary duty）とは信認義務であり、信認を受けた者が、相手に対して真に忠実に専門家としての十分な注意をもって行動する義務をいう。信認義務には信認関係にある者の最善の利益を図るよう行動しなければならないとする忠実義務と、信認を受けたものは専門家として要求される注意、配慮を払い、また専門的な技能を発揮し、さらに勤勉さを発揮することが要求される注意義務がある。信認関係の具体的な例としては、会社とその役員、信託の受益者と受託者、証券の発行者と引受人、年金基金とその理事、顧客と投資顧問業者等が挙げられる。

　　フィデューシャリー・デューティー確立のため、金融庁は2017年に「顧客本位の業務運営に関する原則」を公表した。同原則はプリンシプルベース・アプローチを採用し、一部を実施しない場合は実施しない理由の説明が求められる。そして、その目的は金融事業者（金融商品の販売、助言、商品開発、資産管理、運用等を行う全ての金融機関等）が顧客本位の業務運営におけるベスト・プラクティスを目指す上で有用な原則を定めるもので、金融事業者は、顧客本位の業務運営を実現するために明確な方針を策定・公表し、さらにその取組状況を定期的に公表し、見直すものとされる。具体的には、顧客の最善の利益の追求、利益相反の適切な管理、手数料等の明確化、重要な情報の分かりやすい提供、顧客にふさわしいサービスの提供、従業員に対する適切な動機づけの枠組み等が挙げられている。

(3)　株式市場、債券市場と投資家

①　株式市場

　　1990年頃まで、安定株主の形成等を目的として株式の持合いが進んだ。その結果、証券取引所再開当時、保有比率の約7割を占めていた個人投資家のシェアは2割を割っている。しかし、1990年代の株式投資収益率の悪化や、2001年の金融商品に対する時価会計の導入などにより、その後は株式の持合い解消が進んだ。

　　投資信託、年金といった機関投資家は、まだ株式市場のメインプレーヤーとはなっていないが、年金の株式保有比率は年金資金の運用に関する規制

405

緩和、自由化によって上昇を示してきた。

　一方、海外投資家の保有比率は30％前後（2018年度）を占め、売買高でも日本の市場に大きな影響を及ぼしている。

②　債券市場

　債券市場はディーラー中心で売買益を狙った投資が盛んな市場である。

　銀行や生保会社は、調達資金の元利払いに見合う金額を資金運用から得られるキャッシュ・フローで賄えるようにする投資手法であるALM（asset liability management）を行うために、債券投資を増加させてきた。

　ただし、10年物国債のクーポン・レートが０％近くとなり、これ以上の金利水準の低下が見込めない現在、メガバンクは国債保有残高を縮小させ、運用難に陥っている銀行の中には少しでもクーポンの高い超長期債まで投資対象を広げる動きもある。ALM的な観点から、資産と負債の平均残存年限と金利変動に伴う損失を管理しようとする運用は困難になりつつある。

　負債が長期的資金である保険や年金は、国債、地方債、政府関係機関債、事業債（社債）の保有が多い。

　国内で最も発行残高が多いのは国債だが、国内金融機関の保有が中心である。日本銀行が最大の保有者となる一方、預金取扱機関は日銀の金融緩和政策の影響を受けて保有比率を減らしている。なお、海外投資家の保有比率も近年は上昇している。

第6章　証券市場の機能と仕組み

例題21 《2017（春）.1.15》
投資家に関する次の記述のうち、正しくないものはどれか。

A　年金基金は年金受給権者などの代わりに資金を運用しているため、広義の機関投資家と考えることができる。
B　証券投資の目的は、株式の大量保有による経営権の掌握や、株式や債券に投資することから直接得られる投資収益の獲得を含む。
C　個人投資家に代わって投資信託の運用会社が証券の売買を行っても、投資により生じた損益は個人に帰属する。
D　投資顧問会社は、売買を指図した銘柄の決済を自ら行うことが原則である。

解答　▶　D

解説

A　正しい。個人投資家に代わり証券投資を行うのが機関投資家で、年金基金も年金受給権者の代わりに資金を運用しているので、広義の機関投資家といえる。
B　正しい。
C　正しい。機関投資家自身が個人投資家に代わって証券の売買を行っても投資によって生じた損益はすべて個人に帰属し、機関投資家の収益として認識されるのは本来の投資家に対して提供した投資ノウハウへの対価だけである。
D　正しくない。投資顧問会社は売買した銘柄を自ら決済することができない。

索　引

英字

APT ……………………………69, 70

BPS ……………………………………213

CAPM ……………………………40, 42, 69

CI …………………………………………173

CML ……………………………………40

D/Eレシオ ……………………………224

DI …………………………………………173

EBITDA ………………………………233

EPS ………………………………………213

FCFE ……………………………………251

FRA ………………………………………336

HFT ………………………………………391

HML ………………………………………72

IR …………………………………………84

NPV ………………………………………237

PBR ………………………………………232

PCFR ……………………………………232

PER ………………………………………232

PSR ………………………………………232

PVGO ……………………………………244

ROA ………………………………………193

ROE ………………………………………193

SMB ………………………………………72

SML ………………………………………42

SPE ………………………………………379

SWOT分析 ……………………………183

t 値 ……………………………………57

VRIO分析 ……………………………183

VWAP取引 ……………………………390

WACC ……………………………………256

ア行

アウト・オブ・ザ・マネー ……………269

アクティブ・リスク ……………………84

アクティブ・リターン ……………………84

アクティブ運用 ……………………………82

アット・ザ・マネー ……………………269

アノマリー ……………………………………82

アメリカン・オプション ……………267

アルファ値 ……………………………………43

アンシステマティック・リスク ………54

安全証券 ……………………………………10

アンダーパー債券 ……………………111

アンダーライティング …………………402

イールド・スプレッド …………………233

イールド競争入札ダッチ方式 …………378

板寄せ ………………………………………387

1月効果 ……………………………………82

一致指数 ……………………………………173

イミュニゼーション ……………………157

イン・ザ・マネー ………………………269

インサイダー取引 ………………………82

インタレスト・カバレッジ・レシオ …200

インフォメーション・レシオ …………84

インプライド・ボラティリティ ………282

ウィーク・フォーム ……………………82

受渡適格銘柄 ……………………………345

売上高利益率 ……………………………197

営業活動によるキャッシュ・フロー …205

営業キャッシュ・フロー ………………207

営業キャッシュ・フロー比率 …………208

営業キャッシュ・フロー負債比率 ……208

エージェンシー・コスト ………………359

エージェント ……………………………359

エクイティ・ファイナンス ……………372

エグジット ………………………………360

凹関数 ………………………………………15

大型株 …………………………………………72

オークション方式 ………………………387

408

索引

オーダードリブン型 …………………387
オーバーパー債券 …………………111
オプション取引 …………………267
オリジネーター …………………379

カ行

回転率 …………………197
価格競争入札コンベンショナル方式 …378
価格優先 …………………387
確実性等価額 …………………16
確率分布 …………………10
確率変数 …………………10
加重平均資本コスト …………………256
カバード・コール・ライト …………………295
株価売上高比率 …………………232
株価キャッシュフロー比率 …………………232
株価収益率 …………………232
株価純資産倍率 …………………232
為替先物 …………………334
監査委員会 …………………366
監査等委員会設置会社 …365, 366, 367
監査役会設置会社 …………………365
間接金融 …………………357
間接的証券 …………………357
感応度 …………………70
ガンマ …………………291
幾何平均 …………………6
企業価値 …………………232
企業価値EBITDA倍率 …………………232
期待効用 …………………14
期待値 …………………10
期待投資収益率 …………………54
希薄化効果 …………………216
規模効果 …………………82
キャッシュ・フロー計算書 …………………205
キャップ …………………340
共分散 …………………25
金額加重収益率 …………………83
金額デュレーション …………………156

均衡期待収益率 …………………42
金融仲介機関 …………………357
金利先渡契約 …………………336
クーポン債 …………………98
グロース株 …………………72
景気動向指数 …………………173
ケイパビリティ …………………183
決定係数R^2 …………………57
現在価値 …………………5
原資産 …………………267
現代ファイナンスの基本定理 …………………66
権利行使価格 …………………267
権利行使期間 …………………267
交換比率 …………………345
高速取引 …………………391
効用 …………………14
効用関数 …………………14
効率的市場 …………………82
効率的市場仮説 …………………70, 82
効率的フロンティア …………………35, 36
コーポレートガバナンス …………………363
コーポレートガバナンス・コード …………………362
コーラブル債 …………………98, 141
コール・オプション …………………268
小型株 …………………72
国債 …………………98
コスト・リーダーシップ戦略 …………………180
固定長期適合率 …………………199
固定比率 …………………199
固定利付債 …………………98
コンバージョン・ファクター …………………345
コンプライ・オア・エクスプレイン …361
コンベクシティ …………………157
コンポジット・インデックス …………………173

サ行

サービサー …………………380
債券先物取引 …………………345
サイズ・ファクター …………………72

409

裁定価格理論 ……………………69, 70	指名委員会等設置会社 ………………366
裁定取引 ………………………319	シャープの測度 ………………84
最適ポートフォリオ ……………35	社債 ………………98
再投資リスク ………………141	社債格付け ………………142
財務活動によるキャッシュ・フロー …205	修正デュレーション ………………156
債務償還年数 ………………208	集中化戦略 ………………180
財務上の特約 ………………146	純粋期待仮説 ………………113, 124
財務レバレッジ ………………193	証券化商品 ………………378
先物取引 ………………315	証券市場線 ………………42
先物理論価格 ………………319	状態価格 ………………64, 66
先渡取引 ………………315	状態価格の存在定理 ………………66
指値注文 ………………387	情報比 ………………84
サステイナブル成長率 ………………223	正味現在価値 ………………237
サプライサイド・アプローチ ………80	将来価値 ………………5
差別化戦略 ………………180	ショート・ストラドル ………………299
ザラバ ………………388	ショート・ストラングル ………………300
産業のライフサイクル理論 ………………176	ショート・ポジション ………………316
算術平均 ………………6	信用リスク ………………141
残余利益 ………………254	ストロング・フォーム ………………82
残余利益モデル ………………254	スポット・レート ………………112
シータ ………………291	スポット・レート・カーブ ………………118
ジェンセンのアルファ ………………84	スマイル ………………282
時間加重収益率 ………………83	3ファクター・モデル ………………70
時間価値 ………………269	成長機会の現在価値 ………………244
時間優先 ………………387	セクター・アロケーション ………………190
自己資本比率 ………………200	セグメント情報 ………………186
自己資本利益率 ………………193	接点ポートフォリオ ………………36, 40
資産配分効果 ………………85	セミストロング・フォーム ………………82
資産配分要因 ………………86	セリング ………………402
資産変換の機能 ………………357	ゼロ・クーポン債 ………………98
市場分断仮説 ………………114	ゼロ成長モデル ………………236
市場ポートフォリオ ………………40, 42	ゼロベータCAPM ………………40
市場リスク ………………55, 56, 57	先行指数 ………………173
システマティック・リスク ………………54	潜在株式調整後EPS ………………215
実効利回り ………………99	戦略的アセット・アロケーション ……79
シナリオ・アプローチ ………………80	相関係数 ………………25, 79
資本資産評価モデル ………………69	総資本事業利益率 ………………193
資本市場線 ………………40	想定元本 ………………336
指名委員会 ………………366	

410

索引

タ行

ダイナミック・ヘッジング	327
多段階成長モデル	236
立会外取引	390
単利最終利回り	103
チェン＝ロール＝ロス	71
遅行指数	173
地方債	98
チャート分析	82
直接金融	357
直接利回り	102
通貨スワップ	343
低PBR効果	82
ディーリング	402
ディフュージョン・インデックス	173
定率成長モデル	236
デフォルト	141
デフォルト・リスク	141
デフォルト率	143
デュポン・システム	193
デュレーション	155, 156
デルタ	290
デルタ・ニュートラル	291
店頭市場	396
投機的等級	143
当座比率	199
投資活動によるキャッシュ・フロー	205
投資機会集合	26
投資収益率	6, 10
投資適格	143
トービンの分離定理	36
特別決議	360
凸関数	15
トップダウンアプローチ	190
トラッキング・エラー	84
取引所外取引	390
トレイナーの測度	84

ナ行

成行注文	387
2基金分離定理	41
2項モデル	276
2段階成長モデル	236
日本版スチュワードシップ・コード	361
ノー・フリー・ランチ	64
ノー・フリー・ランチの原理	66

ハ行

パー・イールド	101
パー・イールド・カーブ	118
パー債	101
パー債券	111
配当性向	233
配当利回り	233
配当割引モデル	236
バイノミアル・オプション評価モデル	276
バスケット取引	390
発行市場	358, 372, 377, 382
パッシブ運用	82
パフォーマンス評価	83
バリュー・ファクター	72
バリュー株	72
バリューチェーン分析	183
バリューネット	183
非市場リスク	55, 56
ヒストリカル・ボラティリティ	282
ヒストリカル法	80
1株当たり純資産	213
1株当たり純利益	213
標準物	345
標準偏差	10, 79
ビルディング・ブロック法	80
ファイブ・フォース分析	178
ファーマ＝フレンチによる3ファクター・モデル	72
ファクター・プレミアム	72

411

ファクター感応度 ‥‥‥‥‥‥69
ファンダメンタル分析 ‥‥‥‥82
ファンダメンタル法 ‥‥‥‥‥80
フィデューシャリー・デューティー ‥405
フォワード・レート ‥‥‥‥‥112
フォワード・レート・カーブ ‥‥‥118
フォンノイマン＝モルゲンシュテルン型
　効用関数 ‥‥‥‥‥‥‥‥14
複合効果 ‥‥‥‥‥‥‥‥‥85
複合要因 ‥‥‥‥‥‥‥‥‥86
複利計算 ‥‥‥‥‥‥‥‥‥5
複利最終利回り ‥‥‥‥‥‥99
負債比率 ‥‥‥‥‥‥‥‥‥200
普通株 ‥‥‥‥‥‥‥‥‥‥354
普通決議 ‥‥‥‥‥‥‥‥‥360
プット・オプション ‥‥‥‥‥268
プット・コール・パリティ ‥‥‥275
プライベート・エクイティ投資 ‥‥‥391
ブラック＝ショールズ・モデル ‥‥‥280
フリー・キャッシュ・フロー ‥‥‥‥207
フリー・キャッシュフロー割引モデル
　‥‥‥‥‥‥‥‥‥‥‥251
プリンシパル ‥‥‥‥‥‥‥359
プリンシパル・エージェントモデル ‥359
プリンシプルベース・アプローチ ‥‥361
プレミアム ‥‥‥‥‥‥267, 269
フロア ‥‥‥‥‥‥‥‥‥‥341
ブローカーズ・ブローカー ‥‥‥396
ブローカレッジ ‥‥‥‥‥‥402
プロテクティブ・プット ‥‥‥296, 328
分散 ‥‥‥‥‥‥‥‥‥‥‥10
分散投資の効果 ‥‥‥‥27, 55, 56
平均・分散アプローチ ‥‥‥‥16
ベータ ‥‥‥‥‥‥‥‥‥‥42
ベガ ‥‥‥‥‥‥‥‥‥‥‥292
ヘッジ ‥‥‥‥‥‥‥‥‥‥322
ベンチマーク ‥‥‥‥‥‥‥78
変動利付債 ‥‥‥‥‥‥‥‥98
ボイス ‥‥‥‥‥‥‥‥‥‥360

報酬委員会 ‥‥‥‥‥‥‥‥366
ポーター ‥‥‥‥‥‥‥‥‥178
ポートフォリオ・マネジメント・プロセス
　‥‥‥‥‥‥‥‥‥‥‥78
ポートフォリオ効果 ‥‥‥‥26, 27
ポジション ‥‥‥‥‥‥‥‥183
ボトムアップアプローチ ‥‥‥190
保有期間利回り ‥‥‥‥‥100, 124
ボラティリティ ‥‥‥‥‥‥271
本源的証券 ‥‥‥‥‥‥‥‥357
本質的価値 ‥‥‥‥‥‥‥‥269

マ行

マーケット・モデル ‥‥‥‥54, 69
マーケットメイキング型 ‥‥‥387
マクロファクター ‥‥‥‥‥71
マクロファクター・モデル ‥‥‥71
マコーレー・デュレーション ‥‥‥155
マネジメント・アプローチ ‥‥‥186
マルチ・ファクター・モデル ‥‥69, 70
みなし有価証券 ‥‥‥‥‥‥354
無裁定条件 ‥‥‥‥‥‥‥64, 66
無差別曲線 ‥‥‥‥‥‥‥‥17
無リスク証券 ‥‥‥‥‥‥‥10
無リスク利子率 ‥‥‥‥‥‥64
銘柄選択効果 ‥‥‥‥‥‥‥85
銘柄選択要因 ‥‥‥‥‥‥‥85

ヤ行

優先株 ‥‥‥‥‥‥‥‥‥‥354
要因分析 ‥‥‥‥‥‥‥‥‥85
ヨーロピアン・オプション ‥‥‥267

ラ行

利子累積最終利回り ‥‥‥‥99
リスク・ディスカウント額 ‥‥‥16
リスク・ニュートラル・プライシング
　‥‥‥‥‥‥‥‥‥‥64, 65
リスク・ニュートラル確率の存在定理 ‥66

リスク回避型 ……………………15
リスク回避度 ……………………40
リスク証券 ………………………10
リスク中立価格ベクトル …………66
リスク中立確率 ……………65, 277
リスク中立型 ……………………15
リスク調整後収益率測度 …………84
リスク追求型 ……………………15
リスクフリー・レート …………278
リソース・ベースト・ビュー …183
リターン …………………………79
利付債 ……………………………98
利回り ……………………………99
利回りの期間構造 ………………113
流通市場 ……………358, 384, 396
流動性プレミアム仮説 …………113
流動性リスク ……………………141
流動比率 …………………………199
劣後株 ……………………………354
連続複利 …………………………283
ローリング・イールド …………125
ロス ………………………………70
ロング・ストラドル ……………297
ロング・ストラングル …………298
ロング・ポジション ……………315

ワ行

割引債 ……………………………98
割引超過利益評価法 ……………254

413

参考文献

日本長期信用銀行金融商品開発部編著「スワップ取引のすべて（初版）」
金融財政事情研究会　平成4年

公益社団法人日本証券アナリスト協会編「証券アナリスト第1次レベル通信教育講座テキスト」

公益社団法人日本証券アナリスト協会編「証券アナリスト第1次試験　試験問題および解答」

日本証券業協会編　「2020年版　証券外務員必携」

日本取引所グループ　ホームページ　https://www.jpx.co.jp

証券保管振替機構　ホームページ　https://www.jasdec.com

日本証券クリアリング機構　ホームページ　https://www.jpx.co.jp/jscc/

日本証券業協会　ホームページ　https://www.jsda.or.jp

内閣府　ホームページ　https://www.esri.cao.go.jp

金融庁　ホームページ　https://www.fsa.go.jp

日本経済新聞　ホームページ　https://www.nikkei.com

榊原茂樹・青山護・浅野幸弘　「証券投資論（第3版）」　日本経済新聞社　1998年

小林孝雄・芹田敏夫著　日本証券アナリスト協会編　「新・証券投資論〔Ⅰ〕理論編」　日本経済新聞出版社　2009年

伊藤敬介・荻島誠治・諏訪部貴嗣著　日本証券アナリスト協会編　浅野幸弘・榊原茂樹監修　「新・証券投資論〔Ⅱ〕実務編」　日本経済新聞出版社　2009年

Nai-fu chen, Richard Roll, and Stephen A. Ross, 1986, Economic Forces and the Stock Market, *Journal of Business* 59, 383-403

「法律学小辞典（第4版）」有斐閣

神田秀樹・小野傑・石田晋也編「コーポレート・ガバナンスの展望」中央経済社

伊丹敬之・岡崎哲二・沼上幹・藤本隆宏・伊藤秀史編「企業とガバナンス（リーディングス日本の企業システム第2期第2巻)」有斐閣

神作裕之・武井一浩編「コーポレート・ガバナンスハンドブック」民事法研究会

2021年試験対策 証券アナリスト1次対策総まとめテキスト 証券分析

（平成10年試験対策 1998年1月20日 初版発行）

2020年11月20日 初 版 第1刷発行

編 著 者	ＴＡＣ株式会社	
	（証券アナリスト講座）	
発 行 者	多 田 敏 男	
発 行 所	ＴＡＣ株式会社 出版事業部	
	（ＴＡＣ出版）	

〒101-8383
東京都千代田区神田三崎町3-2-18
電 話 03（5276）9492（営業）
FAX 03（5276）9674
https://shuppan.tac-school.co.jp/

印 刷	株式会社 ワコープラネット	
製 本	株式会社 常 川 製 本	

© TAC 2020 　Printed in Japan

ISBN 978-4-8132-9409-2
N.D.C. 338

本書は，「著作権法」によって，著作権等の権利が保護されている著作物です。本書の全部または一部につき，無断で転載，複写されると，著作権等の権利侵害となります。上記のような使い方をされる場合，および本書を使用して講義・セミナー等を実施する場合には，小社宛許諾を求めてください。

乱丁・落丁による交換，および正誤のお問合せ対応は，該当書籍の改訂版刊行月末日までといたします。なお，交換につきましては，書籍の在庫状況等により，お受けできない場合もございます。

また，各種本試験の実施の延期，中止を理由とした本書の返品はお受けいたしません。返金もいたしかねますので，あらかじめご了承くださいますようお願い申し上げます。

証券アナリスト

2021年 1次春合格目標 直前パック 全23回

演習講義「直前講義」を含む、基本理論から応用理論へのアプローチコース、それが「直前パック」です。アウトプットに重点を置いたカリキュラムで、実践力を磨いていきます。

おすすめします
◎独学していても応用知識が身につかない方
◎受験経験はあるが、得点に結びつかない方
◎総復習は実践的に行いたい方

■カリキュラム

2021/1 → 3/21 → 4月下旬

科目			
証券分析	直前講義（8回）	全国公開模試	論点まとめ講義（1回）
財務分析	直前講義（6回）		論点まとめ講義（1回）
経済	直前講義（6回）		論点まとめ講義（1回）

※右端：2021年1次春試験

直前講義（証券分析8回　財務分析6回　経済6回）
"講義と表記してありますが、演習中心の実践的講義です。"
→充実の演習講義です。ここでの努力が本試験で真価を発揮することでしょう。

全国公開模試（1回）
"全4会場で開催するTACの公開模試"
→本試験の擬似体験をすることは重要です。是非TACの公開模試でレベルチェックをしてください。

論点まとめ講義（各科目1回）
"最後の最後！重要論点をチェックします"
→ここまで来たら最終調整を図ってください。本試験直近の総まとめ講義です。

■学習メディア・開講地区

教室講座　渋谷校・八重洲校

ビデオブース講座
札幌校・水道橋校・新宿校・池袋校・渋谷校・八重洲校・立川校・町田校・横浜校・大宮校・津田沼校・名古屋校・梅田校・なんば校・神戸校・福岡校

Web通信講座　　**DVD通信講座**

資格の学校 TAC

開講一覧

教室講座　開講日程

	証券分析	財務分析	経　済
渋谷校　（月・木クラス）	1/11(月)19:00〜	1/18(月)19:00〜	1/25(月)19:00〜
八重洲校（土曜クラス）	1/16(土) 9:00〜	1/23(土) 9:00〜	1/30(土) 9:00〜

ビデオブース講座　視聴開始日程

	証券分析	財務分析	経　済
視聴開始日	1/25(月)〜	2/1 (月)〜	2/8 (月)〜

Web通信講座　配信開始日程

	証券分析	財務分析	経　済
配信開始日	1/25(月)〜	2/1 (月)〜	2/8 (月)〜
教材発送開始日	2020/12/24(木)〜		

DVD通信講座　教材送付開始日程

	証券分析	財務分析	経　済
講義DVD発送開始日	1/25(月)〜	2/15(月)〜	2/15(月)〜
教材発送開始日	2020/12/24(木)〜		

■受講料

教室講座　ビデオブース講座　各¥92,000

DVD通信講座　¥110,000

Web通信講座　¥101,000

※0から始まる会員番号をお持ちでない方は、受講料の他に別途入会金¥10,000(税込)が必要です。
　会員番号につきましては、TAC各校またはカスタマーセンター(0120-509-117)までお問い合わせください。
※上記受講料は、教材費・消費税10%が含まれます。

証券アナリスト

2021年 1次春合格目標 スーパー速修本科生 全26回

約5ヵ月で合格を目指す短期集中コースです。

■カリキュラム

■学習メディア・開講地区

■開講一覧

- 教室講座　渋谷校　11/14(土)10:00～
- ビデオブース講座　渋谷校　11/17(火)～
- Web通信講座　11/10(火)～教材発送　11/17(火)～配信
- DVD通信講座　11/10(火)～教材発送　12/8(火)～DVD発送

■受講料

- 教室講座　ビデオブース講座　渋谷校　各¥95,000
- Web通信講座　¥95,000
- DVD通信講座　¥95,000

※0から始まる会員番号をお持ちでない方は、受講料の他に別途入会金¥10,000(税込)が必要です。
　会員番号につきましては、TAC各校またはカスタマーセンター(0120-509-117)までお問い合わせください。
※上記受講料は、教材費・消費税10%が含まれます。

資格の学校 TAC

全国公開模試
2021.3/21㊐開催

Web解説講義と成績表（PDF）は TAC WEB SCHOOL内マイページで配信！

※Web解説講義のご視聴、成績表PDFの閲覧には「TAC WEB SCHOOL」の「マイページ」への登録が必要です。詳細は、お申込後にお渡しする「受験上の注意」もしくは「自宅受験」の手引きをご確認ください。
※「TAC WEB SCHOOL」のご利用にはブロードバンド環境が必要です。お申込前に必ず動作環境をご確認ください。

 最新の本試験を予想したオリジナル厳選問題の提供

 多くの方にご受験頂けるよう全4会場で実施します

 本試験を擬似体験できます

■受験形態・開催地区
- ●会場受験（渋谷校・八重洲校・名古屋校・梅田校）
- ●自宅受験

渋谷校
〒150-0031 渋谷区桜丘町31-15
渋谷桜丘スクエア5F
☎03(3462)0901(代)

八重洲校
〒104-0031 中央区京橋1-10-7
KPP八重洲ビル4F
☎03(6228)8501(代)

名古屋校
〒450-0002 名古屋市中村区名駅1-2-4
名鉄バスターミナルビル10F
☎052(586)3191(代)

梅田校
〒530-0015 大阪市北区中崎西2-4-12
梅田センタービル4F
☎06(6371)5781(代)

各科目20点アップ的中ゼミ　2021年3月開講予定

春試験の論点を直前予想、各科目3時間×2コマのオプションコースです。
最後の追い込みにご利用ください。

- 特色1　1次春試験に出る可能性の高い論点をズバリ解説します。
- 特色2　早い解き方のコツを伝授します。
- 特色3　問題を解きながら電卓の使い方をマスターできます。
- 特色4　科目ごとの受講が可能です。

学習メディア
Web通信講座・DVD通信講座で開講予定です。

お申込みは2021年1月（予定）より

詳しくは、全国公開模試・各科目20点アップ的中ゼミ案内書やホームページをご覧ください。

TAC出版 書籍のご案内

TAC出版では、資格の学校TAC各講座の定評ある執筆陣による資格試験の参考書をはじめ、資格取得者の開業法や仕事術、実務書、ビジネス書、一般書などを発行しています！

TAC出版の書籍

*一部書籍は、早稲田経営出版のブランドにて刊行しております。

資格・検定試験の受験対策書籍

- 日商簿記検定
- 建設業経理士
- 全経簿記上級
- 税理士
- 公認会計士
- 社会保険労務士
- 中小企業診断士
- 証券アナリスト
- ファイナンシャルプランナー(FP)
- 証券外務員
- 貸金業務取扱主任者
- 不動産鑑定士
- 宅地建物取引士
- マンション管理士
- 管理業務主任者
- 司法書士
- 行政書士
- 司法試験
- 弁理士
- 公務員試験(大卒程度・高卒者)
- 情報処理試験
- 介護福祉士
- ケアマネジャー
- 社会福祉士　ほか

実務書・ビジネス書

- 会計実務、税法、税務、経理
- 総務、労務、人事
- ビジネススキル、マナー、就職、自己啓発
- 資格取得者の開業法、仕事術、営業術
- 翻訳書 (T's BUSINESS DESIGN)

一般書・エンタメ書

- エッセイ、コラム
- スポーツ
- 旅行ガイド (おとな旅プレミアム)
- 翻訳小説 (BLOOM COLLECTION)

(2018年5月現在)

書籍のご購入は

1 全国の書店、大学生協、ネット書店で

2 TAC各校の書籍コーナーで

資格の学校TACの校舎は全国に展開!
校舎のご確認はホームページにて

資格の学校TAC ホームページ
https://www.tac-school.co.jp

3 TAC出版書籍販売サイトで

CYBER TAC出版書籍販売サイト
BOOK STORE

24時間
ご注文
受付中

TAC 出版　で　検索

https://bookstore.tac-school.co.jp/

- 新刊情報を いち早くチェック!
- たっぷり読める 立ち読み機能
- 学習お役立ちの 特設ページも充実!

TAC出版書籍販売サイト「サイバーブックストア」では、TAC出版および早稲田経営出版から刊行されている、すべての最新書籍をお取り扱いしています。
また、無料の会員登録をしていただくことで、会員様限定キャンペーンのほか、送料無料サービス、メールマガジン配信サービス、マイページのご利用など、うれしい特典がたくさん受けられます。

サイバーブックストア会員は、特典がいっぱい!(一部抜粋)

通常、1万円(税込)未満のご注文につきましては、送料・手数料として500円(全国一律・税込)頂戴しておりますが、1冊から無料となります。

専用の「マイページ」は、「購入履歴・配送状況の確認」のほか、「ほしいものリスト」や「マイフォルダ」など、便利な機能が満載です。

メールマガジンでは、キャンペーンやおすすめ書籍、新刊情報のほか、「電子ブック版TACNEWS(ダイジェスト版)」をお届けします。

書籍の発売を、販売開始当日にメールにてお知らせします。これなら買い忘れの心配もありません。

書籍の正誤についてのお問合わせ

万一誤りと疑われる箇所がございましたら、以下の方法にてご確認いただきますよう、お願いいたします。

なお、正誤のお問合わせ以外の書籍内容に関する解説・受験指導等は、**一切行っておりません。**
そのようなお問合わせにつきましては、お答えいたしかねますので、あらかじめご了承ください。

1 正誤表の確認方法

TAC出版書籍販売サイト「Cyber Book Store」の
トップページ内「正誤表」コーナーにて、正誤表をご確認ください。

CYBER TAC出版書籍販売サイト
BOOK STORE

URL:https://bookstore.tac-school.co.jp/

2 正誤のお問合わせ方法

正誤表がない場合、あるいは該当箇所が掲載されていない場合は、書名、発行年月日、お客様のお名前、ご連絡先を明記の上、下記の方法でお問合わせください。
なお、回答までに1週間前後を要する場合もございます。あらかじめご了承ください。

文書にて問合わせる

● 郵 送 先　　〒101-8383 東京都千代田区神田三崎町3-2-18
　　　　　　　TAC株式会社 出版事業部 正誤問合わせ係

FAXにて問合わせる

● FAX番号　　**03-5276-9674**

e-mailにて問合わせる

● お問合わせ先アドレス　**syuppan-h@tac-school.co.jp**

※お電話でのお問合わせは、お受けできません。また、土日祝日はお問合わせ対応をおこなっておりません。
※正誤のお問合わせ対応は、該当書籍の改訂版刊行月末日までといたします。

乱丁・落丁による交換は、該当書籍の改訂版刊行月末日までといたします。なお、書籍の在庫状況等により、お受けできない場合もございます。
また、各種本試験の実施の延期、中止を理由とした本書の返品はお受けいたしません。返金もいたしかねますので、あらかじめご了承くださいますようお願い申し上げます。

TACにおける個人情報の取り扱いについて
■お預かりした個人情報は、TAC(株)で管理させていただき、お問い合わせへの対応、当社の記録保管および当社商品・サービスの向上にのみ利用いたします。お客様の同意なしに業務委託先以外の第三者に開示、提供することはございません(法令等により開示を求められた場合を除く)。その他、個人情報保護管理者、お預かりした個人情報の開示等及びTAC(株)への個人情報の提供の任意性については、当社ホームページ(https://www.tac-school.co.jp)をご覧いただくか、個人情報に関するお問い合わせ窓口(E-mail:privacy@tac-school.co.jp)までお問合せください。

(2020年10月現在)